ZARA传

全球快时尚帝国崛起的秘密

〔西〕哈维尔·R. 布兰科
〔西〕赫苏斯·萨尔加多　著

刘萍　史文静　译

天地出版社　TIANDI PRESS

图书在版编目（CIP）数据

ZARA 传：全球快时尚帝国崛起的秘密 /［西］哈维尔·R. 布兰科，［西］赫苏斯·萨尔加多著；刘萍，史文静译 . —成都：天地出版社，2021.1
 ISBN 978-7-5455-5700-8

Ⅰ.①Z… Ⅱ.①哈… ②赫… ③刘… ④史… Ⅲ.①服装工业—工业企业管理—经验—西班牙 Ⅳ.①F455.168

中国版本图书馆CIP数据核字（2020）第 080901 号

AMANCIO ORTEGA, DE CERO A ZARA
Copyright:© Xabier Rodríguez Blanco, 2004, 2011
　　　　　© Jesús Salgado Álvarez, 2004, 2011
　　　　　© La Esfera de los Libros, S.L., 2004, 2011
Rights Arranged by Peony Literary Agency Limited.
Simplified Chinese edition copyright © 2021 by JIC Bookstore Investment Co., Ltd.
All rights reserved.

著作权登记号　图字：21-2020-283

ZARA ZHUAN:QUANQIU KUAI SHI SHANG DI GUO JUE QI DE MIMI

ZARA 传：全球快时尚帝国崛起的秘密

出品人	杨　政
作　者	［西］哈维尔·R. 布兰科　［西］赫苏斯·萨尔加多
译　者	刘　萍　史文静
责任编辑	王　絮　高　晶
特邀编辑	赵　芳
封面设计	今亮后声·胡振宇
内文排版	中文天地
责任印制	葛红梅

出版发行	天地出版社
	（成都市槐树街2号　邮政编码：610014）
	（北京市方庄芳群园3区3号　邮政编码：100078）
网　　址	http://www.tiandiph.com
电子邮箱	tianditg@163.com
经　　销	新华文轩出版传媒股份有限公司

印　刷	北京文昌阁彩色印刷有限责任公司
版　次	2021年1月第1版
印　次	2021年1月第1次印刷
开　本	710mm×1000mm 1/16
印　张	20
字　数	230千字
定　价	78.00元
书　号	ISBN 978-7-5455-5700-8

版权所有◆违者必究

咨询电话：(028) 87734639（总编室）
购书热线：(010) 67693207（营销中心）

如有印装错误，请与本社联系调换

目 录
TABLE OF CONTENTS

前　言 ⋯⋯ 001

第一章　从不露面的男人
由一张照片揭开的序幕 ⋯⋯ 001
从乔洛到阿曼西奥 ⋯⋯ 010
拉马哈：Inditex 集团之源 ⋯⋯ 020
阿曼西奥的家庭生活 ⋯⋯ 024
"外星人"阿曼西奥 ⋯⋯ 033

第二章　帝国伊始
婴儿睡篮与居家服 ⋯⋯ 042
创业初期 ⋯⋯ 050
商业策略 ⋯⋯ 057
时尚理念 ⋯⋯ 063
门店布置 ⋯⋯ 069
幕后推手 ⋯⋯ 072
关键性成长 ⋯⋯ 079
阿曼西奥家族 ⋯⋯ 085

第三章　帝国的发展

帝国之行 …… 091

集团内外 …… 106

财务与运营 …… 125

不动产与物流 …… 140

第四章　崛起的背后

集团商业活动 …… 145

Zara 与英格列斯百货 …… 147

雨后春笋般的连锁店 …… 154

主要经济数据 …… 171

集团组织结构 …… 173

集团组织结构变更 …… 177

30 周年之际的革新 …… 178

董事与高管 …… 180

集团社会理事会 …… 187

海运业务 …… 188

清洁能源 …… 191

阿曼西奥的个人财务投资 …… 191

第五章　风险与挑战

业务及财务风险 …… 199

人员及结构风险 …… 202

商业战略及市场风险 …… 203

工业产权 …… 204

法律诉讼 …… 205

品牌及业务 …… 208

股权结构风险 …… 209
葡萄牙和墨西哥市场的失利 …… 210
棘手的公诉 …… 211

第六章　有关阿曼西奥的事

别人眼中的阿曼西奥 …… 218
对阿曼西奥的采访 …… 226

结　语　谁将成为阿曼西奥的继承人

从 0 到 Zara，再到伊斯拉上任 …… 241

附　录

1. Inditex 集团年表 …… 251
2. Inditex 集团采访问答 …… 254
3. 主要人物介绍 …… 259
4. 相关公司名录 …… 285
5. 图解 Inditex 集团 …… 305

致　谢 …… 310

只有有钱人才能衣着光鲜是不公平的。

我想要解决这种不公平的社会现象。

——阿曼西奥·奥尔特加

前 言

FOREWORD

阿曼西奥·奥尔特加·高纳,单说这个名字,人们可能无法将它和显赫的事业或惊人的财富联系起来。然而,如果我们直接说他是 Zara 的掌门人,事情就另当别论了。这正是阿曼西奥·奥尔特加自己所希望的结果。1999 年 9 月以前,就连他的外貌都鲜为人知,后来他的名声才逐渐传播开来。这个把高端时尚平民化的男人曾在拉科鲁尼亚的一家衬衫店当过 14 年的送货员。在他从女式睡衣中看到商机并开创自己的事业之前,他还当过售货员和商店经理,早年间他也尝试过做婴儿睡篮和其他周边制品的生意。由于他低调内敛的性格,报道中有关他的信息大都是错误的,错误的概率之大就如盲人拄着拐杖走在充满陷阱的羊肠小道一般。有的人说他出生于巴利亚多利德,有的人说他出生于巴洛里亚拉武埃纳,也有的人说他出生于拉科鲁尼亚，或者布斯东果·德·阿巴斯。甚至他的名字都被人误叫作阿曼多，但他从未站出来辟谣或者澄清。

现在市面上关于阿曼西奥·奥尔特加的传记，有的得到了官方授权，有的没有。本书很难归到任何一类里。和我们预想的一样，阿曼西奥·奥尔特加本人拒绝参与撰写。这是他家的规矩，他的家人和管理团队也和他立场一致。尽管如此，我们在酝酿本书的写作计划时，还是充满信心和希望的。

在这种情况下，说这本书是专为阿曼西奥·奥尔特加写的似乎有些令人咋舌。但这么说并不是出于恭维，而是出于公正。尽管他并没有直接"敞开大门"，但是他允许我们从窗外"窥探"他。他一直严守着自己的神秘形象，直到1999年9月首次在集团财报上亮相后，他才开始允许朋友们讲述关于他的故事。他的朋友们只会讲阿曼西奥·奥尔特加默许的故事。因此，写书的过程实在是既漫长又复杂。"诸位请下周再过来，我要先征得阿曼西奥的同意。"这样的事情在本书编写过程中经常出现。阿曼西奥·奥尔特加并没有要求他们闭口不言，他甚至同意我们前往拉科鲁尼亚参观Zara帝国的总部。

从某种程度来看，这本尚未被授权的传记最有趣的地方在于，叙述者不是传主本人，而是那些在关键时刻陪伴在他身边的人。本书着力于两点：一是传主的生平；二是以新颖独特的角度审视并揭秘这个泽被半个世界的商业帝国：物美价廉的时尚衣饰、15天内快速响应客户需求、不屑于用广告提升销量……

这是阿曼西奥·奥尔特加·高纳的故事。一个白手起家，最终手握Zara的男人。

第一章
从不露面的男人
CAPÍTULO I. EL HOMBRE SIN ROSTRO

由一张照片揭开的序幕

Inditex 集团以婴儿睡篮起家，借棉质粉色居家服迅速成长，最终在 Zara 时代发展成熟。也许这段历史——与其他众多被尘封在声名显赫的商学院图书馆里，等待被人翻阅的历史一样——会被这么引述："一名青年企业家抓住机遇，瞄准定位，最终成为百万富翁。"末尾还来一句结论："你也可以像他一样。明天我们来分析福特（Ford）的商业之路。"

阿曼西奥·奥尔特加·高纳，Zara 之父，2004 年福布斯全球富豪排行榜第 33 名。他的经历和传闻往往相差甚远，直至 1999 年 9

这是 Inditex 集团公布的阿曼西奥·奥尔特加·高纳的首张照片。(图源:《世界报》)

月 15 日人们才对其有了初步的了解。

他的商业经历始于人们用以御寒的婴儿睡篮，但因为他从不接受媒体摄影，致使坊间传闻四起。记者及作家曼努埃尔·里瓦斯在他的著作《加利西亚，大西洋之景》中写道："20 年前，拉科鲁尼亚商人阿曼多·奥尔特加·高纳开了一家睡衣及女士居家服工厂。"可以说这本初版于 1989 年（1994 年出了修订版）的著作表现出人们对阿曼西奥仍是一无所知。Inditex 集团当年宣告收入 1 740 亿比塞塔①，拥有 6 531 名员工，但是集团掌门人的姓名与样貌仍旧是未解之谜。1998 年 11 月，里斯本《每日新闻》甚至质疑他是否存在，因为每次出面解释潮流更替的都是掌门人的左膀右臂——何塞·玛丽亚·卡斯蒂利亚。

1999 年 9 月 15 日，在 Zara 的母公司——Inditex 集团第一份年报的第 7 页上，阿曼西奥·奥尔特加·高纳把他的样貌展示给了那些不认识他的人、怀疑他是否存在的人，以及宣称认识他却辨认不出他的人看。同时，那些曾经与他相识但对他的记忆已经模糊的人，也在他脸上看到了岁月无情的侵蚀。那个曾经瘦弱果敢的小伙子，那个连哈佛大学都在研究的企业思想家，在 63 岁之际出现在公众面前。他身材微胖，发型不佳，表情紧绷，仿佛鞋子过于束缚，当然，他也没打领带。

谜底揭晓。他曾决定严格遵循洛克菲勒的遗训："在报纸上最佳的曝光模式就是刊载你的出生、结婚及死亡的小告示。"但是为了事业，他做出了牺牲。

---

① 比塞塔是西班牙及安道尔在 2002 年欧元流通前使用的法定货币。——译者注

从经济角度来说，这张照片是公司在为 IPO（首次公开募股）铺路；对于 Inditex 这个 5 年前才设立公关部门的集团而言，这份年报举足轻重，因为它见证了集团的某些改变。这两种说法都有一定道理。经过一段时间的信息公开，Inditex 集团最终于两年后上市。

还有种说法是《盖姆》杂志社原打算独家首发阿曼西奥·奥尔特加·高纳与家人在维戈午后骑马的照片，但就在杂志运到报亭的前几个小时，西班牙各大主流报刊已经开始印发 Inditex 集团 1998 年的财报和掌门人的照片了。独家新闻没了。为了抢占出版市场，《盖姆》杂志社决定搜集 Inditex 集团上不得台面的生意，并取名为《Zara 丑闻录》，分两期刊发。封面上画着搭在晾衣绳上的男士内裤。《盖姆》杂志社的做法令 Inditex 集团十分不满，双方最终对簿公堂。他们的首要要求是禁止该杂志社再写关于 Inditex 集团的任何新闻。

Inditex 集团的发言人、公关总监迭戈·科帕多坚持认为是年报上的失误才导致老板放弃匿名。

事情是这样的：科帕多走到阿曼西奥·奥尔特加面前，告诉他年报即将制作完成。

"很好。"阿曼西奥说。

"但年报里一般都会有一封信以及一张总裁的照片。"科帕多补充说。

科帕多想借助这个规矩让老板同意公开露面，但他没什么把握。阿曼西奥习惯给员工写信，感谢他们为公司带来的效益，但还附上一张照片就有点儿触碰他的底线了。

"要多久？"阿曼西奥问。

"15 分钟左右。"

"那行。"

他在总部大门前拍了一张照片。当时他穿着男士西装大衣,这也是他平时的经典装束。那扇大门当时尚在建造中,阿曼西奥把它和自己的名字,以及公司的未来联系在了一起。

对 Inditex 集团来说,这无异于一剂强心针,上市后投资人大举抢进 26.09% 的股票,但阿曼西奥的人生也从此大不相同。这个原本可以无视外界目光和评论,在拉科鲁尼亚任意闲逛的男人,这个晚上 9 点还能在家门前的广场上遛狗的男人,不得不开始改变自己的习惯。原本就专注工作的阿曼西奥,现在更是把自己奉献给了工厂。

年报交给媒体的那一天,那些期盼着能够拍到这位加利西亚最难以捉摸的商人,并以此载入史册的摄影师们的美梦就此破灭。对于那些无时无刻不在等待"捡漏儿"的摄影师来说更是如此。

轰动一时的阿斯纳尔拜访事件就是一例,作为政府首脑的候选人,阿斯纳尔出人意料地拜访了 Inditex 集团,但最终接待他的却是何塞·玛丽亚·卡斯蒂利亚。再比如说西班牙王子前往圣地亚哥及萨邦朝圣的旅程中来此拜访,出面接待的还是卡斯蒂利亚,阿曼西奥稳坐在公司里,岿然不动。

乔治·洛巴托,《加利西亚之声》首席摄影师,凭借 *Prestige* 杂志上的照片获得过奥尔特加-加塞特摄影奖,他曾在拉科鲁尼亚机场见过阿曼西奥。乔治·洛巴托拦住阿曼西奥,说知道他是谁,还说阿曼西奥欠他一个人情,因为他并没有私下进行拍摄。阿曼西奥·奥尔特加沉默了片刻,最终允许他为自己拍照。这也是阿曼西奥与第二任妻子弗洛拉·佩雷斯一起拍摄的第一张照片。

但是加利西亚最炙手可热的摄影师梅赛德斯·莫拉莱霍却在维戈国际马术大赛上坐立难安。当时年报里的照片尚未广泛流传，人们对阿曼西奥的印象仅停留在1995年《世界报》上刊载的一张身份证照片。

"一个朋友告诉我那位白衬衫、白头发的先生就是Zara的掌门人。我没能经受得住诱惑，偷拍了他几张照片。有五六张呢。"莫拉莱霍解释说。她把这个好消息告诉了报社，但当她打开数码相机准备下载照片的时候，却发现照片都褪色了。"这很罕见，但是偏偏在拍阿曼西奥的时候出现了，我实在太倒霉了。"梅赛德斯·莫拉莱霍彻夜难眠。"我辗转反侧，自己跟自己说不能再偷拍照片了。但糟糕的是，有些人明明嘴里说着不可以，但你知道他们心里有多么渴望，'不能'也要变成'能'。最后我决定拍照前找他聊聊。"

莫拉莱霍第二天去了科多格兰德展览馆，她找到阿曼西奥·奥尔特加，告知他自己是一位摄影师。阿曼西奥回答说不接受媒体采访。但当得知莫拉莱霍是为私人事务前来的时候，阿曼西奥邀请她一同坐在看台上。莫拉莱霍诉说了前一天的烦恼，并希望这位加利西亚行踪最诡秘的商人能设身处地为她考虑一番，因为直属上司已经问她要照片了。

"如果您是我，您会怎么做？"他问道。

"每个人都应该清楚他想成为什么样的人，怎么成为这样的人，也要清楚什么是对，什么是错。如果你想问我愿不愿意拍照，我不愿意；你说了这么多话，可是连你自己都不清楚应不应该这么做。"

谈话进行到这里，阿曼西奥不会同意被拍摄已成为事实；他拒

这所半废弃的老房位于莱昂区布斯东果·德·阿巴斯的某个小镇，它的主人也许就是世界上最富有的人之一。——阿曼西奥·奥尔特加的诞生地。
（图源：本书作者）

阿曼西奥·奥尔特加年轻时的身份证证件照。
（图源：《世界报》）

绝得很绅士。

"他跟我说现在他知道生命中有比工作更重要的事情。"不知不觉,莫拉莱霍采访到了这位媒体界最想了解的人。于是她问出了大家最关心的问题:"您为什么不想被拍照?为什么不想成为名人?"摄影师问道,这个问题毫无恶意,她也没有把问答过程记录下来的想法。

"因为我喜欢做些简单的事情。比如去海边散个步,或者在玛丽亚·皮塔广场的露天天台上一边喝咖啡,一边看报纸。要是我在媒体上露面了,那么这种生活也就结束了。"阿曼西奥回答。

"有人说您是因为怕受到ETA("巴斯克家园与自由"组织的首字母缩写)恐怖组织的威胁,所以才不愿意公开露面。"

"想要免受ETA打扰,有安保系统就行,但是想要隐私免受打扰就困难多了,唯一的办法只能是设法避免成为公众人物。"

他们聊了半个小时,直到阿曼西奥的女儿玛塔将开始马术比赛,谈话才结束。阿曼西奥·奥尔特加赢得了一位坚定的拥护者,继续坚守着自己的原则。

新闻界有这么个说法,即"刊登过的照片就是已经销毁的照片",但Inditex集团年报上的阿曼西奥的照片却在各类新闻档案中占据了一年零一个月,毕竟,Zara掌门人的照片仅此一张。

阿曼西奥·奥尔特加的第一张偷拍照还有点儿传奇故事的味道。在拉科鲁尼亚本地的《观点日报》即将面世之际,报社想要找到一个能够引爆读者的话题。摄影主编维克多·埃查韦听说阿曼西奥会时不时去马托格兰德一家新开的金融俱乐部附近吃早饭。天赐良机。他和一些认识阿曼西奥的朋友一起去了金融俱乐部,毕竟在处理这么敏感的问题的时候最好不要认错人。"我们在餐厅露台上等着。9点的时候他出现了,身边有很多人。他们确定就是他,后面的事就看我的了。我伪装好300毫米的长焦镜头,通过蓝牙耳机听他们的指令。刚在安全距离拍了8张照片,就突然听他们说:'注意点儿,有人站起来了。冷静点儿,他没跑,你先转个身,然后拐弯,跑!'我开始狂奔,直接穿过拉贝拉——出城的主路——蓝牙耳机都掉了,但我手里还拿着长焦镜头。我不知道身边的行人都怎么看我。没人追我,但是为了以防万一,我又跑了一千米才停下来。"

一个月后,在没有任何干扰的情况下,阿曼西奥的照片被他们刊发了,这是第一张与年报里完全不同的照片。"你没看到有多少人给我们报社打电话呢。"维克多·埃查韦最终拔得头筹,成为偷拍阿曼西奥成功的第一人。

这张照片倒霉的主人公终于意识到事情再也回不了头了。年报里的照片流出后仅三个月,阿曼西奥就已经成为加利西亚最出名的企业家了。Sondaxe网站做过一项调查研究,在新闻、体育、文化和商业四个板块中,只有作家卡米洛·何塞·塞拉和拉科鲁尼亚足球竞技队运动员弗兰的人气比他高。虽然他极力避免成为家喻户晓的人物,但他的名气还是比作家曼努埃尔·里瓦斯、电视明星保拉·巴斯克斯、皇马球员米切尔·萨尔加多、商人阿道夫·多明格斯及拉科鲁尼亚足球竞技队主席奥古斯托·塞萨尔·伦多伊罗等人更响亮。因此他决定既不刻意地追求镜头,也不盲目逃避镜头。人们看到他和大区主席曼努埃尔·弗拉加会面,看到他和加利西亚民族主义党领导人何塞·曼努埃尔·贝拉斯会面,看见他与时任科学技术部部长的何塞普·皮克会面;最重要的是,在女儿参加的马术大赛上,他最终同意拍摄一张与妻子弗洛拉及女儿玛塔的合照。

由于在报纸上露过面,那些之前常去的地方他也不怎么去了。

这是他为了稳住公司股价,并使他的故事和拍照趣闻得以传扬而做出的牺牲。

从乔洛到阿曼西奥

叙述阿曼西奥·奥尔特加的一生就仿佛在拼一幅拼图,拼图碎片纷乱复杂,得费好大一番功夫才能把各个碎片拼到正确的位置。他的好朋友哈维尔·卡纳斯·卡拉米洛说:"我记得他和我说过他是吉普斯夸人。"巴洛里亚拉武埃纳的退休牧师格雷戈里奥先生说:"我觉得他是在巴利亚多利德出生的。"巴洛里亚拉武埃纳是阿曼西奥母亲的老家,这位牧师检查过奥尔特加-高纳家族所有孩子的洗礼记录,但是并没找到小儿子的那份。教会的档案都非常严谨,没有阿曼西奥的档案,则代表他与他的3个哥哥姐姐及其他700多个居民不同,他并没有在这个离巴利亚多利德30千米的小镇上接受洗礼。就连他小时候的玩伴都无法明确指出他的出生地。对于媒体给出的出生地——莱昂区布斯东果·德·阿巴斯的帕哈雷斯港口的南侧坡道——玩伴们也存在意见分歧。

位于阿巴斯的圣玛丽亚教堂只保留着1941年之后的洗礼记录,这更加大了调查难度。牧师普里莫·卢比奥说:"内战的时候,这些书被游击队用来生火。大部分出生记录都是1941年后重新修订的,所以他的那本可能在别的地方。"他拿洗礼书记录的一段举例说,

"据其家人所述，某人某日于某地出生。"

虽然无法通过属灵的教会来确定阿曼西奥·奥尔特加的出生地，但是通过世俗的管理部门，其出生地最终得到了证实。在位于布斯东果比利亚马宁市的民事登记处，记录员曾用一支蓝色墨水笔记录下了他的出生信息：阿曼西奥·奥尔特加·高纳，阿曼西奥·奥尔特加·罗德里格斯和约瑟法·高纳·埃尔南德斯之子，生于1936年3月28日。这一天也是秘鲁作家马里奥·巴尔加斯·略萨的生辰，德国纳粹党获得民众99.9%选票的前一天，此时的西班牙人民则正处于水深火热的内战之中。

当时西班牙的公众舆论都聚焦于路易斯·孔帕尼斯回归接管加泰罗尼亚自治区政府，或是何塞·安东尼奥·普里莫·里维拉锒铛入狱，抑或是曼努埃尔·阿萨尼亚竞选总统上。但对于这个刚刚出生的孩子而言，这一年科技界有两项重大发明将会改变他的一生：维特发明了世界上第一台二进制处理器；同年第一批聚酯和酰胺纤维问世，这两项发明都将深刻地影响纺织工业的发展。

阿曼西奥的父亲是铁路工人，1935年1月作为联锁安装工被分配到布斯东果。1921年2月21日，他父亲就已经在位于老家巴利亚多利德的铁路公司上班，一直从事该工作。主要工作内容就是对道岔和主道进行维护。

那时候布斯东果有1300多人，其中100多人都在西班牙铁路公司——RENFE（西班牙国家铁路公司）的前身——上班。这个小镇是莱昂通往阿斯图里亚斯的必经之地，从这里通往帕哈雷斯港口的蒸汽火车已被电力火车所取代，所以除了煤矿工人和水泥厂工人，这里就数铁路工人最多。

最后一任站长胡里奥·马鲁甘回忆说:"仅仅是放手刹,我们就需要40个工人。"一般来说是7节车厢安置一个手刹,但在帕哈雷斯港,每4节车厢就要安置一个,同时因为引力作用,还需要再配备一个作为备用。马鲁甘还说:"车上还储存了很多归类好的货物,从这里到莱昂用火车能运输2 500吨货物,而港口只能运输1 100吨。"

奥尔特加-高纳夫妇及他们的3个孩子(安东尼奥、皮拉尔和约瑟法)住在镇中心的一间平房里。在布斯东果已经没人记得他家到底在哪里,就连当时可能为阿曼西奥接生过的比阿特丽斯、玛丽亚·贝纳达和贝内兰达也已经不住在那里了。但奎克酒吧老板恩里克·雷戈宣称:"阿曼西奥告诉过一个在Zara工作的小伙子,说他住过的小胡同里有一家肉铺。"通过这些线索我们基本可以确定阿曼西奥的出生地。恩里克·雷戈说:"很可能就在那里,因为很多RENFE的员工都住在那边,而且旁边就有一家肉铺。"作为业主,他表示如果阿曼西奥想要,他会毫不犹豫地将那块地卖给他。

阿曼西奥一家只在布斯东果待了一年半的时间,如今时光早已抹去了他们在那里生活过的痕迹。"我们还是通过媒体才知道Zara的大老板是这儿的人。现在我常说我出生于西班牙最富有的城镇。"玛拉加托之家的老板特雷莎·德·坎普这么说道。

玛拉加托之家前身是拉帕洛玛商店,始建于18世纪初,是白银之路上最古老的商店之一。镇上有些居民会这样指责阿曼西奥:"他应该为他的出生地做一点儿贡献的,建一个拉链厂或者别的什么的也行啊。"特雷莎就是他们的发言人,她十分怀念当年的学校,那时100个男孩和120个女孩一起上学。而现在这里既没有学校也没有医院,就连牧师也只有在周日主持弥撒时才会过来。镇上一半的居民都走了,就好像他们从未存在过一样。然而他们存在过,玛拉加托之家里的照片就是最好的证明,它们证明这些仍然留在布斯东果的人并未说谎。

1936年7月21日,阿曼西奥的父亲向公司申请调离,于是才3个多月的小儿子被妈妈抱在怀里,跟着家人搬离了布斯东果。胡里奥·马鲁甘觉得他们的匆匆搬离与战争无关。"这里的气候太恶劣了,6年前这里还出现过六月飞雪。因为气候差,工作辛苦,所以基本没人愿意留在这里。能申请调离的都调离了。只有我们这些土生土长的人才会留下来。"布斯东果几千米开外的布恩·苏赛所教堂目送着人们远离的背影。

阿曼西奥·奥尔特加早年住在托洛萨,但是他魂牵梦萦之所、他童年记忆之所、他时常回归之所,却是前文所说的他母亲的故乡,巴洛里亚拉武埃纳。保利诺·费尔南德斯·托梅说阿曼西奥用"巴洛里亚"命名自己的游艇,每年暑假和复活节都要回"巴洛里亚"享受生活。保利诺·费尔南德斯·托梅是乔洛(阿曼西奥的绰号)的朋友,但从年龄上来说,"我和他已故的哥哥安东尼奥接触更多一些"。

在外人眼中,阿曼西奥的外祖父安东尼奥·高纳·萨莫拉也是"白手起家"。他目不识丁,从瓦工做起,一步步建立起自己的小型商业帝国。他的邻居说:"如果说阿曼西奥算得上机敏灵活,那么他的祖父则更胜一筹。"保利诺·费尔南德斯说:"他的外祖父从瓦工做起,然后创业,开了咖啡店、舞厅、石膏磨坊,甚至建立了一个街区。"这就是阿曼西奥的家族特性——敏锐的商业嗅觉,"他的两个哥哥从小就很机灵,但阿曼西奥总会想一些不切实际的东西,创业初期安东尼奥可没少阻拦他。因为明明只需要买3千米长的布,

阿曼西奥·奥尔特加的第一任妻子罗莎莉雅·梅拉,她是 Inditex 集团的第二大股东。(图源:乔治·洛巴托/《加利西亚之声》)

阿曼西奥却非要买 50 千米。"明明是个胆儿不大的孩子,但是他一做起生意来就会胆大包天。

他的哥哥在巴洛里亚拉武埃纳安了家。他娶了镇上一个叫普利米蒂瓦·雷内多的女孩,他们和阿曼西奥的第一任妻子罗莎莉雅·梅拉一样,是实施阿曼西奥创业计划的元老级人物。

这个创业项目逐步发展成后来全世界都在研究的 Inditex 集团。尽管有大哥的阻拦,但年轻的阿曼西奥还是会"想一些不切实际的东西",普利米蒂瓦和罗莎莉雅是第一批为阿曼西奥缝制婴儿睡篮和粉色棉质居家服的帮手。

014

第一章 从不露面的男人

阿曼西奥最多每隔3年就会去巴洛里亚拉武埃纳看安东尼奥和普利米蒂瓦的女儿玛丽亚·多洛雷斯，对他们来说，只要天一热，阿曼西奥就会出现。他会在酒窖里喝点儿下午茶，和亲朋好友一起打发午后时光。当年生意亏本的时候，这个酒窖被卖出去了，之后他们花了两倍的价格又把它买回来了。

阿曼西奥的家一个在巴洛里亚拉武埃纳，另一个在拉科鲁尼亚。

阿曼西奥一家搬到拉科鲁尼亚后，住在阿曼西奥父亲所在的西班牙国家铁路公司提供的一处房子里。（图源：本书作者）

1944年8月1日，父亲再次搬家，这次搬到了拉科鲁尼亚。这时乔洛8岁，生活才刚刚开始。

1943年4月14日，独裁者弗朗西斯科·佛朗哥为圣地亚哥-拉科鲁尼亚到萨莫拉的铁路线进行了揭牌仪式。史学家赫苏斯·玛

015

丽亚·雷俐也在现场，据他估计，这段长约60千米、分隔了2座城市及7万拉科鲁尼亚居民的铁路线行程约2个小时。这则消息随着电影《新闻与纪录片》传到了托洛萨。阿曼西奥的父亲考虑了一下，觉得要想躲避战后纷争，拉科鲁尼亚是个不错的地方。再说那里也缺乏合格的铁路工人，于是他再次申请调离。从此，奥尔特加-高纳家族就定居在了拉科鲁尼亚。1960年，阿曼西奥的父亲被提拔为联锁分队队长，一年后获得优秀员工奖，1971年被提拔为组长，1972年1月他决定退休，静观儿子们灿烂辉煌的人生。

现在回到1944年。奥尔特加-高纳家族住在RENFE的7号员工房，离拉科鲁尼亚-圣克里斯托瓦尔火车站很近。当年的邻居约瑟法·阿尔维多·罗德里格斯现在还住在6号员工房，她还能记得奥尔特加-高纳一家："他们很有教养。父亲有点儿矜持，母亲则十

1967年3月，阿曼西奥·奥尔特加的父亲参加在奥尔斯德举办的铁路员工会议时的照片。（图源：经曼努埃尔·纳瓦罗授权）

分健谈。我们经常一起去购物,她非常好,特别乐于助人。"

在这里人们的说话风格——与其他地方不同——异常质朴平实。曼努埃尔·纳瓦罗·加西亚——拉科鲁尼亚站曾任站长的儿子,同时他本人也是拉科鲁尼亚站的前任站长——说过:"我们两家关系很好,因为他们是巴利亚多利德人,我妈妈是萨拉曼卡人。我和安东尼奥年纪比阿曼西奥大一点儿,我们会去卡查萨租自行车,从卢戈广场一直骑到莫内洛斯。安东尼奥很喜欢骑自行车,我还记得我的姐姐和他的姐姐皮拉尔星期天会一起去教堂。那时候都是这样消磨时光的。"安东尼奥经常在车站前踢用碎布做成的球,但在曼努埃尔·纳瓦罗的记忆中,阿曼西奥压根儿就没做过这种事。

难不成冥冥之中自有天定?有没有什么像灯塔一样闪闪烁烁的信号,表明他就是注定改变世界的男人?纳瓦罗说:"我不知道。我大他4岁,这样的年龄差距对孩子们而言是巨大的,但是他给我印象最深刻的一点是他比同龄人严肃。我经常能看见他手臂下夹着几本书,全神贯注地穿过圣克里斯托瓦尔广场。他和人打招呼的时候很有教养,你能察觉到他是一个很有责任心的人。"

那个时候,只有有钱人才能上得起学,没什么钱的家庭就只能供其中一个孩子去上学。所以当家人决定供约瑟法(即佩皮塔)学习商贸的时候,14岁的阿曼西奥不得不辍学,去卡拉服装店上班。

卡拉服装店于1931年创立,店主是何塞·马丁内斯·波尔图。当时铁路工人可以带一个孩子进公司上班,就像曼努埃尔·纳瓦罗一样,阿曼西奥的爷爷是铁路工人,爸爸是铁路工人,儿子还是铁路工人。但是去服装店上班就意味着阿曼西奥想子承父业成为铁路工人的机会也被剥夺了。

14岁的阿曼西奥·奥尔特加曾在这家卡拉服装店当过派送员,这是他人生的第一份工作。(图源:《世界报》)

当时有人向服装店老板推荐说:"这儿有一个很勤劳的小伙子,肯定会成为你的好帮手。"于是时尚界与阿曼西奥·奥尔特加的碰撞,或者说阿曼西奥·奥尔特加与时尚界的碰撞由此开始了。老板的儿子何塞·马丁内斯·瓦雷拉当时也14岁,与阿曼西奥同龄。"按照惯例,他从派送员做起。忙的时候他也要帮忙擦窗户、包装货物,做些营业员的活儿。"何塞·马丁内斯解释说。

卡拉服装店在这座港口城镇享有盛名。"不同社会阶层之间的差距十分巨大。有些定制的字母印花衬衫需要送货上门，我会时不时帮他一把。"派送员会配备一辆奥贝阿自行车，但是他大多时候都是走路去送货。有这么一个传闻：阿曼西奥·奥尔特加曾经把一件印有 F. F.（弗朗西斯科·佛朗哥的首字母缩写）的衬衫送到梅拉斯庄园。何塞·马丁内斯辟谣说："无稽之谈。我们从没给佛朗哥做过衬衫。要做也是给佛诺萨伯爵做的，没给佛朗哥做过。"

"上班时间是 9：00—13：00、15：30—19：30，单休，但是我们经常会送货送到晚上 10 点。"不算加班时间，阿曼西奥一个星期要工作 48 个小时。

一年的节假日不会超过 10 天，但几乎所有人还是会去加班挣钱，在那个经济困乏的时代，这一切都理所当然。阿曼西奥也不例外。1953 年，拉科鲁尼亚街头第一次出现了 Vespa 摩托车，阿曼西奥第一眼看见的时候，就决定要勤奋工作，攒钱买一辆。

这个在巴洛里亚拉武埃纳被人称作乔洛的年轻人用行动回报了推荐他来服装店上班的人。很快他就证明自己的确是"一个很勤劳的小伙子，营业员的好帮手"。

他在这个岗位上干了 3 年，讽刺的是，他也是这家服装店为数不多的离职者之一，毕竟有些营业员在这里干了 46 年。马丁内斯说："他不是因为什么不愉快的原因才离职。他的哥哥安东尼奥和姐姐约瑟法在拉马哈工作，他辞职是因为想和他们一起做生意。"马丁内斯对这个"正直勤奋的男人"所取得的成功表示由衷的祝贺。

拉马哈：Inditex 集团之源

17 岁的阿曼西奥·奥尔特加离开卡拉服装店，去了哥哥安东尼奥和姐姐约瑟法所在的拉马哈高级成衣店。他在那儿与第一任妻子罗莎莉雅·梅拉相识。拉马哈成衣店可以说是 Zara 及 Inditex 集团的源头，从这间小小的店铺走出了 Inditex 集团的创始人们。当他们这个小集体——也包括后来加入的何塞·安东尼奥·卡拉米洛——觉得自立门户的时机成熟时，曾经风靡一时的成衣店却如同燃尽的蜡烛一样开始走向衰败。罗莎莉雅第一个离开，之后是阿曼西奥，再

拉马哈高级成衣店的店员在柜台后拍的合照，左起第一个就是罗莎莉雅·梅拉。
（图源：经何塞·路易斯·卡斯特罗·昆塔斯授权）

第一章 从不露面的男人

之后是安东尼奥，最后是约瑟法关闭了店铺。拉马哈高级成衣店再也不存在了。如同其他那些被历史淘汰的商铺一样，这个曾经拥有三家店面、一间仓库的拉马哈高级成衣店彻底消失了。

拉马哈高级成衣店和玛丽亚·皮塔商店、袜之荣耀商店、凡尔赛商店一样，都十分擅长缝制鞋袜。在拉科鲁尼亚这样一座娱乐之都，人们常常去诸如拉马哈之类的店铺购物。

不久之前，拉科鲁尼亚的小伙子们还走在被葡萄酒和白兰地浸湿的街道上，哼唱着赞颂这座城市闲散生活的歌谣："生于拉科鲁尼亚是件多么美好的事情啊，欢闹行走，直立睡觉……"除了这首歌，还有一句谚语也总结了加利西亚各个主要城镇的特点："工作的维戈、睡觉的奥伦塞、祈祷的圣地亚哥和玩乐的拉科鲁尼亚。"

20世纪50年代的拉马哈高级成衣店，曾是拉科鲁尼亚的商业地标。阿曼西奥和他的哥哥安东尼奥、姐姐约瑟法以及第一任妻子罗莎莉雅·梅拉都曾在这里工作过。
（图源：经何塞·路易斯·卡斯特罗·昆塔斯授权）

拉马哈高级成衣店位于圣安德烈斯街区，对面就是葡萄酒区。阿曼西奥·奥尔特加去店里的路上经常能听见一些被酒精撕裂的声音，但那些激扬男高音不会对他造成任何影响。阿曼西奥·奥尔特加一心想要独立，想要获得成功，想要娶那个和他一起工作的女孩。他和那个女孩瞒着所有人，偷偷恋爱了。他不喝酒、不抽烟，全身心投入工作。对他来说，唯一的奢侈就是去位于加莱拉的萨里翁酒吧聊聊天。萨里翁酒吧的老板是卡拉米洛，后来因为他和阿曼西奥都忙于集团事业，于1964年被迫关闭了酒吧。

相较于哥哥姐姐，阿曼西奥是最后一个加入拉马哈高级成衣店的人，同时他也是较早离开的人，把约瑟法和阿曼西奥介绍到拉马哈工作的人正是哥哥安东尼奥。

安东尼奥是一个性格外向，很有感染力的男孩。他轻轻松松赢得了店主卡斯特罗·昆塔斯一家的喜爱，很快就从售货员被提拔为推销员。他女儿出生的时候，作为孩子的教母，店铺的女主人罗拉夫人给她取名为玛丽亚·多洛雷斯。

起初，阿曼西奥·奥尔特加在圣安德烈斯街区店上班。他和罗莎莉雅一起在柜台工作，帮忙包装货物。据哈维尔·卡纳斯·卡拉米洛所说，当拉马哈在雷亚尔街开了分店时，阿曼西奥·奥尔特加就以经理的身份被派了过去。哈维尔·卡纳斯·卡拉米洛是卡纳斯品牌的联合创始人，在 Inditex 集团创业初期，他也是 Zara 的推销员。

由于既靠近圣安德烈斯街区，又靠近雷亚尔街区，萨里翁酒吧成为 Zara 创始人们的接头点。他们经常聚在这里喝咖啡。阿曼西奥一家、卡拉米洛一家，还有酒吧里的常客共同见证了这个商业帝国的奠基石是如何落定的。这些人之中有些是因为自己本身参与其中，有些是因为机缘巧合，但不管怎么说，在萨里翁酒吧，创业的念头深深刻在他们的脑中。

所有人都在一开始就参与了这个创业项目。哈维尔·卡纳斯·卡拉米洛回忆说："阿曼西奥一直和我叔叔说要建立自己的事业：'我们必须要做点儿什么，要经营点儿什么……'"就是在这个酒吧里，他们定下人员安排。罗莎莉雅和安东尼奥的妻子普利米蒂瓦曾经做过裁缝，所以她们来缝制服装。男人们负责把服装推广至拉科鲁尼亚市场及西班牙北部市场。除了作为重点攻略的拉科鲁尼亚的市场推广，安东尼奥还要负责加利西亚其他地区的市场。卡拉米洛一家是非常出色的推销员，由他们负责整个西班牙的市场推广。也就是说他们一次商务旅行要同时处理两家业务——拉马哈的业务及刚刚才成立的公司的业务。阿曼西奥为自己的第一家公司取名为GOA。为了表现自己的孤注一掷，在 GOA 初期阶段，罗莎莉雅就离开了拉马哈高级成衣店。在圣罗森多街区，罗莎莉雅的双手在缝纫机上飞舞，双眸凝视着自己的后代——尽管直到 1968 年 7 月 19 日桑德拉才出生。

第一家公司的名称也是他们在萨里翁酒吧讨论决定的。有个叫卡马尼奥的管理人员创意无限，他写写画画，最后决定把 GOA 作为公司名称。他第一行写下安东尼奥·奥尔特加·高纳的名字，下一行写下阿曼西奥·奥尔特加·高纳，突然他发现兄弟俩的名字首字母缩写都是 AOG。但是 AOG 不太好念，于是他把首字母的顺序调整了一下，写成 GOA，所有人都喜欢这个名字。

前文说过，罗莎莉雅和普利米蒂瓦在圣罗森多街区缝制的第一种产品是婴儿睡篮。有一天，阿曼西奥——当时他还在拉马哈高级成衣店工作——发现客人们的目光都盯着橱窗里的居家服。于是他决定缝制居家服，但在定价上与别家不同：他们不以成本定价，而是根据预期销售数量控制成本。这是纯正的 Zara 哲学。

GOA 第一批居家服卖给了拉马哈高级成衣店。一次送货上门的时候，店主的表弟何塞·布兰科·卡斯特罗把阿曼西奥暴打一顿，并把衣服狠狠摔在地上，嫌弃它们质量太差。

婴儿睡篮让阿曼西奥彻底抛弃了顾虑，他摩拳擦掌，准备大干一场。此时，阿曼西奥有了自己的品牌、自己的居家服及自己的团队。他曾对 Inditex 集团副总裁兼首席执行官何塞·玛丽亚·卡斯蒂利亚说过，他要拿着 5 000 比塞塔去闯一闯。现在，让我们先把生意放在一边，讨论一下阿曼西奥本人吧。

阿曼西奥的家庭生活

阿曼西奥·奥尔特加和罗莎莉雅·梅拉于拉马哈相识，1966 年 8 月 7 日下午 5 点在圣约瑟教区完婚。他们有两个孩子：桑德拉和马克（马克出生时就患有智力障碍）。1986 年，双方和平离异，结束了这段长达 20 年的婚姻。2002 年，阿曼西奥和 Zara 的前任雇员弗洛拉·佩雷斯·马柯黛再婚。1983 年出生的女儿玛塔正是第二任妻子所生。

在受访人建议下，我们认为关于阿曼西奥的爱情生活，了解这么多就够了。哈维尔·卡纳斯·卡拉米洛说："作为读者，我关心的是他是如何白手起家，如何从拉科鲁尼亚开始一步步建立起自己的商业帝国的。就像我不在乎亨利·福特结过几次婚一样，我在乎的

玛塔·奥尔特加是阿曼西奥和弗洛拉·佩雷斯所生的小女儿。(图源:马加·G.布雷亚/《加利西亚之声》)

只是他是如何经营自己公司的。"他不仅建议我们略过这个话题,还提出这样一个辩题。我的答案是既在乎又不在乎。隐私话题我们会避而不谈。《福布斯》杂志预估2004年阿曼西奥·奥尔特加拥有103亿美元的财富,名列世界富豪榜第18位、欧洲榜第5位、西班牙第1位。2003年起,罗莎莉雅·梅拉也入选福布斯富豪榜。她大约坐拥17亿美元,位列富豪榜第236位。她是西班牙最富有的女人。虽然现在他们已经离婚,但是与安东尼奥·奥尔特加及普利米蒂瓦·雷内多夫妇共同创业伊始,他们还是夫妻。

1998年5月在接受《加利西亚之声》采访时,罗莎莉雅·梅拉这么说过:"爱情虚无缥缈。它是陷阱,是幻觉打破现实。女人们不应该对爱有太多期待,因为它太不稳固,太不持久。"

尽管本书主人公的第一次婚姻已经成为历史,但还是有必要重点说明一下他的前妻——毕竟她是西班牙最富有的女人。

1944年，罗莎莉雅·梅拉在奥尔赞港湾一条叫作玛达德罗的街区出生。11岁的时候，她觉得自己知道得"足够多了"，可以不用去上学，直接去工作了。这很容易理解，因为作为菲诺撒天然气公司雇员家的女儿，家里的每一个成员都要为家庭经济做贡献。通常来说，玛达德罗街区的年轻人都习惯在本市的屠宰场工作，但是罗莎莉雅却去了拉马哈高级成衣店上班。

在那儿她认识了一个瘦小、内向，很有教养的小伙子，也就是阿曼西奥·奥尔特加。很快，爱的火花在营业员（罗莎莉雅）和经理（奥尔特加）之间迸发。罗莎莉雅眼睛明亮，身材苗条。拉马哈高级成衣店的老板何塞·路易斯·卡斯特罗·昆塔斯回忆说："那时候顾客来店里买泳衣总要先试穿验货，她就成了店里的泳装女郎。阿曼西奥和她结婚后来问我，能不能让别的姑娘来试穿泳装。我想了想，觉得他说得挺对的。"后来生活和何塞·路易斯开了个大玩笑：拉马哈倒闭了，这位前任老板成为Inditex集团的一名员工。拉马哈曾经有30多名工人，有充足的资金，按照何塞·路易斯的话来说："当时我能够买下半个雷亚尔街区。但是如果你明白挣20比塞塔花50比塞塔是什么感觉，你就知道拉马哈为什么会倒闭了。"说到这儿，这个话题戛然而止。

一听见拉马哈倒闭的消息，阿曼西奥就给卡斯特罗打了电话。两人在萨邦的一间办公室里聊了一会儿后，阿曼西奥向这位前老板伸出了橄榄枝。"离开拉马哈的时候，我只有1 000比塞塔、一点点药，以及4个嗷嗷待哺的孩子。我当时刚做完手术，迫切需要一份工作来养活家人，我真的很感激他。"卡斯特罗在Inditex集团工作了

8年。公司破产的痛苦及多次心脏手术慢慢侵蚀了这些年他与奥尔特加兄弟和罗莎莉雅·梅拉共同奋斗的回忆。"安东尼奥一直在家里，每天都和我们一起吃饭。"阿曼西奥比何塞·路易斯·卡斯特罗·昆塔斯大1岁，两人会一起去拉沃德塔健身房锻炼。那时候体育健身基本是运动员的专属特权。"阿曼西奥太瘦了，甚至有人会劝他不要做高负荷运动。"

对卡斯特罗来说，阿曼西奥既是工作伙伴，也是生活中的好友。说起阿曼西奥，他只有赞誉之词："他是一个简单、谦逊、友善的人。他没办过什么大型讲座，但是他很关心公众的意见。客户可以第一时间察觉到他很有教养，值得尊敬。"在拉马哈工作的时候，卡斯特罗就很看好他。阿曼西奥结婚的时候，卡斯特罗送的结婚礼物是金腕表，表带也是由贵金属制成。他清楚地记得："那个时候全城只有四个人有这样的金腕表。"因为何塞·路易斯正是这些手表的采购人。

1966年，阿曼西奥和罗莎莉雅向银行贷款，在蒙特阿尔托区佛落蕾街25号买了一套价值15万比塞塔的公寓。小夫妻俩度完蜜月归来后，拉马哈给阿曼西奥涨了双倍薪水。3年前，阿曼西奥就走上创业之路。罗莎莉雅·梅拉在其创业初期就离开了拉马哈高级成衣店。这3年里，阿曼西奥，这位Zara创始人两头跑，既要关注拉马哈的生意，又要兼顾诺娅街车间的生意。终于，他力有不逮，决定只全身心投入自己的事业。何塞·路易斯说："他跟我说他不能再两头跑了。说真的，他和他的哥哥姐姐相继离职是一件很令我遗憾的事情。"拉马哈是率先批发阿曼西奥居家服的商店之一。因此何塞·路易斯可以肯定地说："与当今的服饰相比，阿曼西奥居家服的质量并不差。人们会说它们掉色，但是有些颜色，比如说暗红色，不掉色是不可能的。"

阿曼西奥在事业上顺风顺水，但婚姻状况却恰恰相反。1971年5月1日，他们的第二个孩子出生。儿子一出生就患有智力障碍，夫妻关系自此疏远。1986年，两人和平分手。从1973年起，罗莎莉雅就远离Inditex集团核心，全身心投入派地亚基金会之中。这是一个旨在帮助残疾人士重新融入社会的基金会，其中一个奖项以她儿子的姓名命名的，叫作马克·奥尔特加·梅拉奖。

罗莎莉雅·梅拉不再直接插手Inditex集团业务，她生命的重心彻底转移。她放下工作，回到学校重新学习。一开始她参加的是康复方向的岗位培训，但不久她就转到教师岗位。这份工作对她摆脱生活上的困境起到了极大的帮助作用。

罗莎莉雅·梅拉喜爱精神分析学和文学，喜欢参加茶话会，与她交往的都是加利西亚的高级知识分子。她拥有Inditex集团6.99%的股份及Zeltia生物制药公司5%的股份。她倾向于左派，参与了"不再"组织发起的示威活动，是抗议Prestige杂志恶劣影响的主要领头人。派地亚基金会的总部位于玛丽亚·皮塔广场，对面就是市政府大楼。基金会总部阳台上挂着支持左派的黑底蓝条的旗帜。所以当旨在解决加利西亚生态危机的部长级会议于玛丽亚·皮塔广场召开时，所有政府官员都看见了那些旗帜。

一开始罗莎莉雅·梅拉也很抗拒媒体，但渐渐地她做出了让步。"借助身份地位所带来的便利，我可以通过媒体来宣扬基金会的价值观。"但是她也说，出现在前夫传记中这件事让她一点儿也不觉得开心。她回绝了采访，并笑着对我们说："我不想谈这个话题，也不想大众因此知晓我，我希望以后还能继续我的无上装日光浴呢。"那天是周五，莫内洛斯工人区的欧斯·贝雷斯酒馆里正在举行一场女权运动。在这个满地木屑的小酒馆里，优美的歌喉于此聚集，歌手们吟唱至天明。罗莎莉雅与她的朋友们是这里的常客。罗莎莉雅是一位非常骄傲的老奶奶，如果有人敢怀疑她是否知道豆子的市场价，她会暴跳如雷。她一直都知道。她经常会去广场购物。在拉马哈工作的时候，她去的是圣·奥古斯丁广场；当她和丈夫搬到隆达路的时候，她去的是卢戈广场。那个时候阿曼西奥一家子都是邻居。他们小夫妻俩住在8号的两间套间里，哥哥安东尼奥住在9号，爸爸妈妈就住在10号。

面对儿子的疾病，罗莎莉雅选择为更多的残疾人士贡献心力，而阿曼西奥·奥尔特加则用工作麻痹自己。他一生所创造的财富是许多富豪的两三倍。

1971年年底，位于托雷罗大街的第一家店铺开业，它就是斯普林特（Sprint），虽然第二年它就关门了，但Zara的经营哲学已初见端倪。在这里，阿曼西奥进行了多次商业上的尝试，最终诞生了一个连阿曼西奥这么挑剔的人都赞赏不已的概念：快时尚。店铺Logo是一支火炬，主营产品是虽然质量不高但设计感十足的前沿服饰。斯普林特的橱窗展示令人印象深刻，上面还印写了店铺地址，只要看上一眼，就会永生不忘。老牌的商学院课程经常会说这么一句话："一家商店需要两名营业员，以及第三个，也是最棒的一个营业员——橱窗。"阿曼西奥·奥尔特加从不相信广告，也只有在新店开业的时候他才会做一些宣传。对他来说，只要有橱窗及人们的口口相传就够了。

斯普林特倒闭后，大家劝他去其他街区开店。他顶住压力，无视这个建议。1975 年，第一家 Zara 在胡安·弗洛雷斯大街成功开业，6 个月后，他重返托雷罗大街。如今半个托雷罗大街都为他所有，而且每天都有谣言说他又买了一幢新大楼。正是在 Zara 托雷罗分店，他再次邂逅了爱情。他与这里的分店总监弗洛拉·佩雷斯·马柯黛相爱了。

这些年他把自己奉献给了工作。Inditex 集团既要生产服装，又要售卖服装。Zara 如雨后春笋般遍地开花。可以这么说，如果萨拉曼卡被征服了，那么它附近的城镇也都会被一一攻陷。故事情节看上去很简单，Zara 的成功正是依靠创始人避免聒噪的简单性格。在邻居们眼中，阿曼西奥总是提着行李箱，今天还在这里，明天就已经去往别处了。他们还记得与他的父母，与罗莎莉雅，与安东尼奥，与桑德拉——他的女儿——在离家不远的修道院念书，以及与马克之间的对话。但是仅仅在阿曼西奥提着行李箱进出的时候，他们才有机会，与他打一个简单的招呼。

长久的分离给他们的爱情蒙上了灰尘。两人之间的感情越来越淡漠，就算曾经多么轰轰烈烈，就算孩子们再怎么努力，已经支离破碎的爱情再也无法回到过去。在最后一次尝试与罗莎莉雅修补关系无果后，弗洛拉被调往维戈分店，阿曼西奥·奥尔特加也离开家庭，去奥伦塞中心广场居住。有时候他也会去工厂睡一晚。他唯一的乐趣就是星期天早上去人民广场一边吃吉事果，一边享受擦鞋服务。擦鞋工这个职业消失后，他人生的一大乐趣也随之消逝。如今他会和为数不多的几个朋友去安瑟斯酒馆吃晚餐。吃的无非就是煎蛋配薯条、牛肉、自家果园的蔬菜和水果。其他食客喜欢吃海鲜之类的美食，但是他就爱吃鸡蛋，因为他每次都坐在同一张桌子旁吃鸡蛋，于是那张桌子就被他的球友戏称为"穷人桌"。

从孩提时代起，他就没几个朋友，不过他也不在乎社交活动。他的朋友虽然少，但是都很真诚。可是他并不是很信任过去 10 年里结交的朋友，因为他很难分清这些人谁是马屁精，谁是真朋友。他对人才有着非常敏锐的洞察力，某个应聘者将来会对公司做出怎样的贡献，会如何促进公司的发展他都能洞察一二，但现在他却开始怀疑自己的新朋友。受邀与他共进晚餐的候选人名单列表和 Zara 店铺列表一样已经成倍递增，那些想接近他的人必须要对他真诚相待。有这么一则逸事广为流传：有个人吹嘘自己认识阿曼西奥，却不知阿曼西奥本人就坐在听众席上。他不想发生这种情况。

1987 年 1 月 13 日，阿曼西奥的哥哥安东尼奥因患骨癌去世，享年 59 岁。他没有看见两年后 Zara 这个他曾为之奋斗的企业已经一跃成为国际化大公司，分店遍布全球。哥哥的去世给了阿曼西奥沉重的一击，他一直铭记着，创业初期筹钱的时候，是哥哥出了大头，是哥哥把当推销员挣的一大笔钱全都拿出来了。阿曼西奥伤心欲绝，以致没能参加葬礼。

2001 年 1 月 7 日，阿曼西奥的母亲约瑟法·高纳病逝于拉科鲁尼亚。对阿曼西奥来说，无私奉献的母亲也离他而去了。

直到一年后，他与弗洛拉·佩雷斯在安瑟斯完婚，失去亲人的痛苦才稍稍减退。坎夫雷市市长安东尼奥·巴雷拉·萨维德拉为他们证婚。弗洛拉为人简单，不爱炫耀。认识她的人都说她是一个既快乐又开明的人。

阿曼西奥·奥尔特加晚年的时候在隐私空间的问题上放松了警

戒。人们常常能看见他们夫妻俩和女儿一起出现在马术比赛现场，就跟其他普通观众别无二致。赛马把他和出生于1983年的玛塔紧紧联系在一起。阿曼西奥曾经说过："我只做我应该做的事情，那就是工作，工作。"他曾被称作"拉科鲁尼亚的养子"——如今也被称作"阿尔泰修之子"。女儿的存在让阿曼西奥不再痴迷于工作。白天他还是在工厂上班，但会在21:00准时回家。不过他依旧很关注人们的着装——"拜托，别再看这件衬衫了，这是我花了好多钱在意大利买的。"他的一位女性朋友担心他会出山寨同款，曾经这么拜托过他。

在卡萨斯·诺瓦斯马术俱乐部，阿曼西奥及玛塔正在和玛塔的男友、帕斯托银行主席的儿子何塞·玛利亚·阿里亚斯交谈。（图源：何塞·卡斯特罗/《加利西亚之声》）

渐渐地，媒体的目标改变了。他们的兴趣点已经从父亲转移到了女儿，并接连不断地发表一些和她相关的恋爱绯闻。首先波及的就是卡斯蒂利亚－拉曼恰自治区政府主席的儿子——何塞·博诺。他不得不出面澄清说："玛塔只是我的好朋友，我们因对赛马的热爱而结缘，除此之外别无其他。"他认为："玛塔是全西班牙唯一为赛马而生的人。"真正征服 Zara 帝国继承人之心的是帕斯托银行主席之子，但也有人说他们已经分手了。那时，玛塔的精力主要集中在完成在伦敦的工商管理学业及效仿亚马逊逐步完善自己的服务质量上，但是她的身影也经常在八卦杂志《古欧蕾》上出现。她的成年礼是在普拉雅俱乐部举行的，从这家俱乐部望去，整个奥尔赞港湾尽收眼底。共有 150 位嘉宾受邀出席她的成人礼，本地报纸《观点日报》也以封面头条的形式给予了报道。

这只是改变的第一步。阿曼西奥不会永远成为人们的焦点。甚至有人扬言 Inditex 集团会成也萧何，败也萧何。

"外星人"阿曼西奥

2009 年，《福布斯》杂志第一次把阿曼西奥·奥尔特加列入全球 50 富豪榜，并总结说是他的三个爱好助他成就巨额财富，它们分别是名画（他收藏了许多名画）、美酒（他有一个装满醇香美酒的酒窖）和足球（他甚至为此收购了大量拉科鲁尼亚足球俱乐部的股份）。其实这个说法简直是荒谬至极，"阿曼西奥的确买过一些画，但是并不多，也算不上什么收藏家，他也没有精美的酒窖。他喜欢用美酒招待客人，但自己却不怎么喝酒，而且他从来不和我们聊足球。我觉得他应该不喜欢足球。"大洋世家总裁兼阿曼西奥好友曼努埃尔·费尔南德斯·德索萨·法鲁对《福布斯》杂志及其他媒体给出的错误信息加以了修正。阿曼西奥·奥尔特加是个性格简单的人，他的成功使他成为这类人的典型代表。他从不装模作样，他最喜欢的菜是煎蛋配薯条。

根据美林集团及凯捷安永咨询公司公布的一份世界财富报告，西班牙有11万名百万富翁，约占整个欧洲百万富翁数量的4.23%。富翁主要集中在马德里、巴塞罗那和瓦伦西亚三个地方。通常情况下，他们都与奢华、摆阔、古怪三个形容词并行出现。

跟他们相比，阿曼西奥简直是个外星人。首先，他跨越了地理上的障碍；其次，他最古怪的爱好也不过是最早到公司，最晚离开公司而已。他做过的最任性的一些事情也不过是2000年，花52亿比塞塔买了一架庞巴迪现代喷气飞机；他买了一艘游艇，基本不开出去，一直停放在巴洛里亚拉武埃纳的萨克森港口；他还在坎夫雷的自治市安瑟斯买下了奥·多罗索宫，这是他的第二个家，距拉科鲁尼亚约12千米远。这座小宫殿建于17世纪，1991年的时候市场价约为2亿比塞塔。与《福布斯》杂志报道的310亿美元的家财相比，这点儿小钱不值一提。

哈维尔·巴拉尔自拉马哈时期起就与阿曼西奥相识，他说："阿曼西奥总穿着蓝色或白色的牛津衬衫，宝蓝色的V领毛衣或者开衫外套"。作为平价时尚之父的他从不追赶潮流，甚至他每天的着装都几乎一样。

阿曼西奥和普通人唯一的不同之处，就是他每天打开账户都会有数百万进账，而普通人却只能勉强保持收支平衡。

阿曼西奥·奥尔特加·高纳住在萨拉埃塔中心区一幢 400 平方米的二层别墅里，这幢别墅由 Inditex 集团控股企业建造。自从他的照片和一些个人信息流出后，人们甚至将这座城市改名为"萨拉埃塔（Zalaeta）"。早上 7 点，他拉开客厅的窗帘，聆听海浪拍打浮桥的音律，然后打开广播，泡一杯咖啡，静候保镖的到来。之后阿曼西奥会在他们的陪同下一同前往金融俱乐部。但是被公开的照片，以及由此引发的骚动令他不胜其烦。他以前喜欢自己开车出行，但是自从报社公开他的照片之后，他再也没有一个人上过街。他无比怀念在沙滩上遛狗的日子。他家离沙滩也就 100 多米的距离，那么近，却也那么远。

前几年他经常去 Zara 托雷罗分店看看。妻子弗洛拉去巴适卡附

阿曼西奥·奥尔特加住在拉科鲁尼亚萨拉埃塔中心地段的这座大楼里，因此人们将大楼戏称为"萨拉埃塔"。（图源：本书作者）

近理发的时候,他就会去那儿瞄一眼。售货员说:"我们忙的时候他还会帮我们叠衣服。老板在你身边和你一起叠衣服的感觉实在是太奇怪了。"当然,保镖的监视也让售货员们感觉怪怪的。

不到早上 8 点,有两辆车开出别墅。一位水果商人匆匆忙忙地和车里的人道别。有谣言传他也是阿曼西奥保镖团的一员。几乎没什么人相信这个说法,甚至就连散布消息的人都不相信这是真的。

阿曼西奥到达金融俱乐部后,护卫车留在外面待命,准备随时开往萨邦总部。路上通常不会出什么意外。

阿曼西奥一般会先运动几分钟,再去泳池里泡一会儿,随后和朋友会合,共进早餐。

哈维尔·卡纳斯·卡拉米洛说:"他以前喜欢打网球。非常喜欢。他一直很注重自己的身材管理。"除了打网球,周五他还会和员工们一起踢足球。这是他做生意的另一种方式。"就算他是阿曼西奥,他们也会像对待其他人一样,狠狠地踢他。"也许正是因为他是阿曼西奥,员工们才会这么对他。

在金融俱乐部里吃早餐的纺织业代表只有他一个。陪他一起吃早饭的都是些制冷业、广告业、水泵业和装潢业的小商人。

他们把吧台的三张桌子拼成一张坐在一起,一边看报纸一边吃英式早餐。有时候他们还会来点儿小酒,但阿曼西奥通常不会陪他们一起喝。他们说是友谊把他们聚在了一起。开玩笑的时候,他们会戏称阿曼西奥的外号,应该叫"便士"。他们曾不止一次地对他说过:"如果富有是你那样的,那我宁愿贫穷。"

这位别人眼中富有的穷人,或者贫穷的富人,除了公司哪儿都不愿意去。也许在阿曼西奥眼中,那些敢评判他的人都是些可怜的穷人。

他总是第一个到达公司。据跟他一起工作的员工回忆:"我 9:30 到公司的时候,他就在女装部那儿。我 19:00 下班了,他还在那儿。只要不出差,他就会去女装部。有时候知道他去伦敦出差了,你会松一大口气,可中午的时候你会发现他又回来了。"

他不休息,也不给别人喘气的机会。员工们都称呼他为阿曼西奥。每当阿曼西奥休 15 天假的时候,员工们就会打赌,赌他能几天不来上班。有个总是猜得很准的家伙说:"就 3 天,不会再多了。"

哈维尔·卡纳斯·卡拉米洛说:"他最多去阿托哈岛或者安瑟斯待两三天,不会待更久的。"

公司就是他的"港湾"。和其他管理人员一样,他的办公室也在高管尊享区,但他不怎么去那儿,他真正的办公桌在女装部的核心区。他会跑来跑去,给出自己的建议和修正策略。他对潮流有着与生俱来的敏锐。这颗纽扣低点儿,那个印花换个颜色,拉链开在这儿,翻领别安在这块儿……

员工们必然会在午餐时间见到阿曼西奥。"他走进食堂,选餐,狼吞虎咽地吃掉一个马铃薯。他会和我们一起在食堂吃饭,但是总坐在同一张桌子的一角。亚洲或者其他地方的供应商来的时候,他们那张桌子会铺一张桌布,但是阿曼西奥那张从来不铺。"他唯一的特权就是有人为他上餐。想想他的身家可是 310 亿美元啊。

不过也有例外。如果是重要的商务拜访,当然这并不常见,他会去私人宴会厅,或者阿尔泰修的金鸡大饭店吃午餐。

除非下午要陪女儿玛塔参加马术训练,否则他一般会留在女装部东奔西走。女儿唤起了他对赛马的热爱,他甚至在阿尔泰修拉林教区古老的奥柯索农舍建造了欧洲最好的马术中心。2000年12月15日，这座名叫卡萨斯·诺瓦斯的马术中心正式开业，加利西亚的政要名流们纷纷出席开业典礼。

还记得他童年时期的朋友怎么说的吗？"他总是想干一票大的。"这个马术中心造价900万欧元，由他的侄女婿兼Inditex集团首席执行官胡安·卡洛斯·罗德里格斯·塞夫里安全权管理。

因为金融俱乐部星期天歇业，所以当天早上阿曼西奥通常会在马术中心的咖啡馆里看报纸。

卡萨斯·诺瓦斯马术中心相当于加利西亚版的阿斯科特赛马场，一场马术大赛就能吸引约4 000名观众。这太神奇了，要知道，在加利西亚看斗牛的比看赛马的观众多多了。在这里，阿曼西奥能够获得片刻的安宁。他会忘记某件衬衫拉链安装的位置不对，忘记收购新店大楼所遭遇的顽强抵抗。

另一个能让他放下工作的地方是奥·多罗索宫殿，周末他都会去那里。据说他很想在那里定居，但是弗洛拉不喜欢。搬到那里是不太可能了，更重要的是他刚在派诺特买了一幢楼，在那里的每个下午，他都能享受到拉马利纳美术长廊带来的光影变幻。安瑟斯的邻居都不知道到底哪栋别墅属于阿曼西奥·奥尔特加。要是有人问他们Zara老板的别墅在哪里，他们会说："哦，在奥·飒拉。"

奥·多罗索宫与伯爵宫毗邻，始建于17世纪，于18世纪完工。宫殿内有一个教堂，整体面积约4.2万平方米，四面被石墙包围。阿曼西奥一家的食物储藏室由两对夫妻打理。除了柏树和橡树，家里还种了西红柿、莴苣和其他一些蔬菜，除此之外还养了12头肉牛。

第一章 从不露面的男人

阿曼西奥·奥尔特加在安瑟斯的奥·多罗索宫殿欢度周末。(图源：F. 米诺内斯)

　　阿曼西奥不是一个堕落或者有不良爱好的人。他只有一个爱好，而且可以光明正大地说出口：汽车。我们用再多篇幅来详解他车队的历史都不为过。1979 年，他有一辆 BMW 733i，大部分时候他都开着这辆车。原因很简单，Zara 迅猛发展的初期，他不敢坐飞机，尤其害怕坐长途飞机。卡纳斯·卡拉米洛说："我们第一次出差去巴黎坐的是火车，因为他真的很怕坐飞机。""每次上车之前他都要摆脱十几个小伙子。"住在隆达路的一位邻居回忆说。这也解释了为什么后来他买的都是经济型车。他曾经没抵挡住诱惑，买了一辆金色保时捷，但不久之后就不开了。"车很好看，但是开出去出差就有点儿不值当了。"卡纳斯·卡拉米洛解释说。

　　随着商业版图的不断扩大，他不得不克服对飞机的恐惧。1990

039

阿曼西奥·奥尔特加乘坐这架飞机完成自己的私人行程或工作行程。(图源：乔治·洛巴托/《加利西亚之声》)

年2月，因为飞行过于频繁，他开始研究购买猎鹰900。飞机从巴黎到马德里试飞的过程中，一个引擎出现故障。在巴拉哈斯稍作停留后，继续飞往拉科鲁尼亚。随后第二个引擎出现故障，飞机不得不在阿尔维多机场迫降。一到Inditex集团萨邦总部，阿曼西奥·奥尔特加就下令花费2.5亿欧元购买一架猎鹰900。他想，再坏也坏不到哪儿去了，至少现在还活着。如果Inditex集团暂时用不到，飞机是可以租出去的。胡安·金克斯的移植小组有优先租用权。

2000年猎鹰900退役。如前文所述，他买了一架庞巴迪现代喷气飞机，可搭载12名乘客，最长飞行时间为13个小时。飞机主要停放在圣地亚哥。与其说这场买卖是出于商业目的，不如说是出于这位商业新贵的一时兴起。他经常这么财大气粗地出现在慈善晚会上。同年，他以600万欧元的价格买了一艘豪华游艇。游艇长32米，宽 6 米，有 2 个露台、8 张床、1 间大厅、1 间厨房、1 间餐厅、2 辆摩托艇及 2 辆摩托车。"巴洛里亚"是他给游艇取的名字，同时也是他母亲老家的名字。"巴洛里亚"是脉沃丽游艇公司根据阿曼西奥的要求为其量身打造的一艘游艇。阿曼西奥花了 42 万欧元给它在萨克森港口找了个停靠点，可以让它一直停放到 2027 年。它的邻居是胡安·卡洛斯·罗德里格斯·塞夫里安的坦伯利二号游艇。萨克森港口的人们常说这艘"海上法拉利"仍在等待它的主人。

夜幕已经降临，阿曼西奥·奥尔特加还在回想那条没放在正确位置上的拉链。他想出去遛个狗，但是把他的保镖马诺洛·德·皮斯托拉斯叫过来也是一件麻烦事。

第二章
帝国伊始
CAPÍTULO II. LOS PRIMEROS ZURCIDOS

婴儿睡篮与居家服

"好一对卡里昂的组合!"哈维尔·卡纳斯·卡拉米洛指的这对组合是他当时还在拉马哈任销售员的叔叔何塞·安东尼奥·卡拉米洛和阿曼西奥·奥尔特加。"这两人无时无刻不在想着行动,想着精益求精,解决问题。'我们必须要做出点儿名堂来。加泰罗尼亚人能成功,我们为什么不行?'他们这么说,也这么做了。两人从缝制婴儿睡篮开始做起,而不是像人们说的那样以居家服起家。"当然,就像名声响亮的居家服一样,这些睡篮也是棉质的。

不久之后,因为婴儿睡篮收益不高,他们决定生产居家服。尽管以今天的标准来看,"生产"这个词可能有些言过其实了。罗莎莉雅辞职离开了拉马哈,和普利米蒂瓦·雷内多一起租下了圣罗森多街区火车站旁的一间小铺,克服各种困难帮助阿曼西奥,使阿曼西奥的梦想逐渐得以实现。卡纳斯回忆说:"她们两人缝制并设计那些居家服。我们与其有些合作,因为当时总是我们带来街上的信息。"

先前在普利米蒂瓦的家里,两人一起拆开过一件产地在加泰罗尼亚的粉色居家服,并以此得到了首个粉笔标记的纸样。这件居家服有着蓝色的镶边和加衬的包扣,圆翻领,触感柔软。尽管做得并不熟练,但她们意志坚定,很是努力。"做出一个纸样费心费力是事实,但要说我们缝制的第一批居家服褪色,则纯粹是谣言。也许当时是有些问题,5 000米的布料会产生差不多50米的残次品,但说第一批居家服的衣领褪色实在是无稽之谈。相反,与当时纺织市场上同样价格低廉的产品相比,我们提供的已经是最好的质量了,因此要求也不能太高。"针对他们的居家服洗过就不能再穿的流言,卡纳斯·卡拉米洛这样解释道。他做出了生气的表情,脸上的皱纹透出愠怒。

在不足100平方米的空间里,堆满了布匹。罗莎莉雅和普利米蒂瓦"打白条"购买了4台机器(这在当时的加利西亚是很常见的做法。在那个年头,口头承诺就像在公证处签名一样有效力),辛勤的工作使她们的双手日益粗糙。阿曼西奥当时仍在拉马哈工作,他常常在晚上8点来这间圣罗森多街的车间帮忙打包。繁重的工作使他的腰背酸痛,但随着生意渐渐走上正轨,他的时间明显不够用了。有时,他焦虑得难以入眠;就算睡着了,梦里也还是在思考那些令他焦虑的问题。除了在需要和银行打交道的时候出面,安东尼奥还帮着处理财会方面的事情。而卡拉米洛叔侄则负责商品的置放。这起初是在加利西亚和阿斯图里亚斯的商店里的分工，后来则扩展到了西班牙的所有店铺。

居家服的价格极具竞争力，女士们不必支出太多就能把它买回家。因此它开始在城市中受到青睐。据鲁本·本都莱伊拉回忆，《加利西亚之声》公布的信息表明，第一批居家服向商店售价98比塞塔。卡纳斯·卡拉米洛对这个数据记得不是很清楚了，但他能确定的是商店再售出时定价140比塞塔。

他们的想法初见成效，生意不断发展，不到一年时间，圣罗森多街这个铺子狭小的空间就更显拥挤了，真是验证了"一平方米的面积不总是相同的大小"这一说法。

如果只是前期试验的话，布料在哪儿买都一样，但真正开始着手生产的时候，开价合理的原材料供应商就必不可少了。到哪里去找布料呢？向谁购买呢？答案在巴塞罗那。阿曼西奥·奥尔特加和何塞·安东尼奥·卡拉米洛登上了被戏称为"上海号"的快速火车。这趟火车途经坎塔布里亚南部，连接拉科鲁尼亚和巴塞罗那。往返各需30小时。他们并不是盲目地去寻找，而是听从了卡纳斯·卡拉米洛母亲的建议——她经营着一家小小的童装店，供应商就在巴塞罗那。

卡纳斯·卡拉米洛回忆说："在当时，获得布料相当困难，因为有些产业在市场中极具分量，几乎吸纳了所有的布料。购买布料就跟出售一样困难。除非是被介绍来的，否则你到了一家工厂，也不会拿到货。"时代改变了，行业规则却没有。现在是Inditex集团大量吞食着布料，仅给其他人留些碎屑，有时则是连碎屑都没有。1963

年，阿曼西奥和何塞·安东尼奥带着供应商会向他们供货的承诺，离开了巴塞罗那。

又过了不到一年，阿曼西奥·奥尔特加·高纳决定在他的成功之路上再向前迈出一步。他把店从圣罗森多街搬到了诺娅街 61 号。这里可以容纳 30 名女工同时工作，居家服即将大获成功。"GOA 的居家服有剪裁、有设计，就像一件好看的大衣。因此到了 20 世纪 60 年代中后期，无数女士穿着居家服上街。"

与设想的不同，甚至可以说完全超出预期，GOA 在发展初期并没有遇到特别多的困难。卡纳斯·卡拉米洛解释道："我们从来没有经历过困境，因为幸运的是，从一开始就有订单。生产出来的

阿曼西奥·奥尔特加在拉科鲁尼亚的圣罗森多街开设了第一家店，但仅仅几个月之后，便被迫搬到了图中的诺娅街，但这家店面依旧维持了之前的风格。（图源：本书作者）

商品都上了货架，甚至有时还会出现供不应求的状况。只是服装生产有着这个行业的通病：3月制成的衣服，9月才出售，12月才能得到资金回流。"事实上，他们事业的逆境在之后的扩张时期才真正到来。

当时，他们最大的障碍在于说服整个西班牙的批发商，让他们知道拉科鲁尼亚也生产居家服；不仅如此，价格也要比加泰罗尼亚地区的产品更有吸引力。"我们想要售卖的愿望绝不输给那些低价出售劣质产品的商家，但我们坚持自己的价格。我们的定价比市场上大部分同类产品高一些，但质量相同的纺织品里，我们的价格最低。"在这段看似绕口的话里，成功的原因不言而喻，就在于设计："GOA制成的居家服有剪裁、有设计。传统意义上的居家服就像个带袖子的布袋，GOA则打破了这一概念。除了设计，成功也取决于我们对于分销的态度十分谨慎。我知道有不少企业因为不懂销售而走向了失败。阿曼西奥有这样的视野，我的叔叔又对销售渠道了如指掌。就这样，一切开始了。"设计与销售无缝衔接，这个模式诸位读者是否感到熟悉？

我们故事的主人公不仅想到了要把设计元素加入居家服，丰富的柜台工作经验还使他十分了解顾客的需求。他意识到仍有广阔的市场等待开发。不少过于丰满的女士羡慕地看着那些她们穿不进的居家服，于是阿曼西奥决定生产大号和超大号。此举取得了圆满成功，也意味着全民享受时尚的开端。

GOA发展的速度没有人能预料到。因为事业需要绝对的投入，阿曼西奥·奥尔特加离开了拉马哈。不少员工跟着他一起走了，尽管他提供的工资比他们原先挣的少。安东尼奥在几年之后才完全投入公司的经营。保利诺·费尔南德斯回忆说:"他当时不想离开拉马哈,因为工资很高。"但在萨姆络(Samlor)这一品牌创建后,他也不得不离开拉马哈了,但在这里我们还是按着时间顺序继续往下说吧。

尽管非有意而为之,阿曼西奥·奥尔特加通过合理的售价、大号和超大号的推出,将时尚又便宜的居家服推广给了所有女性,实现了"居家服的民主化"。阿曼西奥的公司对于分销问题态度十分谨慎,这一次阿曼西奥决定走出国门,好掌握一手资料,顺应潮流趋势。这个决定让他耗费了不少精力,但却在无意中构建了其企业的支柱:合理的价格、出售顾客想买的商品、交货迅速、掌握市场行情。他们根据需求创建了一个名叫即时生产的系统(just in time),因为有过多库存商品是十分危险的。

去往巴黎的决定无比艰难,因为那是一个不同的世界。对于阿曼西奥,这个为全世界提供服饰的男人而言,他的世界就在工厂。"我们坚持劝他去拜访那些给他上百万订单的客户,但他回答:'我为什么要去?'"1963 年,哈维尔·卡纳斯·卡拉米洛陪伴阿曼西奥去巴黎参加了一个内衣展。在念叨了巴黎一个多月之后,二人再次登上了上海号。

20 世纪 70 年代中期,电视开始出现在希腊神话中大力神的家乡——拉科鲁尼亚,可口可乐公司的包装工厂投入使用,能够在一小时内灌装 15 000 瓶可乐;在拉科鲁尼亚机场,首条飞往首都马德里的常规航线开始运行;城市里安装了第一批交通信号灯;珀特百货率先用上了加利西亚的第一批自动扶梯。专制独裁带来的迷雾正在逐渐消散。在去往巴塞罗那的路上,两人就一直聊着社会这些发展和进步。在巴塞罗那，他们登上了另一趟去往巴黎的火车，中途要在法国城市波尔多中转。多亏了一位女乘客提醒他们需要换乘火车的事，"因为我们一点儿法语都不懂"。才刚到巴黎，他们就感受到了失望："在拉科鲁尼亚，三星级的里亚索尔酒店刚刚开张。我们以为这个级别的酒店就很不错了。但在当时的巴黎，一家三星级的酒店就像拉帕加的小旅店，房间里甚至没有卫生间。阿曼西奥当晚就想回去了。"但卡纳斯·卡拉米洛说服了他按原计划行事。于是两人之后参加了展会，还逛了位于市中心的歌剧街区，也就是他们留宿的地方。阿曼西奥突然问道："我们为什么还不回去？展会都已经看过了。"他们一边考虑着这件事，一边购买路边小摊售卖的西班牙三明治作为晚餐。意外的是，摊主竟然用他们熟悉的家乡话说道："拿着吧，孩子们。"

加利西亚地区第一波移民大潮的目的地是美国，第二波则发生在20世纪70年代，目的地是欧洲其他国家，而我们这两位正在巴黎游历的主人公，属于少数那些想留在加利西亚争取成功的人。第二天，两人就踏上了返程之路，尽管之前他们计划停留4天。自然，他们没有去参观埃菲尔铁塔。

阿曼西奥·奥尔特加万分想念他的世界。他的世界不大，就是他的工厂。GOA的机器设备运转情况良好，诺娅街上的工作间也显小了。70年代中期，他们搬到了拉莫拉。在阿格雷拉区的一间空房里，他们创造了萨姆络，这个致力于生产大衣和裤子之类服饰的品牌。

阿格雷拉地价奇高，不适合在此实现将产业做大的构想。因此20世纪70年代末期，阿曼西奥在阿尔泰修市新建了萨邦工业区。他买下了比实际所需更多的地，因为正如保利诺·费尔南德斯所评价的那样，阿曼西奥·奥尔特加"总是想干一票大的"。

"若是一定要指出阿曼西奥·奥尔特加追随的人生哲学，那就是'万事皆有可能'。"卡纳斯·卡拉米洛认为，对阿曼西奥来说，没有什么是不可能办到的。有时工人们会告诉他，按时完成第二天所要求的服装任务是不可能的事，阿曼西奥就会给他们鼓劲："怎么会不可能呢？很快你们就会发现自己能把这件事做好。"于是第二天，大家果然完成了任务。

时尚界巨头阿曼西奥拥有的另一项特质就是"倾听所有人的意见"。这也符合常理，因为如果你希望80%的人口购买你的产品，你就要去了解他们的喜好。

此外，他还具有与生俱来的化繁为简、决策果断的能力。"我还记得有一次萨邦工厂里的一台机器因为梭芯坏了而不能运转，新的零件要在德国购买。阿曼西奥命令机工：'坐最近一班的飞机走，去德国买新的梭芯回来。'现在，上午出国下午返回的做法或许并不令人吃惊。但在20多年前，这是让人难以置信的。"

诺娅街上的工作间成了实验室。要是哪个品牌投入运行，它首先去到拉莫拉，然后是萨邦工业区。就这样，在萨姆络之后，他们打造了诺伊德（Noite），这个品牌精于男士睡衣的生产。诺伊德之后是专注于童装的费奥斯（Fios）。卡纳斯·卡拉米洛告诉我们："所有这些品牌都在Zara之前。"

为了进行产业扩张，阿曼西奥开始寻找合伙人，以获得资金。但后来，他发展成了所有人的领导者。何塞·萨马涅戈先前是拉马哈的橱窗设计师，1974年推出萨姆络后，他就成了这个品牌的合伙人；伊西多尔·本哈默·萨尔玛提加入了同年建立的诺伊德成衣有限公司。1977 年，何塞·安东尼奥·巴斯克斯·桑切斯也成为这家公司的一员。而罗赫略·加西亚·维哥和恩里克·加西亚·阿米尔则入伙了费奥斯成衣股份公司。可能有人会发现少了卡拉米洛一家。他们在 GOA 成立初期起了至关重要的作用，甚至引导了其商业走向。卡纳斯·卡拉米洛坦言："阿曼西奥坚持邀请我们加入他的企业，但我们有自己的规划，因此决定自己创业。"他们的这个决定并不坏。今天，他们和阿曼西奥是最亲密的敌人。

阿曼西奥·奥尔特加已经成为这个帝国的主人了。他现在唯一要做的，就是自己出售产品来保证利润不外流。创立 GOA 的时候，他 27 岁。当他决定开设自己的首家服装店的时候，已经接近 39 岁了。这个时候他已经很富裕了。

创业初期

阿曼西奥·奥尔特加从事服装生产 12 年，但成品总是由别人来销售。仔细思考后，他意识到利润的大头被商店收入了囊中。因此，他决定干回老本行，把控好每一个环节。商店要卖什么，他就生产什么；什么卖得好，他就卖什么。这个时候，开店就在情理之中，而非冒险之举了。有了自己的店铺，他就可以自由决定价格和促销方式，而不必受主打系列服饰的支配，或是季节的影响。正是如此，在衡量开店的利弊时，天平有了倾斜。他有自己的工厂做靠山；在和加泰罗尼亚及瓦伦西亚的居家服竞争时，他的产品又脱颖而出。形势十分有利。

在最繁华的街道上开店这个决定，就和"一个人不会想念他从未拥有或从未见过的东西"一样，正确得理所当然。在这些坐落于最繁华街道的最佳店铺上，阿曼西奥倾注了他半生的心血。他从未放弃过这一方针。因此，Zara 的店铺有了让人在陌生的城市里辨识方向的妙用：要是谁恰巧看到了一间，那毫无疑问，他一定是在市中心。

1975 年的 5 月 15 日，阿曼西奥·奥尔特加举行了首家 Zara 服装店的开业典礼。这家店位于城市新区胡安·弗洛雷斯街 64－66 号，距离卡拉服装店仅仅 200 米。阿曼西奥原本想给这家店起名"Zorba"，但已经有其他店铺用这个名字进行了商标注册，他只得作罢。《今日经济》杂志当日的撰文表示，阿曼西奥尝试了各种字母组合，最终决定采用"Zara"。Zara 公司也证实了这一点。在古老的印加文明凯楚阿的语言里，"Zara"的意思是玉米。还有两个小城也叫这个名字：一个位于南斯拉夫达尔马提亚的海滨，还有一个在土耳其。但是阿曼西奥将店铺命名为 Zara，完全是出于巧合，没有任何更深层次的原因。

商标注册的插曲深刻影响了 Zara 的主人，这个原想用"Zorba"为其店铺命名的男人。1996 年 3 月，加利西亚高级法院驳回了 Inditex 集团对美国职业篮球联赛官方服饰 NBA 的起诉。Inditex 集团的律师认为，他们的品牌 N&B 和 NBA 服饰的商标发音、书写、概念等各方面都十分相仿，有可能在市场上造成混淆。此外，他们还坚称 N&B 这个商标注册在先，用来推广本品牌的服饰、帽饰和鞋袜。法院判决时并没有着眼于两个品牌产品的相似性或者注册时间的先后问题，而是强调 N&B 这个品牌应该被念作"N 和 B"，篮球联赛官方服饰的品牌发音则为"NBA"。此外，法院还认为 N&B 并没有为人熟知的含义。而被告方的品牌则是篮球联赛名称的缩写，并且毋庸置疑，这个品牌早已深入人心。

同样的结局也发生在 Inditex 起诉前巴斯克足球巨星的品牌 Zarra 的时候。1950 年巴西世界杯，正是这位前锋在对抗英国的比赛中射进了著名的一球，奠定了比赛的胜利，助西班牙男足夺下第四名，成就了这个国家当时在世界杯历史上的最好战绩。加利西亚高级法院这次认为，"仅一个字母，不足以造成 Zara 和 Zarra 之间的混淆"。

第一家 Zara 问世前，阿曼西奥·奥尔特加还开过一家试验店来展示理念：潮流服饰。这家店的位置距离著名的巴路士百货就几步之遥，阿曼西奥甚至还在店里卖起了唱片。现如今，巴路士百货早已销声匿迹。英国维珍集团尝试过取代其曾经的位置，未果。最终在此站稳脚的，是 Inditex 的旗下品牌巴适卡（Bershka）。

哈维尔·卡纳斯·卡拉米洛告诉我们："过了一段时间，阿曼西奥开办了斯普林特公司。正是在这个时期，Zara 的理念被付诸实践。"这是一次很好的尝试，斯普林特坚持了几年，但最终被 Zara 吞并。现在，Inditex 集团旗下的玛西莫·都蒂（Massimo Dutti）服装店占据了它曾经的位置。

阿玛莉亚是胡安·弗洛雷斯街门店的经理。在 Zara 成立初期，她以销售员的身份加入了这个集体。尽管老板阿曼西奥同意她畅所欲言，但她选择了保持沉默。28 年坚守在同一岗位，她对 Zara 的忠诚度始终如一。

斯普林特，这个阿曼西奥·奥尔特加的首个试验品，意思是

第二章 帝国伊始

"全速冲刺"。据见证了当时 Zara 发展的人们所言，正如"斯普林特"这个名字的含义一样，Zara 发展迅猛。实惠的价格使人们忘记了对品质的追求。5 个月后，在形势一片大好的情况下，第二家 Zara 诞生了。这家店位于市中心的托雷罗街，在玛丽亚·皮塔广场和新区之间。它的旁边是斯普林特，对面则是之前提到过的巴路士百货。

1975 年 12 月 1 日，圣诞节即将来临，独裁者弗朗西斯科·佛朗哥的死震撼了整个西班牙。欢愉的气氛很浓厚，因为专制统治在 40 年后终于成为历史；但与此同时，不安的因素并未消失，因为虽然为佛朗哥之死而欢呼的人们渴望着民主，但是那些为此流泪的人则妄想着为过去招魂。

在 Zara，各式各样的商品都有：通常是从第三方购入的男装及童装、已在城市精品店里广受好评的女士睡衣和居家服、毛巾、床上用品，还有最值得一提的——学生雪兰毛衫。仅仅几个月，这些雪兰毛衫就席卷了圣地亚哥大学，俨然成了校服。

衣服的定价很低廉，布料的寿命也并不长。哈维尔·巴拉尔告诉我们："他给自己定的利润目标很低，只有 40%。在当时，我们一般把利润定为 70%，有些人甚至能达到 80%。他的做法对我们来说是个麻烦，就像是在恶性竞争、搅乱市场，因此我们十分反对。"哈维尔·巴拉尔现在是位于维戈市的丝黛玛精品店店主，同时也是西班牙著名时装品牌阿道夫·多明格斯的设计师。阿曼西奥向一些人征求过发展建议，他就是其中之一。"我记不清是他打电话找的我，还是我们在街上遇见了。他带我参观了他在托雷罗街的店。我告诉他一切都很完美，唯一缺少的就是一个美丽的橱窗展示柜。"当时，为城市里的主要商户（比如巴路士百货和拉马哈）提供

053

橱窗设计服务的，是一个名叫兰斯的德国独立橱窗设计师。他从巴塞罗那带来了一个助手，名叫霍尔迪·贝尔纳多。霍尔迪·贝尔纳多是一个富于幻想、还带些嬉皮士风格的橱窗设计师。阿曼西奥在拉马哈见过他，因此认识他。阿曼西奥向霍尔迪抛出了橄榄枝，邀请他加入 Zara 一起奋斗。这对事业的发展起了决定性的作用，就连阿曼西奥本人也承认了这一点。他表示："90% 的销量都有赖于橱窗。"

哈维尔·巴拉尔也是这么认为的，他说："他们是高超的橱窗设计师，设计的主题性很强，而不是像今日的设计师一样崇尚极简主义。只要你给霍尔迪空间发挥，他就能设计出足以聚焦全城目光的橱窗。阿曼西奥聘用他的时机十分正确。因为在这些事上，一个人是否是天才无关紧要，重要的是他有好的思路，然后以聪明的方式一步步去实现它。从霍尔迪的加入开始，Zara 真正意义上的扩张才正式开始。"

当年的 Zara 并不像现在一样享有一流的服装裁剪师。橱窗确实吸引了无数顾客，尽管当他们走进试衣间后，会对自己试穿的衣服和人体模特身上的衣服是否为同一件心生怀疑。大家都不知道的是，其实模特身上的衣服已经被霍尔迪·贝尔纳多重新剪裁过或用曲别针调整过了，因此它才显得那么独一无二。

Zara 的橱窗广受顾客的赞誉。有一天，顾客惊奇地发现橱窗被布置成了农场的样子，活生生的兔子和母鸡在里面踱步；还有一天，橱窗里出现了一张老旧的吧台，和那些年遍地开花的爱尔兰小酒馆里的吧台一模一样；又过了一天，橱窗又成了港口的样子，甚至还有真的小船。Zara 最初的两家店铺甚至尝试过把整条街道"搬"回店里。它是如此栩栩如生，还能看到挂在晾衣绳上的衣服。

现在，当企业的元老们聊到创业初期的故事时，仍然会提到将活的兔子和母鸡引入橱窗这件事。当时，此事甚至惊动了动物保护协会。霍尔迪·贝尔纳多只得耐心解释说小动物们在店里得到了良好对待：他每天都会去圣奥古斯丁广场为它们买新鲜的蔬菜；它们的笼子被打扫得比店铺还仔细。霍尔迪说的是事实，因为橱窗是一家店的门面，它让人们忘记店内衣物质量堪忧的传言，并愿意进店去一探究竟。

当时衣服的质量真的如此之差吗？哈维尔·巴拉尔给出了答案："那个时期确实如此，因为当时聚酯纤维制成的服饰是不被看好的，只有棉制品才能得到肯定。他们为了将 Zara 服饰的价格保持在当时的水平，生产过程中需要用到很多的聚酯纤维和黏胶纤维。在今日，黏胶纤维的价值得到了广泛认可。而聚酯纤维也一改当时的硬挺粗糙，柔软得如羊毛一般。"

当时，整个纺织业都在斥责阿曼西奥。因为他是唯一赌上自己的公司，用面包圈的价格卖"劣质"服饰的人。流言四起，正在巩固其事业的阿曼西奥不堪其扰，决定开一家多品牌商店来平息舆论。他再一次找到了哈维尔·巴拉尔，来讨教在市场上取得成功的品牌的经验。之后，他在 Real 街上创建了他的第三家服装店，名叫 N&B。负责管理该店的是安东尼奥的女婿胡安·卡洛斯·罗德里格斯·塞夫里安，他现在是 Inditex 集团的常务董事。"批评 Zara 的服饰质量低下是我们竞争对手保护自己利益的手段。他就是在这样的情况下创建了 N&B，但这家店最终关门了。他每年要周转 Zara 的存货 7 次，但在 N&B，存货周转一年只进行 2 次，分别在冬天和夏天。

这样看来，他确实是一个务实的人。"哈维尔·巴拉尔这样说道。

最初为阿曼西奥效力的人回忆说他是一个卓越非凡的人。每周六，他都会到哈瓦那咖啡馆，和司机们一起喝上一杯咖啡。在这家咖啡馆，他也会遇上他的客户。为了让客户可以安静地选购服饰，Zara开辟了儿童接待区，但阿曼西奥却在咖啡馆里遇见了这些客人。他从来不戳破这些客户的小伎俩。

实用主义和努力工作是阿曼西奥·奥尔特加身上的标签。"我们的工作量很大。但如果这份工作是你喜欢的，工作8小时还是14小时就无关紧要了。"Zara在维戈有一家分店，阿曼西奥的第二任妻子弗洛拉当时任该店的经理。雇员们难以忘记阿曼西奥亲自打扫橱窗的情景："看到老板拿着扫帚打扫真的很让人感动，你不禁也想要更努力地工作。"有一次，员工们鼓起勇气问他为什么总是第一个到店，最后才离开，他的回答很真诚："也许我也可以像城里的其他商人一样，余生不再工作。但我喜欢工作。"当时阿曼西奥一共只有6家店铺，而那些他口中不再需要工作的商人，渐渐都破产了。

尝试邀请哈维尔·巴拉尔加入的时候，阿曼西奥已经是五十来家店铺的主人了。这是阿曼西奥制胜的又一关键：总是让自己置身于最杰出的人之中。"我当时表现突出。他来找我，让我跟着他干。他告诉我在他的思想中，工作的地位最高，甚至排在家庭前面。我是一个对工作极其投入的人，但他的话让我展开了思索，最终我拒绝了。渐渐地，我意识到阿曼西奥其实是把工作当成了心灵的港湾，来逃避儿子患病的悲惨现实。"巴拉尔说道。

哈佛大学里关于Inditex集团的研究、声名显赫的商学院里的相关讲座、挑灯夜战的分析员……有无数的报告尝试来揭秘这家诞生于底层世界（正如曼努埃尔·里瓦斯笔下的"美丽的底层世界"）的企业是如何发展壮大、跳脱传统、成为时尚界翘楚的。巴拉尔表示："我从一开始就与他认识。我认为，他所做的都是些最基本的事。抓住本质后，他知道如何去成长、如何征询意见、如何采用现代的销售渠道。他的成功并非奇迹，相反，非常符合常理。"

不少人曲解 Inditex 的成功，认为背后有不可告人的秘密。甚至有人仅凭地理位置恶意揣测，说只有毒贩能在如此短的时间里成为百万富翁[①]。巴拉尔认为："无须去探寻那些所谓不可告人的秘密，因为它们根本不存在。阿曼西奥是靠服饰出名的。他卖的衣服好看，价格又能让人接受。没有什么不正常的，一切都合情合理。"与此同时，巴拉尔还提到了另一点人们诋毁阿曼西奥的原因："很多人认为 Zara 没有自己的设计，仅仅是抄袭其他品牌。Zara 确实是在模仿别人的设计，但哪个品牌又不是呢？甚至我敢说，现在有不少人去 Zara 的店铺抄袭衣服的创意。在这个行业，不存在不受任何启发、完全凭空而生的设计。每个人对于某一设计的理解都不同，而那个最聪明的人懂得将其最大商业化。"

商业策略

由于公司的不透明性（当然这在上市后有所好转），要想探究每一项决策是在哪里、是以怎样的方式做出的十分困难。同样困难

---

① 加利西亚省存在贩毒问题。——译者注

的还有弄清楚敲定各种战略部署时，是哪些人和阿曼西奥·奥尔特加一起拿的主意，因为集团隐去了个人主义，并宣称："我们是一个团队。"而且考虑到阿曼西奥不是唯一的股权持有者，没有人怀疑每一项提议，至少那些与全球商业概念和设计相关的提议，都刻着集团大股东的印记。

结束 2002 年度的工作后，Inditex 集团聚集了超过百家涉及三大基本商业活动（即销售、生产、服务）的公司，这些公司构成了社会商业的主体。萨邦的策略师们完全尊崇这样的理念："使 Inditex 集团在全球时尚界脱颖而出的，是我们独一无二的管理模式、创新原则、灵活性和取得的成就。"

另一个让 Inditex 集团能骄傲地挺起胸膛的企业成就是："我们理解时尚，重视创造性、设计的高水平性和应答顾客需求的快速性。基于此，我们在全球迅速扩张，我们的商业理念也得到了社会的广泛认可。"

1975 年，Zara 首家服装店在拉科鲁尼亚开门营业。Inditex 集团的活动始于这个城市，集团总部也位于这个省，尽管现在这里既不从事生产，也不从事销售。现如今，有些连锁品牌的总部在加利西亚省之外，萨拉戈萨就新建了一个出色的物流中心。世界各地的顾客都可以看到 Inditex 集团旗下的服装店：东京的涩谷商业区、纽约第五大道、巴黎、伦敦，还有卡塔尔和曾属于前苏联加盟共和国的一些东方国家。

无论是经济学领域的学者，还是具体研究纺织业的专家，都不得不承认 Inditex 集团创造了奇迹，可他们却找不到一个统一的、合理的解释来诠释它。一切都像是天方夜谭，直到阿曼西奥和他的团队以实际行动打破行业传统的束缚。因为得不到合理解释，很多人在流言中寻找答案。流言中的某些部分也许是正确的，但无论如何，可以肯定的是 Inditex 集团和阿曼西奥是存在的。"之后发生了什么呢？"人们不禁问道。

就职于 HFC 咨询有限公司的卡洛斯·埃雷罗斯·德拉斯·古埃瓦斯是《Zara：对固有思维模式的挑战》一文的作者。他认为，阿曼西奥·奥尔特加带着新的游戏规则进入了时尚界，冲破了传统的枷锁，因为"尽管对纺织业的绝大多数企业家来说，时尚的变化代表着问题和麻烦。但对 Inditex 集团来说，这意味着机遇。事实上，Inditex 集团致力于引领时尚不断发生变化"。

埃雷罗斯认为，阿曼西奥的公司不把赌注压在一年两次的春秋系列时装上。每年稳定推出两轮季节主打服饰是行业的传统，以此

Inditex 集团的成功秘诀之一便是迅猛的生产速度以及低成本服装。（图源：乔治·洛巴托/《加利西亚之声》）

来吸引顾客，但Inditex集团率先开创了新的吸引顾客的方式："系列服饰的更新速度几乎就和顾客喜好的变动速度一样快，且设计、生产、分配和销售一气呵成。"

路易斯·布兰克是2003年以前Inditex集团欧洲区的总经理。他认同Inditex集团的成功是基于其引领时尚的服饰、品质优异的服务和亲民合理的价格，这三条也是集团推行的理念。但集团的成功还有别的原因，他说："我们试着让顾客明白，要是他们看到了喜欢的衣服，一定要立刻买下来。因为几个小时或几天后，它们就已经不在原来的地方了。这样，我们营造出了紧迫感，顾客当即购买的可能性也更大了。"这是Inditex集团的另一个秘密。

这些并不是全部。为了实现这种当即购买的可能，Inditex集团不仅依靠了合作商家和外包车间的大量人力，还把赌注押在了最先进的技术上，将其应用于管理、设计、生产、物流和销售各个层面。这有利于垂直整合业务，平均只需12天，服装就能从设计师的头脑到达最偏远的店铺。这个时间仍在不断被尽力缩减。

竞争对手们也认为Inditex集团的成功之处在于其为年轻人和中年人提供潮流服饰，全年不断推出新款并尝试不同的颜色，敏锐地嗅出市场的喜好以做出快速应答，还有最大化利用科技来缩减成本和时间也是Inditex成功的一个重要原因。

不仅如此，Inditex集团还打破了另一个传统的市场经济模式：没有广告宣传。传统的广告与Inditex集团绝缘。媒体也没有构成集团运转中的一环。集团甚至连一则小小的通告都没有在媒体发表过。什么都没有。在这一方面，Inditex集团始终坚持了最初的政策，甚至上市之后也没有改变。现在它的"新闻办公室"就是国家证券市场委员会（CNMV）。该机构不仅宣传 Inditex 集团的经济活动发展状况，还关注与集团相关的所有其他事件，诸如经济绩效、新的连锁品牌的诞生，或是一家新店在地球上哪个最令人意想不到的地方开张了。集团策略没有发生过改变，前提也始终如一："我们要让别人为我们宣传，也要为他们的宣传铺平道路。"

"我们不是时装生产和销售界的奇葩。我们运用的策略和行业内同水平的其他公司相仿，"来自 Inditex 集团公关部的劳尔·埃斯特拉德拉这样说道，"也有一些公司不进行传统的广告宣传。"他反驳说，公司这样的姿态并不是想表现完美主义，更准确地说，是为了遵从企业的理念。"打折季的时候，我们也会做广告来宣传一些连锁品牌。集团上市的时候，我们也做了宣传。除此以外，我们的精力都集中投入到城市的最佳地带。"他认为，Inditex 集团在店铺选址、橱窗设计及店铺内部装修上的支出，并不逊于其他公司在广告和推广方面的投资。此外，他还澄清说 Inditex 集团的行为并不代表对媒体的轻蔑，尽管集团宣扬的企业观念似乎对媒体并不友好。广告占媒体收入的很大比例，这些广告收入大多来源于大型企业。"还好其他公司没有遵循这个例子！"一家知名西班牙媒体的广告负责人这样感叹道。

埃斯特拉德拉坚称："我们不打传统的广告，但这并不意味着我们什么也没有做。事实上，Zara 拥有在欧洲各大城市位置最佳的广告牌。并且，最重要的是，不同品牌的连锁店就是'与消费者沟通的最佳途径'。"

出于这种对广告的拒绝态度，Inditex 集团没有和外部任何一家广告公司签约，也从不把公关、橱窗设计或服装设计等项目外包。

一切都是在集团内部完成。据埃斯特拉德拉所言："要明白，我们的人员中，超过80%都在集团工作、为集团效力、心系集团。他们要担起维持我们企业形象的重任。"

西班牙广告市场的专家们认为，Inditex集团正在努力保持神话不败：这是一家低调的企业，在取得今日成就的道路上，他们没有大肆宣扬、自我吹嘘，也没有买断大众媒体，似乎就连他们的品牌名，也要低声念出来才好。

市场营销学的专家认为，Inditex集团踮着脚进入市场、不惜一切保持低调的行为实属罕见。此举可被理解为集团对自己从生产到销售各环节充满信心的又一明证。

"传统的营销是产品、价格、分销与品牌沟通这四者的结合。当需要找一个有别于此、使用其他营销组合的品牌案例时，我总是以Inditex集团为例。"品牌传播专家顾问马萨尔·莫林这样说，"相比品牌传达，Zara更重视价格和产品，但这并不意味着Zara与顾客群体之间没有任何交流，除了橱窗展出，顾客们在世界各地的街头提着的Zara的购物袋也是很好的宣传。"莫林认为，Inditex集团继续施行这种沉默策略并没有太大风险，因为集团冒的最大的险是当时以它的方式革新纺织业，结果此举获得了圆满成功。

无论集团是否因深谙此点而有意为之，最好的营销策略也许就是依靠顾客肯定和明星效应。Inditex集团所生产的服饰的亮点（尤其是在价格方面的优势），被口口相传，这本身就是最好的宣传。现如今，谁家里会没有一件Inditex旗下品牌的衣服呢？

Inditex服饰走入家庭的切入点在于年轻人。随着这些年轻人慢慢有了购买力，他们又会向父母宣传该品牌衣服的好处：起初是一件毛衣，然后是一件衬衫，直到最后家长自己出于好奇迈进了 Inditex 旗下的店铺。一旦进了店，他们就势必会买些什么东西带走。进行到这一步，集团的营销循环圈也就完成了。现在唯一要做的，就是逐渐丰富产品类型：服饰、配件、桌布、鞋子、香水……还需要更好的宣传吗？

当然，最后要用知名人士的魅力为品牌添彩。公关部的迪亚戈·科帕多对此深有体会，只需通知特定的媒体，告诉他们西班牙女王艾莲娜光顾了马德里的哪家店，或是哪位女演员在 Zara 挑选了上街要穿的衣服就可以了。

但还不止于此。在 Inditex 集团的各个设计工作室里，设计师们的消遣方式之一就是翻阅诸如《嘿！》或者《周刊》的娱乐杂志来"猜测"哪些明星穿着他们设计的服饰。他们甚至还为此下注打赌。电视剧里也经常出现 Inditex 集团的元素。制片方表示他们严格按标准向集团付了款，但是很少有人相信。尽管以阿曼西奥的性格，似乎也不无可能。

时尚理念

尽管也会遭人诟病，但 Inditex 集团成功的事实不容置疑。在今天，凭借旗下的不同连锁品牌，Inditex 集团可以包揽一个人从呱呱坠地到长大成人所需要的全部服装。它的生产力是如此强大，以至于集团全球所有的店铺都会以每周两次的频率对部分货品进行更新，每时每刻追随着时尚的风向。他们没有打广告，但这一点被口口相传。因此顾客们知道，相比行业内顶尖的品牌大店，Inditex集团会以更快的速度推出走在潮流前列的服饰，当然，抄袭与否暂且不提。

集团公关部试图在公众中进行舆论引导，来最大化地强化目前社会上"穿Zara的一代"（更确切地说，应该是"穿Inditex的一代"）这一概念，让顾客从年幼时就养成穿该品牌服饰的习惯。

几乎所有为集团发展带来贡献的人，一开始都不是引领时尚的奇才，但他们为了将时尚推广普及到每一个普通人，付出了巨大的努力。或许这才是集团成功的真正奥秘：他们将往往来源于舞台的前沿时尚与平常人的喜好相结合。一位不愿意透露自己和公司名字的行业竞争对手毫不迟疑地说道："毋庸置疑，Zara给我们所有人的事业造成了巨大的伤害。但我们也必须承认，它也为我们打通了一条道路。因为先前没有人能想到，一家西班牙的公司居然能跻身时尚界这一似乎专属法国人或意大利人的领域。"

《风尚》杂志做的一项调查结果表明：Zara这个品牌为法国消费者所熟知（Inditex集团在法国有90多家分店），但很多人把它误认为是法国的国产品牌。集团在全球扩张进程中取得的成就可见一斑。

在今天，我们可以确定的是Inditex集团把时尚之潮带到了欧洲、美洲、亚洲，一直到中东地区。无论是上层社会、中产阶级，还是普通民众，都是集团的消费者。Inditex集团提供的服饰选择多种多样，一个年轻的女孩子既可以在这里找到适合上学穿的衣服，也能够寻到合自己心意的派对装。巴适卡的一位经理告诉我们："我们的顾客喜欢在每个周末都穿点儿有趣的新衣服。"竞争对手们认为，Inditex集团没有创造时尚，仅仅是抄袭时尚。面对他们咄咄逼人的言论，集团公关部负责人是这样回应的："我们帮助顾客置衣，而非推进着装统一化。我们售卖服饰，但从不将我们的意志强加于顾客。"

什么是时尚？潮流从何而来？潮流和时尚有何不同？正是在对这些问题的回答上，不同企业有了分歧。Inditex 集团认为："我们的模式很复杂，需要庞大的组织来支撑。这一模式就是差异所在。之后，才有了附加值，也就是潮流或时尚。"

和我们对话的是集团内一位潮流和时尚方面的专家。他举例说道："假设一部电影的女主角在公众中因其配饰和着装出名，在这部电影里，她穿了条迷彩裤，特种兵突击队穿的那种。2003 年度就发生过这样的事。因此无数的年轻人也想穿成她那样，而这一切与时尚无关。我们就有能力发现这种需求，并在几周内就将其变为现实。很快这种服饰就出现在了街上，进而激起顾客群体的广泛需求。也许这就是我们和行业内其他公司的区别。"

在那些未来企业家的培训中心里，Inditex 集团的发展史总被引用或学习，成了不可或缺的教学资源。西班牙 IESE 商学院和法国英士国际商学院就是很好的例子。就连美国的哈佛大学也在研究 Inditex 集团的垂直化生产模式。然而关于这个企业的书面资料很有限：仅有几份年度报告、副总裁何塞·玛丽亚·卡斯蒂利亚的几场演讲，以及集团上市后按规定必须向西班牙国家证券市场委员会（CNMV）定期公布的相关事件和信息。就连一本能让我们在理发店等待的时候翻阅的产品目录册都没有。这并不是因为 Inditex 集团出版物的负责人迪亚戈·科帕多没有兴趣制作。

何塞·路易斯·努埃诺是西班牙 IESE 商学院经销方面教学的主

任。他总是不厌其烦地向学生们宣扬 Inditex 集团的过人之处，丝毫不掩崇敬之情。这位教授的见解与大家普遍的认识相吻合："Inditex 是一家垂直企业，因为它将工业生产和经销相结合。它的成功之处在于领先了世界很多年，这一点从某种程度上来说，违背了西班牙企业和纺织业的特性。市场设计的产品和售卖它的人之间不存在不透明的现象（即不存在中介）。这一经营理念令人惊叹，对争取消费者而言，这种理念是非常杰出的。在这个行业，大家互相借鉴是显而易见的事。他们认识到以一家店的力量，无法为全世界服务，因此开创了八个连锁品牌、无数家分店。"

但还不止于此。何塞·路易斯·努埃诺补充说："他们还取得了更大的成功，也就是教会顾客果断下手。顾客们知道，每周都会有两次上新，店铺内的所有服饰都处于不断变动的状态中。改天再买的做法是不可取的，因为很有可能看中的衣服一段时间后就不在货架上了。要是我们一下子把集团所有的店从世界上移除，这些顾客就会在别的地方找类似模式的店铺。"

诠释 Inditex 集团的"奇迹"的时候，努埃诺教授将时装界经营模式分为四种模式。

第一种是传统模式。传统模式从衣服的设计开始，接下来要做纸样、配置布料、生产、分销，整个周期持续 300 多天。在这 300 多天里，可能会发生很多事情：从天气变化、人们脱下外套换上大衣，到别的颜色开始流行，或是一位公众人物穿着一件淡紫色而非黄色的上衣出现在大家的视野里。这种模式极具风险性，代表的是过去的模式。在当时，品牌是权威。现如今则恰恰相反，消费者掌握权威。

第二种是混合模式。让我们带上姓氏来称呼它。这是一种阿道夫·多明格斯模式：一部分产品遵循第一种模式；同时，还有一部分产品周期则更短、更灵活，以保证店铺的运转。

第三种是 Mango（西班牙某女装品牌）品牌所引领的模式，在最近 10 年取得了巨大的成功。这种模式极具连贯性，被总结为导向 - 时尚模式。他们主要在亚洲国家或北非制作衣服，然后进入店铺销售。一段时间后，那些没有卖出去的，就会被打折出售。依靠这种模式，可以比同行更方便地抢占先机、取得成功。

那么 Zara 模式呢？一部分服饰是固定的，占总生产额的 60%。Inditex 集团将其称为基本款，也就是不会过时的服饰。之后，剩下部分的 40%—50% 我们可以将其称为机会款，这些服饰每两周就会进行更新。即时生产系统涵盖了 15 000 件不同式样的服装（还不算不同尺寸和颜色），它们中的大部分具备在一年内进入市场的能力。

然而，这一有助于 Inditex 集团脱颖而出的模式还包含了更多的诀窍。首先是服装的流转得到了保障。原因在于机会款服饰的生产中心距离不远，有的在加利西亚，与合作机构、外包车间和自营公司协作；还有的在葡萄牙北部，独立于在亚洲或北非国家的生产线。

其次是店铺、服装或配饰的式样都会预先在生产中心被制作出来，与店铺未来的样式或顾客未来拿到手里的商品分毫不差。这些生产中心被叫作实验室，不少坐落在萨邦。这些实验室不对公众开放，也不进行买卖交易，却坐拥无数专家。这些专家研究的领域涉及方方面面：设计、样式、布料、将被运到各家店铺的人体模型，这里甚至还有库存方面的专家……一切细节都被考虑在内，好让任何一个连锁品牌的任何一家店铺都不出岔子。

上述所有内容都不足以让我们理解 Inditex 集团带来的时尚。决定时尚潮流走向的重担很大一部分落在那些"时尚猎手"的肩上。他们辛勤工作,在所有与时尚相关的国家都能看到他们的身影,而意大利、法国、日本和美国是他们的主阵地。他们关注走秀台,也会走访竞争对手的店铺,反复研究那些引起他们注意的服饰及其配色,什么都逃不过他们的法眼。他们还遵循着老板务实的作风,坐在城市最热闹街道边的长椅上,观察他们的目标群体如何穿着,因为这一定是顾客最喜欢的着装方式。此外,他们还有着反应敏捷而迅速的工厂。这就是他们成功的秘密吗?或许如此。

"所有可能酝酿下一波时尚潮流的地方,都有他们的身影。"一位作为竞争对手的著名企业家这样说道。有所收获后,这些时尚猎手们会在每周的前几天碰头,一起交流、研究。要是进展顺利,他们就会将想法着手落实。

尽管如此,也可以从另一个角度理解 Inditex 集团:这是一家善于倾听的大型企业,他们努力将外部世界的声音转换为细致的信息,不断提供给旗下的店铺。这是他们成功的另一奥秘。他们每时每刻都掌握着时尚的动态,都清楚知道马德里或巴黎某一特定街区的客人们如何着装。无论在哪个国家的哪个店铺,他们都能即刻明白顾客的需求。所有信息汇总后,他们就能知道顾客最喜欢、最需要的服饰应该是什么样子。经过加工处理所有信息,最受欢迎的衣服就被生产出来了。要是什么服饰在顾客中接受程度不高,很快就会被撤下货架。

从 Inditex 集团位于萨邦的主要实验室内部出发来看这一进程,这是当下与未来的交融:在某一家这样的实验室中,甚至摆放着三季之后准备推出的服饰。

塞西莉亚·马丁内斯是专攻时尚的记者。她认为，Inditex 集团成功的另一关键是"聪明地赢得了最优秀的设计师们的尊敬"。

2000 年 7 月，在拉科鲁尼亚的一场会议中，马丁内斯提出撑起阿曼西奥帝国的三根支柱分别为："遍布全球的店面布局、时尚民主化、践行'自由不拘束'的概念而不纯粹抄袭。集团没有全盘'拿来主义'，而是对那些优秀的设计进行了再创造。"

集团认为："时尚无国界，Inditex 同样如此。"这一理念引领了集团的全球扩张。"多元"及"跨国"如今已成为这家企业的特性。

门店布置

Inditex 帝国的宇宙不是这个世界，而是它的众多店铺。虽然这些店铺的招牌上都是各自相应连锁品牌的名字，但正是它们维系着母公司的正常运行，也正是它们代表着集团真正的品牌形象。每一条产品线本身都是一个品牌。

自从 1975 年首家 Zara 在拉科鲁尼亚开设，店铺的形象一直在变化，但最初的理念得以保留。对公众开放时，有三个方面尤为重要：一是橱窗（外部门面与布局）；二是内部空间；三是商品摆放，好让顾客不在同一柜台或货架驻足到生厌。

过去，Zara 布置的橱窗无比吸睛，与最好的公司不相上下；但 Zara 的服饰价格低廉，质量也并不上乘。然而，那个时代已经一去不复返了。现在，每家店铺的外部与内部都达到了和谐与一致。

最近 5 年内开张的店铺更加宽敞舒适，细枝末节处都得到了注重。有些店铺还逐渐引进了一些与服饰无关的服务和产品，比如美发、按摩服务或西班牙里奥哈的葡萄酒 Rayos UVA。一旦店铺产品的式样在相应的实验室里成型，就会有专员对其进行拍摄。各大门店收到照片后，将按照总部的决定布置店铺。这样，连锁店的风格就统一了。

尽管如此，每家店铺的负责人都有权根据其顾客的特点，在此基础上做出些许改变。服装的陈列顺序看似杂乱无章，实则井然有序，目的就是适应普遍年轻的客户群体的拥入与漫无目的的闲逛。橱窗每月只更新一次，但门店负责人却以每周两次的频率不断收到新品。店内的家具和摆设很少连续两年不做出调整。

在那些非精于某一特定性别服饰的门店，男装部和女装部的服饰摆放是有差别的。马德里一家门店的经理告诉我们，在男装部，服装的陈列顺序是绝对的，是经过精心考量的。"首先是运动服，然后是按照配色放置的其他服饰。比如衬衫边上会有配套的裤子，以方便讨厌烦琐的男士。事实上，男士们也简化了我们的工作，因为他们通常直接拿上自己喜欢的衣服就走，不会犹豫很久。"

女装部的情况截然不同。接受我们采访的这位女经理认为："女士们更有创造性，需要更大的移动空间。因此我们不根据颜色来摆放服饰，客人们自己根据喜好决定色彩搭配。"

橱窗则几乎完全是橱窗设计师的天地，只有他们能决定将其设计成什么样子。这也同样适用于店铺的内部装饰。内部装饰每两年更新一次，会跟随潮流调整成白色、暖色或是红灰调的色彩。

据 Inditex 集团估计，2003 年他们在新建或装修店铺上的资金投入在 5 亿欧元以上，其中 80% 用于开设新店，剩下的用于旧店革新。

投入新门店的资金70%流入了集团最具代表性的品牌——Zara。这也合理，因为Zara每年为集团做出的贡献占比也超过了70%。

在集团的支出中，人员开支占据首位，紧随其后的是房租，达到了销售额的5%—10%。这意味着在2003年，有数亿欧元被集团用于支付房租。

Inditex集团与其连锁品牌就像一台停不下来的机器，门店的数量每日都在增长。当门店数量饱和后，一个新品牌就会被创建。也许此时此刻，集团的人员就正在思考如何在未来5年内赢利。他们将要赢利的方式与地点仍是一个谜。就像对集团外部的人而言，阿曼西奥·奥尔特加的声音是一个谜一样。

Inditex集团不只在服装和配饰领域发展，还开始向居家、家饰进军，因此创建了Zara居家（Zara Home）。这是集团仍处于上升期、正在不断成长的最好证明。难怪Inditex的竞争对手们戏称集团为"终结者"了。

数据是消除疑虑的利器：2003年第一季度结束后，Inditex集团在47个国家共有1 776家门店。对飞速扩张的集团而言，世界都显得小了。于是公司开始改变重心，避免销量的停滞。新设门店时，他们把目光投向了相对较小的城市。

该理念的首次实践在2003年11月，集团正式落户拉科鲁尼亚省塞埃市。这个小城仅有7000多居民。和大家预想的不同，这回打头阵的不是Zara，而是集团另一个专注于童装的连锁品牌——孩童乐园（Kiddy's Class）。为什么要这么做？这是集团占领市场的新方式。

幕后推手

1989年的集团年度报告中收录了阿曼西奥·奥尔特加给股东们的一封信。在这封信中，他这样写道：

"36年前，我们带着对开拓创新、不断超越的热望，开创了这一事业。也正是这样的热望，引领我们走到这里。凭着开放的思维与创造力，无数新鲜的点子从最初的想法中衍生出来，造就了Inditex集团。而我们有幸见证了这一过程。

"对创新的渴求促使我们在立足21世纪社会的同时放眼未来。这一未来视野基于公司人员和环境的多样性，它将继续激励我们应对日益全球化的社会中的各项挑战。我们必须要明白，虽然我们积累了很多经验，但这不足以保证我们的领导地位。"

阿曼西奥总是把Inditex集团的成就归功于当年一起奋斗的"我们"。他使用了第一人称，却从未详细说明这个创办了集团，并使它在20世纪最后几年取得飞速发展的"我们"到底由谁组成。因此，要想回溯30多年，来确认帝国最初的缔造人绝非易事，因为大家都或多或少地希望被纳入成为其中的一员。

要想定位并找到这些帝国缔造人，要从两方面下手：一是因为血缘而联结在一起的家人；二是企业逐步壮大、在招贤纳士过程中不断加入的人才。

没有人怀疑，当阿曼西奥召集起他的兄弟姐妹、妻子、嫂子和同事，告诉他们就像诗里写的那样，要放手一搏的时候，帝国缔造史便真正拉开了序幕。要想在纺织业做出一番大事业，生产、销售、物流必须环环相扣。Inditex集团成立初期就认识到了这一点，并遵循到了现在。随着集团经验愈加丰富、规模愈加壮大，他们不断完善着这一理念。

确实，在20世纪70年代初期的拉科鲁尼亚，似乎只有离开这个城市才能获得稳定的工作机会。而奥尔特加－高纳家族决定孤注一掷的行动，与其说是深思熟虑的结果，不如说他们是凭着一腔热血在奋斗，再算上地理位置的特殊性，他们冒的风险就更大了。但正是这样一家在偏僻角落起步的公司，最终成长为享誉世界的跨国企业。他们所处的菲尼斯特雷岬角到底有多"与世隔绝"呢？举个简单的例子：乘坐上海号高速列车，几乎要花30个小时才能到达巴塞罗那，花12个小时才能到达马德里。对于一家打算重点发展物流运输和商业扩张的公司来说，任何一个理智的分析师都会认为这个选址并不明智。当时的公路建设更是不堪回首，仅允许木轮车通行。

但奥尔特加一家，结合自己的亲身经历，看到了分析师和经纪人们注意不到的地方，那就是加利西亚地区劳动力的潜能。工人们愿意在自己家、集体车间或合作制企业生产服装；他们是很廉价的劳动力，能与亚洲国家竞争，因为据最先从事这一行业的女工们所言："在国内挣5比塞塔，也比在德国挣20马克来得强。"

他们的困难还在于没有从事纺织业的家庭传统，这导致最初经验不足。来自拉科鲁尼亚大学的路易斯·阿隆索·阿尔瓦雷斯在《衣蔽三大洲》一文中表示，阿曼西奥·奥尔特加·高纳"具有某些特质，让人联想到传记里那些创造了好莱坞的企业家"。

就像之前写到的，缺乏经验的奥尔特加一家人从最基本的工作做起。他们当过送货员，也站过柜台直接与顾客接触；在卡拉服装店和拉马哈一步一步积累纺织业经验时，他们甚至还在后台参与过缝纫和熨烫。在拉马哈高级成衣店时，阿曼西奥已经做到了经理，他开始正式立足纺织业，在拉科鲁尼亚也有了些许名气。

正如法比安·布兰克和博罗·雷东多在一份研究中表明的那样，所有这些经历中，对阿曼西奥的影响最为深远的莫过于接触大众服饰的潮流走向、直接与布料供应商合作、积累自营分销网络的经验，当然，最重要的还是机遇。阿曼西奥从未接受过这方面的专业教育，但无可辩驳的是，当他努力迈入纺织业时，他的表现无与伦比。

路易斯·阿隆索·阿尔瓦雷斯在他的文章中还写道："阿曼西奥作为企业家的尝试由浅入深。首先是在家庭内部，他一边为别人打工一边自己创业，仅有的职工是他的家人；之后租下了本地一间店面，用有设计感的居家服和内衣做试验；有了加泰罗尼亚的布料供应商后，购买布料时他开始享受批发价；为了充分利用布匹、避免剩下过多的边角料，式样被无数次重新绘制。服装生产后不经过中间商，直接在老顾客中进行分销。所有这些，都为成衣极具竞争力的低价创造了条件。"

奥尔特加家族在拉科鲁尼亚的诺娅街建立了他们的第一个"产业基地"，虽然这里或许大材小用了。这家铺子在很多细节上都和如今很多在加利西亚地区为 Inditex 集团工作的生产车间和合作制企业相似。当时人手很有限，只有阿曼西奥的哥哥安东尼奥、姐姐约瑟法、首任妻子罗莎莉雅·梅拉和嫂子普利米蒂瓦·雷内多。最初的时候，甚至阿曼西奥的母亲约瑟法·高纳也来帮过忙。当时谁也没想到，这个生产售卖婴儿睡篮、女士居家服和其他各种商品的小铺子最终会成长为今日的 Inditex 集团。

事实上，阿曼西奥不止一次地提到过，第一家 Zara 开业后，他们一家人就已经财源滚滚、衣食无忧了。他们本能够像其他人一样，在拉科鲁尼亚尽情享乐。集团上市后，阿曼西奥一家的资产更为雄厚，更加可以坐享其成。然而，阿曼西奥并没有止步不前。相反，他决定放手一搏：继续投资，壮大企业。他不断尝试，逐渐巩固 Inditex 集团的根基。

1963年，阿曼西奥认为事业日趋成熟，是时候开辟阿尔维多以外的市场了。他决定要越过加利西亚的海岸线，但带着的不是鱼，而是布料。这一年尽管困难重重，阿曼西奥一家还是创办了 GOA 成衣公司。这意味着质的飞跃，因为阿曼西奥开始一步一步实现他的宏图：将时尚大众化、民主化，带到尽可能多的人身边。这一理念并非首创。60年前，福特就致力于在汽车行业推行它了。

阿隆索·阿尔瓦雷斯在文章中还指出，GOA 的职工数量达到了125名，公司因而得以将自己生产出的内衣和女装销售给零售商、批发商和购物中心（其中一些甚至远在海外），甚至销往喜玛格（Simago）、布利卡（Pryca）、大陆（Continent）等大型超级市场。从那时起，他们开始在西班牙市场崭露头角。

阿曼西奥在一点一点实现他的梦想。他首次实现了设计与生产的结合，这是 Inditex 集团成型过程中向前迈出的又一步。随着两家新公司的开设，GOA 实现了其多样化：萨姆络生产一般意义上的女装，而诺伊德则精于女士内衣。然而，还差关键性的一大步。

其实之前为他人打工时，阿曼西奥就已经经历过这一过程了。当时传统纺织市场有条规则，时至今日仍然适用：刚进入这个行业的新人，其业务范围仅限于生产。车间只能负责向店铺供货，丝毫没有分销的权力。从最开始，阿曼西奥就注意到了这一点。他们从没有停止过努力，直到于1975年完成了从生产到直接销售给客户的闭环。至此，他们遵循着被运用于美国经济各个领域的模式，成功做到了垂直整合业务。

阿曼西奥在拉科鲁尼亚开了第一家 Zara，销售的几乎全部是自家工厂生产出的女装、男装和童装。也许质量确实一般，但优惠的价格却足以让同行开始担心了。有些竞争对手甚至被逼得关门大吉，比如巴路士百货。有赖于这套垂直体系，只要利润飞涨，价格就能进一步下调。

1976 年，GOA 和萨姆络合并，被命名为 GOASAM，Zara 就是它的旗下品牌。GOASAM 总部位于拉科鲁尼亚的阿尔泰修。从这一刻起，这里就成了 Inditex 集团的运营中心。

这时候，阿曼西奥的心腹密友之一、推动事业成熟的重要人物出场了，他就是阿马多尔·德·卡斯特罗。何塞·玛丽亚·卡斯蒂利亚上任前，由他担任集团的首席执行官一职。这期间，另一位对集团发展起了至关重要作用的人物也加入了，他就是胡安·卡洛斯·罗德里格斯·塞夫里安，他是安东尼奥·奥尔特加的女儿的丈夫，出色的品性使他能胜任任何工作。虽说他是阿曼西奥的侄女婿，但二人的亲密程度却更像是父子。最开始的时候，他不但负责直销的工作，还担负着最艰巨的任务——管控 GOASAM 的一线员工。

与此同时，Zara 接连不断开设分店，销售从阿尔泰修源源不断运来的商品。但他们还有另外两个目标：一是雇员们必须向工厂汇报顾客的喜好，好在尽可能短的时间内上架顾客喜欢的服饰；二是要尽力做到零库存。奥尔特加家族，尤其是阿曼西奥，所梦想的生产—销售闭环得到了实现，试验获得成功。有趣的是，随着 Inditex 的壮大，集团本身的产量反而在逐渐降低，集团正更多地依靠外包车间和合作机构的力量。这也许是为了让"新手从事生产，老人才能销售"的规则在行业中继续被践行下去。

第二章　帝国伊始

20世纪70年代末，鉴于GOASAM的发展规模，Inditex集团是时候迈出新的一步、开拓新的市场了。因此，1979年，Inditex股份公司成立，是集团所有下设公司的母公司。它已经没有回头路了，只能向前。这一飞跃对奥尔特加家族提出了更高的要求。尽管所有人自始至终都为了公司鞠躬尽瘁、呕心沥血，并且家族的新生血液也加入其中，但仅靠他们的力量，明显力不从心了。

就在拉科鲁尼亚这个城市，阿曼西奥找到了解决方案。据路易斯·阿隆索·阿尔瓦雷斯所言，阿曼西奥与一流的管理者们展开了合作，他们中的部分人员就职于拉科鲁尼亚商学院。集团现任副总裁何塞·玛丽亚·卡斯蒂利亚就在这所商学院担任教授，同时他也是阿曼西奥在财务方面真正的左膀右臂。路易斯·阿隆索·阿尔瓦雷斯认为，这些管理者的加入具有重大意义，因为在从家族企业向更大规模的社会企业转型的过程中，不少老练的商人都失败了。然而阿曼西奥明白如何合理、明智地行动，如何在家族力所不及的商业活动中将任务委托出去。

企业资产仍属于整个家族，但逐渐地，非家庭内部人员也开始有决策话语权。除了工作上的付出，阿曼西奥对这些人的要求只有一条：他们必须是行业内最优秀的人才。尽管受个人经历影响，阿曼西奥总是提拔那些从本公司最底层做起的职工，但必要的时候，他也会毫不犹豫地雇佣外部人员。

就像这样，拉科鲁尼亚商学院走进了Inditex集团，或者按照一些教授的说法，是集团走进了这所大学。从拉科鲁尼亚商学院中走出的人，不少人成了顶尖的经济学家，何塞·玛丽亚·卡斯蒂利亚当然是其中之一，他在1985年成了阿曼西奥团队的一员，然后一点一点地爬到了集团"二把手"的位置。更晚些，1989年，另一位集团不可或缺的人物——安东尼奥·阿布里尔也加入了进来。他是集团董事兼董事会秘书，负责集团所有法律相关事宜。Inditex集团在不断扩大，其需求随之增长，而应当实施的标准也不断增多。在附录3.2《Inditex集团人员简析》中，我们将逐一介绍把控集团命脉的人员。

正如我们所见，集团的发展以奥尔特加家族为中心，由阿曼西奥领导；但如果没有何塞·玛丽亚·卡斯蒂利亚等人的相助，也不会有集团经济上的飞跃。下面的组织系统图表将帮助我们更好地了解Inditex集团是如何一步一步发展起来的。

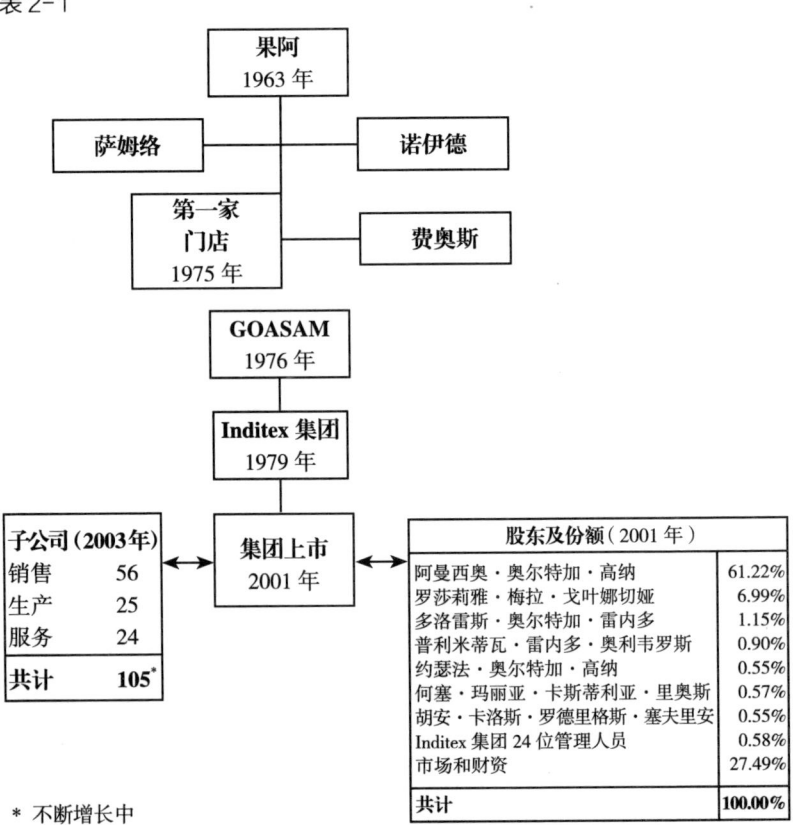

表2-1

```
              果阿
             1963年
              │
   ┌──────────┼──────────┐
萨姆络              诺伊德
              │
            第一家
             门店
            1975年
              │
              ├──────── 费奥斯
              │
           GOASAM
           1976年
              │
          Inditex集团
           1979年
              │
   ┌──────────┼──────────┐
子公司(2003年)  集团上市
销售    56    2001年
生产    25
服务    24
共计   105*
```

股东及份额（2001年）	
阿曼西奥·奥尔特加·高纳	61.22%
罗莎莉雅·梅拉·戈叶娜切娅	6.99%
多洛雷斯·奥尔特加·雷内多	1.15%
普利米蒂瓦·雷内多·奥利韦罗斯	0.90%
约瑟法·奥尔特加·高纳	0.55%
何塞·玛丽亚·卡斯蒂利亚·里奥斯	0.57%
胡安·卡洛斯·罗德里格斯·塞夫里安	0.55%
Inditex集团24位管理人员	0.58%
市场和财资	27.49%
共计	100.00%

* 不断增长中

虽然未来会怎样我们尚不可知，但对阿曼西奥·奥尔特加而言，他的未来必定会"努力拼搏，克服困难，激励集团继续向前。不断创造新的品牌，扩大现有的产品线，这是面对世界新机遇这张考卷时，我们应有的答案"。总之，应当指出的是，奥尔特加曾经在致股东的第一封信中着重提出：在21世纪，不断改进、持续创新应当继续成为集团发展的原动力。至此，奥尔特加已经为集团奠定了自己的思想体系，而且该体系仍处于不断变化中。至于集团的连贯性发展，那自然是专家们目前需要考虑的问题了。

关键性成长

"Inditex集团为何能在加利西亚创造奇迹？"其实这个问题问得不好，分析师们应该这么问："Inditex集团在别的地方也能复制这场奇迹吗？"除了Inditex集团，阿道夫·多明格斯、罗伯托·维利诺、乌尼森、卡拉米洛、佛罗伦丁、维森特·罗梅乌、安东尼奥·培尔纳斯，以及一系列其他品牌已将加利西亚推至时尚前沿。以至于越来越多的人认为西班牙秀场都应该搬到加利西亚，这片拥有着落日最佳观赏点——菲尼斯特雷镇的土地。

这些品牌创始人的故事十分相似。他们大多是裁缝的后代或曾在服装店打过工，之后开了自己的公司，在时尚界闯荡。依靠着散布在阿尔泰修、圣西夫劳达斯维尼亚斯、拉林、福斯特拉、维林等小城镇的车间和合作制企业，他们让自己的公司站稳了脚跟。随着收益的增加及产量的提高，他们开始开拓国外市场。

曾经创造出纺织业奇迹的先驱何塞·雷国豪集团是他们研究、借鉴的对象。起初，在西班牙内战期间，雷国豪是国民军制服及鞋袜的主要供应商；之后，凭着达利衬衫，它一跃成为继英格列斯百货（El Corte Inglés）和戈德费埃（Cortefiel）之后的第三大纺织企业。1965年，该公司售出了200万件由著名画家萨尔瓦多·达利赞助的服饰。雷国豪集团总部在蓬特韦德拉省雷东德拉市，虽然它当时已拥有6家工厂及1500名员工，但最终还是于1981年关门大吉。为了对抗失控的通货膨胀，阿道夫·苏亚雷斯政府降低了消费类产品的关税，这对于雷国豪集团来说是致命的一击。当时在远东地区，工人的薪水还不到加利西亚地区的十分之一，但雷国豪没有抓住机会迅速实现集团的多样化。

所有人都从这家企业的兴衰史中得到了教训。现在，50%的服装都生产于第三方国家，如摩洛哥、罗马尼亚、秘鲁、巴基斯坦、马来西亚等国家，但要想成功，还少不了一大批勤勤恳恳、忘我工作的女工。

加利西亚地区的女性，尤其是从事渔业、农业等辛劳工作的女性，一般都会缝纫。阿曼西奥·奥尔特加就这样找到了相对廉价的劳动力，为自己的工厂效力。尽管她们在家为Zara缝制衣服挣得不多，但对于她们贫困的家庭而言，这笔钱也是不小的帮助。来自御受难会、工作地点位于拉科鲁尼亚市近郊工人街区圣瑰玛的神父豪尔赫·洛佩斯·耐伊拉回忆说："在我们的合作制企业里，甚至有人曾经是瓦工。"

豪尔赫神父曾在罗马比约十二世社会研究院学习。他铺开了一张半地下的纺织合作制企业大网，对Inditex集团的成长起了关键性

第二章　帝国伊始

的作用。今日，集团仍与不少合作制企业共事，借此对瞬息万变的市场做出迅速的回应。之前，Inditex 集团必须拜访一个村镇又一个村镇，一家一户地上门提供式样、取回成衣；而且加利西亚地区的人口尤其分散。但豪尔赫神父解决了这一难题。

豪尔赫神父回忆道："1983 年，我加入了费奥斯。时任总裁罗赫略·加西亚找到了我，提议说我们一起开一个车间。"当时镇里也零零散散有人工作，但生产力与如今相比低得可笑。"每天都有穷困潦倒的女性来圣瑰玛街区乞讨，我当时就想，给她们 1 000 比塞塔也没有用，因为第二天她们还是会挨饿。"神父觉得开车间也许能解决问题，"包括我在内的 12 个教区人员开始投入到地下经济①的活动中去。维戈的雷弗雷是我当时唯一知道的缝纫机厂，我打了电话过去，邀请他们过来，因为有一批女性想要开始从事缝纫工作。雷弗雷工厂留给了我们很多设备，却没有要求我们签署任何文件，就这样我们和那些缝纫机打了一年交道。偶尔女工也要拿出 5 000 比塞塔，用于设备支出。接下来每年，缝纫机厂的人都会回来一趟，带来一些需要签署的文件。没有人愿意签字，直到我率先签了名，但我意识到，其实签字也没什么用，要是有人不付钱或是消失了，那也拿他没办法。最后，工厂的人收到了全款，之后我们成立了合作制企业。同时，加利西亚'宏达'援助政策问世。事实上这并不合法，因为合作制企业中，不允许有资本家作为合伙人加入。过了一年，确定公司运作正常后，援助就停止了。"

"宏达"援助政策为公司带来了"400 万比塞塔中的 140 万"资

---

① "地下经济"，是指逃避政府的管制、税收和监察，未向政府申报和纳税，其产值和收入未纳入国民生产总值的所有经济活动。

金，这笔钱"用于支付设备"。

是人们的需求激起了豪尔赫神父的聪明才智，促成了其所作所为。莫妮卡·萨巴特罗发表于《第二十条》[①]的一篇报道引用了神父这样的陈述："我们得到了资金，但不免超出了法律允许的范畴。每个女工能带来70万比塞塔的收益，但是我们还得到了农民家庭女孩的帮助，她们大多在35岁以下，为我们又带来了40万比塞塔的收益；此外，还有50万比塞塔的基本收益；最后还要算上贴息贷款[②]。"设备供应商们养肥了自己的腰包，成本0.15亿比塞塔的设备，Inditex集团需要投资0.2亿比塞塔；与此同时，集团不需要担保就可以获得银行贷款。女工已经为他们挣了不少钱，因此银行贷款显得并不是那么重要，但"宏达"援助政策的补贴却真正起了作用。这一场渔利以豪尔赫神父将贷款归还银行而终结。"当时的投资没有风险，光签签字就能挣上20万—30万比塞塔，大家都很满意。"凭着神父的良策，每个合作制企业带来了140万比塞塔的收益，这个数字是投入的两倍。"就这样，资本家投了资，然后轻轻松松带着收益回家了"。

他们建立的合作制企业开始步入正轨，生产车间的活动也井然有序，豪尔赫神父雇佣女工、创造就业的故事被口口相传。这方面神父是有经验的：之前在纳瓦拉土地合作化运动刚兴起的时候，他就率先参加了；在梅里德的时候，他也帮着建了几个畜牧业合作社。豪尔赫神父补充说道："当时我整天在街上，神父、镇长、渴望工作的女人们都来找我。就这样，我们渐渐地建起了120家合作制企业，大概共有2 500位女工。"

---

① 西班牙宪法的第二十条保障了言论自由，此报因以为名。——译者注
② 实行利息补贴的贷款。

除了在加利西亚大区，同样的事也发生在了巴斯克：在豪尔赫神父的帮助下，圣塞瓦斯蒂安的国际明爱组织也建立起了合作制企业；在萨莫拉、雷诺萨亦是如此。当然，还有加利西亚的四个省。

豪尔赫神父在几年前曾表示："当时，银行和我的行为都很浑蛋。"他承认这一点，但借此来恶意中伤 Inditex 集团的做法令他很不满，"我们当时的行为确实很浑蛋，但有人不停翻出这笔旧账来是为了诋毁 Zara 的名声。这家企业是有不少失误，但也有很多高明的地方。一个车间破产了，我们不能把责任直接推给 Zara，要看那些女工如何工作、生产活动如何组织。先前，生产总是在发展中国家完成；生产后的销售环节，也就是附加值出现的地方，总是在发达的国家。在生产环节，不可避免地会有黑工和剥削现象。要想得到更高的薪水，就要工作更长时间，地下经济应运而生——不是因为车间没有得到社保局和财政部的批准，而是因为人们不存在生而工作的权利。"

在车间的工作让女工们感到无比劳累，但想到在未来能拿到一笔退休金，她们又觉得满足了。"尽管她们也没有别的地方可去，并承受着连续工作 11 个小时的痛苦。"神父这样指出。Inditex 集团没有更加积极主动地参与管理这些车间，大家对集团的诟病也集中在这一点上。"集团应该教授、指导那些女工，尽管从女工的角度来说，这样的操作非常困难。阿曼西奥·奥尔特加没有在这方面的管理上参与太多。显然，随着集团规模的激增，他无暇顾及这类由各个工厂决定的事。情况很复杂，事实上主宰生产的不是工厂，而是商人，是他们求全责备、敲骨吸髓。"

阿曼西奥的员工对他的看法总是分成鲜明的两派：和他一起创业的，还有与他携手进行设计工作的人对他赞赏有加、心怀感激；

而在车间劳累的人和物流工人的想法则完全相反。哈维尔·卡纳斯·卡拉米洛为阿曼西奥辩解道："他是很公正明理的一个人。有时我会打电话告诉他哪里做得不好，事实证明他并不知情，并且总会立刻修正错误。"

洛佩兹·内拉没有明确指摘杂志发布的信息不实，只是表明："有时候，文字是恶意诽谤的利器。"

在接受我们采访期间，豪尔赫神父的叙述几次被中断，因为不断有目不识丁的女性上门向神父求教，尽管Inditex集团的纺织生意对加利西亚的车间并不友好。"我不确定准确的数据，但大概共有1万女工在400个车间为Inditex集团效力。1992年的数字是3万，也就是说流失了超过一半的女工。"说到这里，神父露出了怀念又遗憾的神情。

虽然女工的数量在逐渐减少，豪尔赫神父对集团老板的评价还是很高："阿曼西奥很清楚有3万人直接为他工作，因此他极力做到负责。有一天他跟我提到了这一点，并为他去世后集团的运转做好了准备。当然总会有人不满，但发展到如今的状况，寻求外部的劳动力是唯一的出路。阿曼西奥不能假惺惺地选择付给我们的本国员工更高工资，而放弃自己在市场中的竞争力，生产工作应该转移到发展中国家进行。我们的生活水平比摩洛哥及一些东方国家高出很多；此外这些国家女工的缝纫水平也都不错。要是只聘用本国员工，Zara现有的低定价就不可能达到。葡萄牙也正在经历这一历程。"

一个一天能加工100件服饰的摩洛哥妇女，月薪仅为108欧元。同样的工作量，在葡萄牙酬劳上升到了300欧元，在加利西亚则需要500欧元。

Inditex集团决定不在加利西亚地区开设新的车间。豪尔赫神父表示："她们无论如何都不愿告诉别人自己具体的薪水，因为这会使她们名声受损。她们明白要是不付出无数个小时的辛勤工作，就不可能挣到一笔体面的收入。"

正是这些平均只有 20 名员工的独立车间，保证了 Inditex 集团能对顾客需求做出迅速回应。

7 000 到 1 万件服饰的订单，一个生产中心最多 3 天就能完成配货。车间对每件服饰收取 2.25 欧元的加工费。

远东地区的低价劳动力吞没了何塞·雷国豪集团。Inditex 集团则靠着加利西亚女服装工的技艺和发展中国家的廉价劳动力不断成长，集团的竞争对手们也同样如此。真是完完全全的资本主义。

上帝的一位使者豪尔赫神父伸出了援手。每次提到豪尔赫神父与 Inditex 集团的故事，大家都会联想到 Zara 员工中信仰耶和华的一众教徒，这些人数量很多。没有必要去曲解这个现象，一位现已不再就职于 Inditex 集团的前任总监就有坚定的宗教信仰。对于一家只相信生意的企业来说，相信上帝无疑是一件易事。至于女工们的信仰情况，就得去问她们本人了。

阿曼西奥家族

在奥尔特加 - 高纳家族中，父母育有子女四人（最大的和最小的是两位男性，中间的是两位女性）。尽管第三代人经济优势明显，但接下来的婚姻组合却不是那么"高产"。不算配偶，即只计算直系血亲，截至 2010 年，家族共有 18 人。更重要的是，除非第五代人的时候西班牙公民登记的传统有变，否则奥尔特加这个姓氏就断了。也就是说，阿曼西奥的曾孙辈再也不可能姓奥尔特加。

不过这也不重要，重要的是他们再也不会挨饿了。一方面，他们拥有丰厚的财产；另一方面，通过或多或少操纵第三代人的婚姻，家族和企业都得到了巩固。

表 2-2　奥尔特加·高纳家族 *

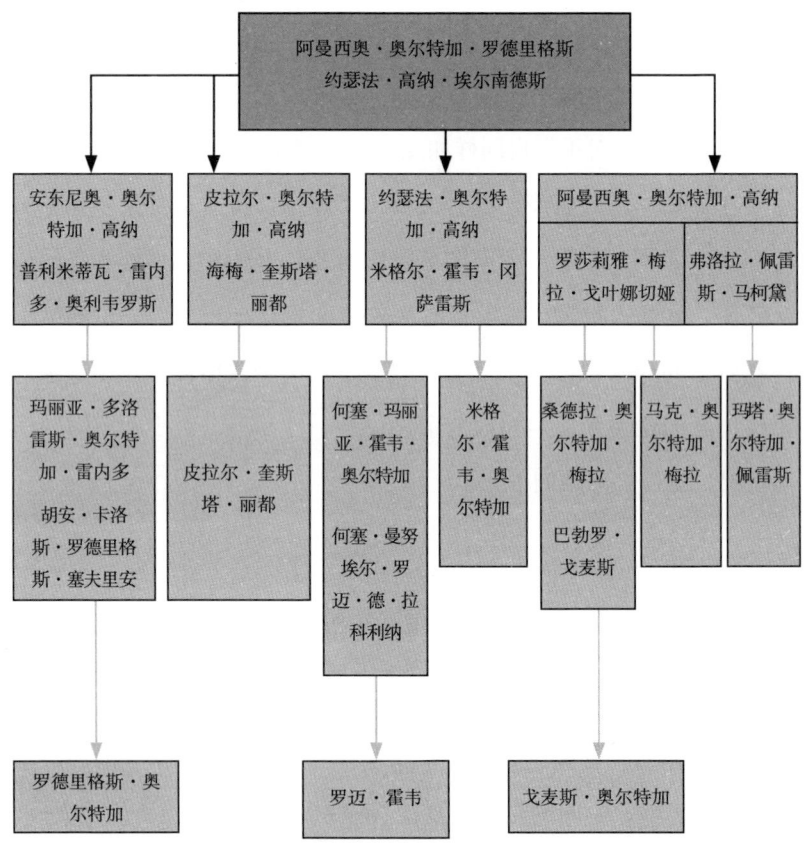

```
                    阿曼西奥·奥尔特加·罗德里格斯
                    约瑟法·高纳·埃尔南德斯
   ┌──────────────┬──────────────┬──────────────┐
   ▼              ▼              ▼              ▼
安东尼奥·奥尔    皮拉尔·奥尔    约瑟法·奥尔    阿曼西奥·奥尔特加·高纳
特加·高纳       特加·高纳      特加·高纳     ┌─────────┬─────────┐
普利米蒂瓦·雷内  海梅·奎斯塔·   米格尔·霍韦·   罗莎莉雅·梅  弗洛拉·佩雷
多·奥利韦罗斯    丽都           冈萨雷斯       拉·戈叶娜切娅  斯·马柯黛

玛丽亚·多洛      皮拉尔·奎斯    何塞·玛丽    米格尔    桑德拉·奥  马克·奥   玛塔·奥
雷斯·奥尔特      塔·丽都        亚·霍韦·     ·霍韦·   尔特加·   尔特加·  尔特加·
加·雷内多                       奥尔特加      奥尔特加  梅拉      梅拉     佩雷斯
胡安·卡洛                       何塞·曼努                巴勃罗·
斯·罗德里格                     埃尔·罗                  戈麦斯
斯·塞夫里安                     迈·德·拉
                                科利纳

罗德里格斯·奥                  罗迈·霍韦              戈麦斯·奥尔特加
尔特加
```

* 截至 2011 年 2 月

玛丽亚·多洛雷斯·奥尔特加·雷内多，是奥尔特加-高纳家族已故长子安东尼奥的独女，她是阿曼西奥·奥尔特加的"右臂"胡安·卡洛斯·罗德里格斯·塞夫里安之妻。无论是出于工作抑或家庭的考量，胡安·卡洛斯都能合情合理地接管 Inditex 集团。拥有这样条件的，他大概是唯一的人。他熟悉集团的一切事务，并且和叔叔阿曼西奥一样，活跃在集团的所有领域。与他接触过的人表示，他与奥尔特加-高纳家族没有血缘关系，却集合了家族的优势：岳父安东尼奥在商界、银行界建立关系的能力；姑姑约瑟法的工作能力；叔叔阿曼西奥的自律、冷静及商业头脑。也许阿曼西奥就是发现了他身上的这些特质，才对他信任有加。胡安·卡洛斯·罗德里格斯·塞夫里安与妻子育有两子，保障了这条血脉的延续。

阿曼西奥误入歧途的姐姐皮拉尔·奥尔特加·高纳（附录 3 中将

图为阿曼西奥哥哥的女儿玛丽亚·多洛雷斯·奥尔特加·雷内多，她的丈夫是阿曼西奥的亲信胡安·卡洛斯·罗德里格斯·塞夫里安。（图源：乔治·洛巴托 /《加利西亚之声》）

ZARA 传——全球快时尚帝国崛起的秘密

胡安·卡洛斯·罗德里格斯·塞夫里安有可能成为 Inditex 集团的继承人之一。
(图源:凯撒·基昂/《加利西亚之声》)

第二章　帝国伊始

详述）在 1991 年过世。她只为家族带来了一个女儿。这个女孩从拉丁美洲回到拉科鲁尼亚后就结婚了，阿曼西奥把她也纳为了集团的一员，并给予她专业的指导。她的婚礼在安塞伊斯庄园举办，再次将这片土地带入了公众的视野，并使它蒙上了奥尔特加家族的贵族气息。

约瑟法·奥尔特加·高纳嫁给了米格尔·霍韦·冈萨雷斯，育有二子：长女何塞·玛丽亚嫁给了西班牙人民党前任部长、20 世纪后期拉科鲁尼亚保守党领袖何塞·曼努埃尔·罗迈·贝卡利亚的长子何塞·曼努埃尔·罗迈·德·拉科利纳。他不参加政治活动，就职于 Inditex 集团中央办公室。他们的婚姻为家族带来了两个孩子。而约瑟法的次子米格尔·霍韦·奥尔特加那时还是单身，但这并不会长久，看看他的一众爱慕者就能知道。追求他的人不只看中他母亲丰厚的财产，还看中了他在集团的工作前景。

阿曼西奥的姐姐约瑟法·奥尔特加·高纳是 Inditex 集团最重要的股东之一。（图源：乔治·洛巴托 /《加利西亚之声》）

089

最后我们终于说到小儿子阿曼西奥的子嗣了。前妻罗莎莉雅为他生下女儿桑德拉和儿子马克，现任妻子弗洛拉为他生下女儿玛塔。桑德拉与 Inditex 集团的职工巴勃罗·戈麦斯结为夫妻，并让阿曼西奥当上了外公。马克因为智力上有缺陷，未参加任何集团事务。

玛塔是阿曼西奥第二段婚姻的结晶。2003 年她只有 20 岁，但恋情却已经不少了。比如和卡斯蒂利亚－拉曼恰的大区主席何塞·博诺的儿子就有一段恋情，两人都喜欢马术。之后，她又喜欢上了帕斯托银行主席的儿子，两人财产方面门当户对，双方的父母还是好朋友。当拉科鲁尼亚的所有人都笃定他们会在一起、期待着他们的结婚盛宴时，一个加泰罗尼亚企业家的儿子——事业有成的贡萨洛·特斯塔闯入了她的生活。

玛塔结婚的事情还未提上议程。她那时刚毕业，从零开始接受企业培训。目前她正在伦敦的一家 Zara 门店工作，全程参与从商品上架到卖不出去退回原厂的整个过程，什么都亲力亲为。此外，父亲还为她找了几家投资公司来协调她工作。

阿曼西奥对这一切怎么想？事实上，他并不经常干预孩子们的情感世界。但只要他皱皱眉，就能影响到二人关系最后的发展。

毫无疑问，血缘关系深刻影响了 Inditex 集团的发展。这条血缘纽带并没有变窄，反而随着家族成员的扩张而越发宽广。显然，奥尔特加－高纳家族及相关人员都十分愿意在集团工作。阿曼西奥深知，集团发展的关键、未来的关键之一就在家族内部。他们各自的财富也因血缘而联系在了一起。大家一般通过可变资本投资公司来管理自己的资产，何塞·玛丽亚·卡斯蒂利亚是家族里最了解这一方面的人，因此大家都听从他明智的建议。（参见附录 3）

第三章
帝国的发展

CAPÍTULO III. EL HILVANADO DEL IMPERIO

帝国之行

Inditex 集团没有在马德里设立办公室。从 1975 年开业的第一家 Zara，到 2011 年年初遍布 48 个国家的 1800 多家分店（这个数字每天都在增长），集团总部一直在阿尔泰修萨邦工业区议会大街的 Inditex 集团大厦。A－6 高速公路开通后，集团总部与马德里之间的交通距离为 600 千米。但糟糕的是，这条公路在 2002 年 7 月才开通，加利西亚及 Zara 都对这个时间节点颇有微词。从物流角度考虑，总部地点设置得十分不合理，甚至过于偏僻。

为什么还要把总部继续设立在这个给物流部门带来无尽难题的

Inditex集团设在拉科鲁尼亚阿尔泰修萨邦的总部由一栋大的办公楼及许许多多工业厂房组成。(图源:乔治·洛巴托/《加利西亚之声》)

地方呢?

何塞·博诺某次晚餐的时候和阿曼西奥·奥尔特加说过一个故事。查尔斯五世临终前给他的儿子——继承人菲利普二世的最后一个忠告是:"若要固守疆土,留守托莱多;若要开疆拓土,迁都里斯本;若要亡国,迁都马德里。"这则关于疆土的传说同样适用于阿曼西奥·奥尔特加。何塞·博诺经常用这个故事劝说他坚守托莱多。故事里菲利普二世将他的王国发展成为日不落帝国,现实中阿曼西奥·奥尔特加则把自己的疆域打造成了一个无时无刻不灯火通明的商业帝国。

物流问题依然存在。既然不可能"迁都",那么只能想想别

阿曼西奥和何塞·博诺在一场马术比赛上的合影。他俩由于自己的儿女结识，但是他们的友谊建立在他们对于马的喜爱之上。（图源：何塞·卡斯特罗/《加利西亚之声》）

的办法，于是生产车间开始向加利西亚各地迁移。哈维尔·卡纳斯·卡拉米洛说："阿曼西奥不是那种踢一脚火车，就想让火车开动的人。"出现问题，找出解决方案就可以了。

新型通信方式的出现解决了 Inditex 集团总部位于加利西亚所带来的不便。Zara 于 1989 年开始开拓国际市场，此时互联网的概念还很虚幻，但 Zara 已经建立了公司内网。供应商可以通过代码进入一个基础的导航系统，快速访问 Inditex 集团对产品从包装到标识的一切标准。这样就能简化生产流程，迅速上架新品，快速响应客户需求。1995 年之前，门店的所有订单都是通过传真传至总部。加利西亚总部会给门店发送产品列表、可选尺码及可选颜色。门店经理在相应位置标上十字，通过传真把指令传回总部。但是指令到达萨邦后还要输入电脑，这样操作流程就会比较缓慢，而且还会出现很多错误。PDA（掌上电脑）的出现解决了这个难题。1995 年，PDA 尚未普及，但 Zara 的每个门店都已经配备了一个牛顿个人数字助理（苹果出品）。这算得上是一次小小的革新，因为有了它，门店经理就能知道最近三天的销售记录及库存情况。所有数据由主电脑 AS/400 管辖，也由它收集每日销售报表。因此就算身在总部，Inditex 集团的员工也能立刻知晓吉隆坡门店的售卖情况。

另一重大革新是科比光学处理器，有了它，出口国家标识标签已无用武之地。这项超前的发明能够读取标签码，并把它转换为相应价格，且能计算出相应折扣。这能帮 Inditex 集团省一大笔钱。2011 年初时，因为只是放置 48 个国家（现在可能更多）的标识标签就要 3 张纸板，数百万件服装就需要数百万张纸板，换算一下也要几千欧元。而它初次登场就成功地完成了比塞塔与欧元之间的转换。网络技术总监胡安·科维安发明了这个光学处理器，因此人们把它叫作科比（科维安的昵称）。它操作简易，设计感十足，是 Zara 哲学的典型代表。Inditex 集团内部都认为它是会价格换算的劳拉·克劳馥。

Zara 通过陆路运输进入欧洲市场。同时，其每年空运的货物超过 1 000 万千克。通过扩张、收购、创立新品牌等方式，集团不断开拓新的办公地点：费罗尔即普安倍尔（Pull & Bear）品牌总部、托尔德拉和萨瓦德尔即玛西莫·都蒂、巴适卡和斯特拉迪瓦里（Stradivarius）品牌总部、埃尔切即 Inditex 集团制鞋公司总部和萨拉戈萨即新物流中心总部。但集团一把手 Zara 的办公地点依然在总部大厦。在集团以自己的姓名（GOA）命名之时，阿曼西奥就有义务让它屹立不倒，因此无论是肉体上还是心灵上，阿曼西奥都与总部同在。因为税务问题，有人曾向阿曼西奥·奥尔特加建议把总部搬到荷兰，但他认为遵从内心比生意更重要。

Inditex集团的主要服务部门及Zara设计部（包括女装部、男装部及童装部）位于由巴克斯·里内罗设计的智能大楼里。它建于1999年，占地35万平方米，造价约为900万欧元。智能大楼的主体呈立方体形，原有的总部大楼及高层办公室仍然得以保留。虽然阿曼西奥·奥尔特加更喜欢待在女装部办公，但是人们还是在新大楼给他留了个位置。

我们现在位于阿尔泰修市萨邦工业区，几千米外就是拉科鲁尼亚。这里每天会切割13万平方米的布料，这个地点每年会被人们不重复地谈及一万两千余次。集团总建筑面积为60万平方米。通过物流中心的2条隧道及212千米长的铁路，16座工厂相互连通。每周

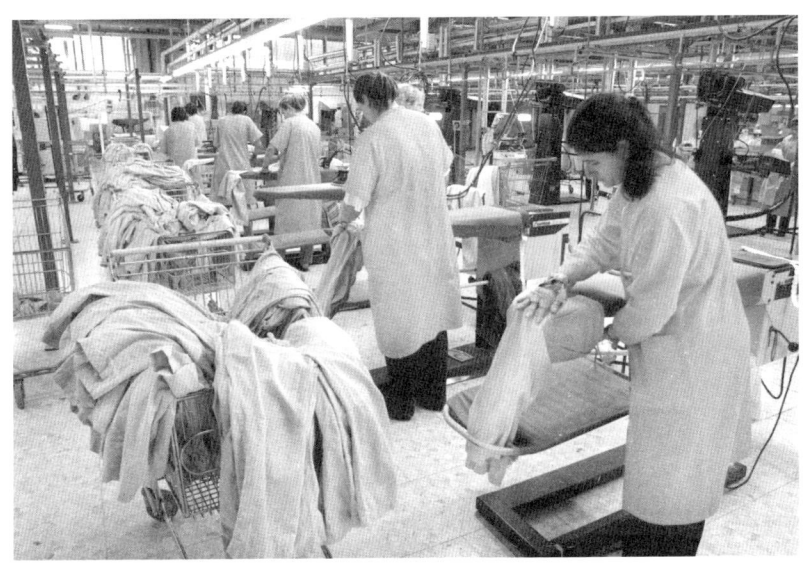

萨邦工厂服装熨烫区的女工们。（图源：乔治·洛巴托/《加利西亚之声》）

出货量为200万件，相当于100个足球场的面积，这简直令人叹为观止。另外两个时尚巨头，即美国GAP及瑞典H&M，都把服装制作交给第三方完成，但Zara与它们不同，它是生产和分销闭环的第一人。

现在是上午11点，没有什么人在走动。本以为集团规模如此巨大，这里肯定人来人往，忙得不可开交，但现在只有两个东方面孔的人站在两边的安检口排队。表明身份和来访事由后，他们只能期待电话那头的被访问者批准放行。他们都是供应商，胳膊夹着布料样品，脸上毫不掩饰地写满对合作的渴望。

他们千里迢迢来到这里，只要有5分钟的会面就能让他们心满意足。但是今天不行，要明天再来。与其他员工不同，阿曼西奥·奥尔特加和他的管理团队不用刷卡也能通行。有些人说："他们应该以身作则。"还有些人表示理解："这是出于安全考虑。"有传闻说，几年前阿曼西奥被禁止进入自己的公司。他表明自己的身份，但是保安说："对，很好，随便你怎么说，但是请出示你的证件。"当时阿曼西奥·奥尔特加别无他法，只能折回。但现在就不同了，他走到哪儿大门都会为他敞开。

一条又长又亮的走廊分隔了旧大楼与标榜"15天内出新品"的设计部。公司在着装方面要求很宽松，但设计部的员工大部分还是习惯穿西装打领带。即将带领我们参观帝国心脏的劳尔·埃斯特拉德拉说："这种类型的公司能这样做其实挺令人惊讶的。"

走廊两边有30多个10平方米左右的小房间。房间里唯一的家具就是一张大桌子，供应商可以把样品铺在上面。没有椅子，供应商需要站着展示布料，集团工作人员则站着检验布料。5分钟——10

分钟后他们就能告诉供应商布料是通过了，还是需要另寻良机。曾经，阿曼西奥·奥尔特加和哈维尔·卡纳斯·卡拉米洛在前辈的建议下，一起登上上海号列车前往坎塔布连海岸，千辛万苦才找到一家愿意向他们出售布料的巴塞罗那的公司。40年后，却是这些公司在集团门口排着队等阿曼西奥购买它们的布料。埃斯特拉德拉说："每天都有很多供应商来这里排队。"

走廊尽头就是设计部。设计部占据了本层大量的办公面积，有200多号员工在此勤奋工作。在这里，阿曼西奥·奥尔特加如鱼得水。童装部、男装部及女装部由玻璃隔断分割，形成三个尺寸相仿的矩形。每个区域都有三种类型的专业人才。经过三角权衡之后，即将发布的新品服饰才能最终确定。

第一角是设计师。他们每年集体外出两次，寻找新的灵感。笔、

在设计部门，工作以团队合作的形式展开。（图源：乔治·洛巴托/《加利西亚之声》）

纸、钱（用来买自己喜欢的布料）就是他们全部的随身装备。当然，电脑也是他们的另一法宝。

第二角是商务经理。他们与供应商或者自营工厂打交道，负责调整产品价格。他们总是与第三角，也就是各国代理商，紧密相连。代理商不仅要研究店内产品，还要走街串巷，调研产品的竞争力。他们经常对设计师们设计的产品说"不"。产品设计得精妙绝伦，用料标准也符合公司要求，但工厂根本不会生产该产品，因为它卖不出去，因为根本没人愿意穿它。Zara只生产客户想买的产品。

"如果只看生产成本就做决定，那么我们的产品会很有优势，但那样达不到时尚的标准，也根本无法满足顾客的需求；如果由设计师来决定，我们的产品会很华丽，但是价格太高，根本没人会买；如果由代理商做决定，那么门店里卖的只会是销量最好的那款裤子。"劳尔·埃斯特拉德拉表示自己举的例子过于极端了，因为"通常来说，设计师了解布料、熟悉工厂，也知道成本；因为一起工作的缘故，对其他国家的情况也很清楚，但大家还是各司其职比较好"。

这就是为什么这里的空间是开放的原因。没人会长时间坐在座位上，服装就是要靠不断地交流沟通才能设计出来。

埃斯特拉德拉解释说："不要拖到最后一刻才做决定是我们这个体系得以运行的基础。做出决定和发布商品，二者时间间隔越短越好。这样就会降低我们本身固有的行业风险，不至于被潮流甩在身后。"

传统方式是提前一年决定需要生产的产品，提前三个月生产，然后放入仓库，等时间到了再运到商店售卖。如果在某个细节，譬如说领子上出了点儿误差，那么只能靠促销、降价的方式进行售卖，或是依靠广告让这款领子重新流行起来。

Zara 尽力做到"新品上架前库存量压到最低。如果行业内一般标准是压缩到 50%，那么我们的指导性指标就是压缩到 25%"。这样的话，公司就有足够的回旋余地，能根据市场的变化不断调整策略。

Inditex 集团把不会过时的基本款服饰，如牛仔裤、上衣、男士白衬衫等都外包给外部供应商。埃斯特拉德拉说："我们把应变能力留给了与时尚息息相关的产品。我们能够使工厂生产的服饰在两周内，就挂在全球各地的门店。"

有些服饰火遍全球，那么设计师们就会放下电脑，站起身来，互相讨论问答，来回奔波一番。

抄袭还是创造？"整个行业都受到同样的影响，观察到的也都是大体相似的事物，我们都能预测到时尚走向，因此也都清楚时尚大体趋势会如何发展。大家相互观望之后，Zara 的设计师，也和其他公司的设计师一样，或多或少设计出了类似的产品，他们甚至有时设计出看上去是由同一条生产线进行生产的产品。我们能做的就是在量产及压货之前做出改变。"Zara 的哲学是在店铺里售卖客户想要的衣服，但它并不会向客户解释哪些才是他们想要的衣服。

阿曼西奥通常习惯在设计部晃来晃去，但这次他没有露面。

再往里面是样板师工作的地方，一台台缝纫机陈列其中。只要瞥一眼，样板师们就能知道设计师们有没有下真功夫。"所有将要进店售卖的衣服，我们都会提前照着做一件样品。也就是说，我们会做一件实物出来。"他们会找人试穿样品，测试上身效果。如果是童装，就在人体模型上试（婴儿人体模型身上还会穿上纸尿裤）；如果是男装或女装，那就直接在真人模特身上测试。

按照我们导游的话来说："一切都变成了固定的模式，每个步骤都像是拼图上的一块碎片。我们有各类服装尺寸的缩放比，这些只是信息，单纯的信息，它们会一直被保留，直到有一天，我们会把这些详细的生产参数提供给某个供应商或者某个工厂。"

时尚往往令人捉摸不透。还有几天就到打折季了，设计部里基本没人走动。许多设计师都在出差，为一年半一次的时装秀做准备。桌子另一边的员工在与全球各大门店商议，考虑应该把蓝色还是黄色的衬衫运往吉隆坡分店。

对 Zara 来说，门店才是重中之重的业务。"你可以去秀场寻找灵感，但是最关键的灵感来源于格兰大道分店、格拉西亚大道分店及哥本哈根分店店长之口。他们会告诉你，我们的上帝——也就是客户——他们的评价会是什么。"

童装部、男装部和女装部都遵循同样的工作模式。设计师、代理商、门店、不断生产出来的服装样品……9:30 工作开始，员工自己掌控节奏，独立决定工作结束时间。

女装部面积更大一点儿。这个部门最为复杂，分为三条独立生产线：基础（基础款服饰）、淑女（时尚款服饰）、少女（青少年款服饰）。生产车间则在另外一个大厅。

这里也是老板最常待的地方，因为他基本不去自己的办公室。阿曼西奥·奥尔特加今天本应该坐在第一排桌子那儿，但现在那儿却空空如也。这难道是巧合吗？

他工作的桌子和其他设计师的别无二致。桌子上没有家庭照，也没有除办公用品外的其他物品。电脑是关着的，但是桌上摆起的一堆文件说明不久前他还用过这张桌子。也许阿曼西奥·奥尔特加正在别处观察我们。"没什么特别的。"埃斯特拉德拉说。"这个颠覆了时尚界的男人会用电脑吗？"我们问。埃斯特拉德拉回答道："会用，但是他的工作内容和电脑无关。""真的吗？""通常来说，一般情况下……"看来这个问题不太好回答，因此我们也没有继续追问。也许有人觉得和老板在一起工作会十分别扭，毕竟这位老板以要求提升竞争力闻名。"我觉得恰恰相反。因为他每天都与我们一起工作，所以对我们来说，他就是一起工作的伙伴，仅此而已。他非常平易近人，对所有人都一视同仁。他让我们的员工关系十分和谐。"他回答说。

我们离开设计部，前往 Zara 模型店。它与 Zara 全球任意首发城市的任意一条繁华大街上的任意一家分店都完全一致。工人们正在调试灯光。导游说："在这里我们会研究店内的地面装饰、灯光、色调等。所有数据都十分精确，分毫不差。我们需要通过不断研究来优化店内装饰，因为这对于潮流展示及品牌形象都有巨大影响。这里就像是研发实验室一样。"他们讨论的内容十分琐碎，甚至连柜台应该提供何种糖果都在他们的考虑范围之内。

模型店占地面积与大中型分店的面积相当，约为 1 200 平方米。超大型分店面积可达到 3 000 平方米，当然也有面积仅为 80 多平方米的分店。Zara 的第一家店铺，也就是奥伦塞分店开业时，霍尔迪·贝尔纳多只需要一辆 Mini（宝马）就能装运店内所有的装饰品，但是现在，少于 300 平方米的库房根本装不下 Zara 的店内装饰品。"我们大部分的分店面积在 800 平方米—1 500 平方米之间。我们也有一些巨型分店，比如说我们在意大利开的第一家分店——米兰分店。"埃斯特拉德拉解释说。Zara 十分注重新市场的品牌融入及形象展示。"你在米兰，并且是在维托里奥·艾曼纽二世中央大街

101

上，开一个巨型分店，那么这个门店就会成为你的展示橱窗。它给你带来的也不仅仅是经济上的回报，它还会帮你在不打广告的基础上就能把你的品牌形象传播出去。而且说实话，我们在品牌形象设计、店铺选址，以及橱窗设计上投资不菲。品牌形象的传播能够极大地带动店铺的销售及盈利。"埃斯特拉德拉解释说。

相邻的大厅，正好有一个设计团队在讨论模特身上的服装。这个大厅就是所谓的展示厅。埃斯特拉德拉说："其他公司的展示厅是公开的、用来展示收藏品的地方，但是我们的有所不同，它是给我们自己看的。"在这里，设计团队把自己的作品展示给别的创作部门及门店经理看。如果他们不喜欢，那么设计团队就在这里立刻进行修改。

实验室与实验室之间的走廊上挂着公司上市后 Canal Plus 频道的巨幅报道图片。作为首个得以记录 Inditex 帝国内部状况的媒体，Canal Plus 频道再三保证不会拍摄阿曼西奥·奥尔特加的任何影像。

橱窗实验室门口的"禁止擅入"阻拦了我们前行的脚步。所有人都不准进去，我不能，你不能，大家都不能。但是，经过与德国人多丽丝的交涉，我们还是进去了。多丽丝是霍尔迪·贝尔纳多的徒弟，也是 Inditex 集团这块拼图上一块重要的碎片。

工人们对橱窗的每个细节进行精心雕琢。3个月后，我们发现，门店的橱窗展示就是总部所设计的橱窗的复刻版。"这是一个非常强大的、对我们非常重要的实验室。因为它会被摆放到街头进行展示，成为我们的客户及潜在客户进店前第一眼看到的内容，它是吸引客户注意力的主要手段之一。之后店里其他吸睛元素，也就是那些我们在模型房里研究的元素，才会发挥作用，比如说我们想要营造这样的氛围：舒适、方便、让购物成为一种享受、让客户感觉与时尚的碰撞无比惬意。但是人们第一眼看见的永远都是橱窗。"

Zara 每个季度会展示两款大橱窗：冬季款及夏季款。有时候还会加上促销款（一般来说促销款橱窗比较简单），以及圣诞款。埃斯特拉德拉说："店内展示是不断变化的，橱窗也需要表现出服饰或者主打服饰发生的变化。也就是说，每三周到四周（根据具体情况决定），橱窗展示就会改变一次。也许是换件衣服，或者换某个小元素之类的。橱窗神圣不可侵犯，除了专职人员，任何人都不能靠近，更不能触碰它。"

我们最后参观的是 Zara 居家模型店。Inditex 集团计划凭借 Zara 居家进军居家市场。我们只是匆匆瞥了一眼，看见员工们正在设计及制作即将售卖的新品。模型店里的背景音乐是爵士乐，就跟商店里播放的一样，因为细枝末节也十分重要。

离开包含主要服务部门的总部大楼，我们的下一站去了物流中心，看看它是如何运转的。掌门人还是没有出现。想必他已经坐回自己的工作位置了吧。

1976 年，GOA 的第一家工厂在萨邦工业区成立，还没到 2006 年，Zara 就建立了 16 家工厂。通过物流中心的 2 条隧道及 212 千米长的铁路，16 座工厂相互连通。

物流中心设置了一家综合性工厂，主要用来生产女装。各个款式的相关数据会从设计部直接发送到工厂的电脑上，由电脑按设计指令进行操作。也就是说，用一卷布就能裁剪出一件衣服，一厘米的碎布都不会被浪费。作为参考，工厂也有纸质的样板，但这完全没有必要，因为电脑会直接把指令传达给切割台上的机器人。空气喷嘴会推动沉重的布料前移，工作台则会牢牢吸住布料，让它跟木

103

板一样平整，确保机器人的切割更加精准。埃斯特拉德拉解释说："所有裁剪区域都会被标记。打比方说，你要做一件衣服，袖子、前胸、后背的布料用的都是同一卷布的同一块区域，这样就可以避免出现任何细微的色差。只要布料能正常展开，你就能够完全控制它。如果出了错，出现了瑕疵，那么影响的也只是一批服装，而不会是所有产品。这样我们的成本就能降低。"

工人们正在用餐。地上还有几个黑包等待着被运往车间。3天内，它们就能被制成衣服，然后被送回物流中心。只要再熨烫一下（当然，这也是由电脑控制的），物流中心就会把它们分派出去。平均只要10天，订单就能变成商店货架上的商品。

被运送的服装上会有一个标签，根据标签，这批服装会被工人送往长约212千米的铁路上的任意一个地方。人脑无法储存这么多的数据，所以在世界刚刚走出古登堡的印刷机时代之时，Zara就把赌注押在了计算机身上。在物流中心的核心区，有两条1.5米长的传送带负责服装的折叠与打包。这个创意来自包裹运输公司——丹麦的DHL（一家国际航空快递公司），Inditex集团的工程师又前进一步，将它改造一番以满足公司的需求。该机器能够根据颜料种类，一小时内打包及分发7万—8万件服装，这实在令人叹为观止。埃斯特拉德拉说："根据颜料的不同，我们会采取不同的打包方式。我们使用的是现有的最佳技术，并且还在不断做出改进，以争取更高的效率。"

有分析师认为，物流是Inditex集团的制胜法宝。劳尔·埃斯特拉德拉却不同意："如果你说物流是Inditex集团其中一个制胜法宝，那么我可以告诉你是这样的。但是我们还有其他6个、7个，甚至

10 个制胜法宝。设计、生产、垂直整合（不仅能做到自产自销，还能做到他产自销）、门店、橱窗设计等。我们有很多制胜法宝，但是要我说，我们最重要的制胜法宝在于门店。"

因为这里没几个人特别熟悉物流中心的构造，所以埃斯特拉德拉带着我们费了好大的劲，才在结束参观之前找到连通工厂的两条隧道交汇的入口。换岗的人来了。每个人着装颜色各异，根据工作部门的不同而有所改变。这批员工是投诉处理小组的。他们说萨拉戈萨的新物流中心的效率没有老物流中心高。这里员工们不愿意工作超过 8 个小时，但是在萨邦，员工们可以接连不断地加班。当然这又是另外一个故事了。

走了 30 多分钟后，两条隧道交汇的入口便出现在我们的眼前。我们需要坐电梯到地下五层，此时我们看见一部孤零零躺着一百多件外套的电梯正在缓缓上升。一楼停放着 3 辆自行车，外观跟阿曼西奥在卡拉服装店做配送员时用的车很像。检修人员唯一需要处理的就是自行车生锈问题。现在所有车链条都上好了油。

现在是下午 2 点。外套还在接连不断地被运送出去。物流中心外矗立着一座风力涡轮机。方圆几千米内都能看见这个庞然大物，既然看到了它，那么预示着 Inditex 集团必然就在附近。它是集团为保护生态环境做出的新贡献，相当于两座热电厂及一个纸板再利用中心。Inditex 集团是第一个在自家门口设置风力涡轮机的公司，因此还引发了法律争端。解决诉讼争端后，Inditex 集团就靠它来给费奥斯成衣工厂供电，并期望它能满足公司 20% 左右的电力需求。

下雨了。但是在阿曼西奥·奥尔特加的领土上，在这位西班牙首富、欧洲第五富的疆域里，太阳永远不会落下。

集团内外

《Zara 城邦》的作者塞西莉亚·蒙洛尔说：每一家成功的企业通常都会笼罩在某种神秘的光环之中，从笛卡儿式的理性角度考虑，无论专家、市场，还是社会都很难对其归类，并解释这种神秘光环。仅仅关于 Inditex 集团时尚帝国的秘史，即谣传已久的地下交易，都能写好几本书，但是没人敢这么写。也许是因为 Inditex 集团并没有那么多的黑色交易，也许是因为没人敢把那段历史全盘托出。

谣言的源头千差万别，谣言的内容往往也是五花八门。关于 Inditex 集团奇迹般的诞生及阿曼西奥的巨额财富就有不下 100 种版本的流言。有人说 Inditex 集团在公海上有一艘鬼船，被俘虏的女裁缝就在鬼船上缝制衣饰，还有人说它与哥伦比亚贩毒集团有着千丝万缕的关联。

所有人都在问：一家以婴儿睡篮和女士居家服起家的小公司，在短短几十年的时间里，真的能与行业巨头相较高低吗？再加上它的总部位于加利西亚，这样"得天独厚"的地理位置更让贩毒流言广为流传。

但是，上面那些都不可靠。的确，Inditex 集团曾经被卷入贩毒事件。2001 年 3 月，在拉科鲁尼亚省，Inditex 集团阿尔泰修工厂的工人在集装箱里发现了 26 公斤的卡洛因。这是它唯一的一次被卷入毒品事件。据《加利西亚之声》报道，Inditex 集团声称装有毒品的集装箱来自维戈，但是官方信息显示，该集装箱来自毕尔巴鄂。其海关文件上写着集装箱里只有在秘鲁缝制的衣物，经由秘鲁卡亚俄港口装船后即被运往西班牙。毒品控制及案件调查均由西班牙安全部队负责。事情最后不了了之。Inditex集团坚称这是一起商业竞争，对方旨在破坏Inditex集团国际扩张的进程。

此外，Inditex集团的确也有航运业务，但那只是出于财政上的考虑。尽管目前集团内有几家比较活跃的下属公司，但它们都不直接掌控船运公司，更加清晰的表述请参考下文《海运业务》那一节的内容。

Inditex集团为何能成长为今天的规模？还有可能是因为时尚界过于错综复杂。塞西莉亚·蒙洛尔在她的书中说过："在时尚界，言谈举止需小心谨慎，否则容易盲目行事。时尚界充斥着肤浅、愚蠢、挑衅和自大。"但很多人心里都有这么一个疑问：就算这位商人再怎么才华横溢，他真的能在短短几十年里，合理合法地挣到几十亿家产吗？疑问无解。

但可以肯定的是，从起步阶段开始，Inditex集团就基本没有自己的原创设计，很多人都说它是靠简单粗暴的"抄袭"发家。因此，安东尼奥·阿布里尔领导的法务部，最日常的工作就是避免针对集团的各大品牌的诉讼和控告在社会上造成重大影响，尤其是避免Zara陷入可能发生的服饰设计"抄袭"风波。

在西班牙和葡萄牙也许可以，但在法国完全不透明根本行不通，因为法国的现行法律对于品牌和产品的保护十分严格。塞西莉亚·蒙洛尔的书中记录了法国警察突袭Zara巴黎歌剧院分店的场景："最初警察频繁造访。他们来了，出示一下证件，拿上他们在找的衣服，之后就从哪儿来回哪儿去了。"

但这所有的一切，无论真实与否，都只不过是Inditex集团发展过程中一个个微不足道的小插曲。重头戏还在后面。

尽管看上去阿曼西奥·奥尔特加的事业及人生成就都是他一个人打拼出来的，但要是没有非洲、亚洲、美洲的外包车间、合作机构及外部工厂在不稳定的条件下所做的努力，根本不会有如今的Inditex集团。

加利西亚社会学家卡洛斯·拉布纳和玛塔·卡萨尔是第一批真正触及Inditex集团痛处的人。他们认为，"集团神话真正的奠基人隐藏在车间里，但是这些车间却被当成是低成本、高产出的工具而已……"，他们还说，"车间强迫工人在极端恶劣的情况下工作。"Inditex集团的经理、高层，或者商业代表最喜欢说的一句话是："听着，你要是不同意的话，多的是黑人愿意接替你的工作。"

几乎从成立开始，Inditex集团服装工厂就把服装部件加工、布料预切割等工作都外包给了外部工厂。目前已有的技术无法自动化完成这些步骤，只能依靠大量劳动力手工完成，因此Inditex集团认为最合适、同时也是最经济的做法就是把它交由外部企业完成。

Inditex集团会给车间——有时候就是工人自己的家——提供裁剪好的布料，由他们组接拼装辅料及配饰。截至2001年，Inditex集团已有车间超过400间，大部分（96%）分布在西班牙和葡萄牙，但渐渐地我们发现，位于非洲和亚洲的车间在飞速增长，甚至开始蚕食伊比利亚半岛的市场。

Inditex集团旗下每家企业都有独立的车间，也有自己的专属经理负责价格谈判及品质控制。而且，工费支付方式也因车间所处国别不同而略有差别。针对位于西班牙的车间，Inditex集团向车间提供裁剪好的布料（集团不收取任何布料费用），车间生产完成并运出服装后，集团按照协议向集团收取一定的加工费用。针对位于西班牙以外的车间（主要是葡萄牙），Inditex 集团则把布料卖给车间，当车间生产完成后，再一次性向集团出售。这两种支付方式都不会影响产品的最终价格，但或多或少会造成集团财务不公开、不透明。

服装组装完成后会被分别运往各自的工厂，进行最后的加工（熨烫、装袋、贴标签）及质检。

一旦完成所有生产步骤，它们就会被卡车或者物流中心四通八达的轨道运往配送中心。

工业与组织心理学博士马·伊格莱西亚斯，在她的论文《加利西亚纺织社会学概述》中描述了这样一个经典场景："妇女们手里挎着菜篮，在指定时间到达车间，拿起布料，把它们带回家里。这种现象不是加利西亚独有的，在纺织业，这种劳作形式已经延伸到葡萄牙、墨西哥、摩洛哥、土耳其、希腊、匈牙利、毛里求斯、中国台湾、韩国、越南、印度……上述国家和地区基本都接过 Inditex 集团的订单，正是它们与加利西亚工人的合作，才让 Inditex 集团的奇迹成为可能。"

伊格莱西亚斯认为，纺织是一项艰苦的工作，同时还存在着严重的剥削现象。先不说那些地下车间，光是那些多少还算合法的合作制企业就赤裸裸展示了企业对劳动力的剥削。Inditex 集团与那些工人之间不存在任何劳务关系。数以百计的小车间都是计件收费，Inditex 集团不会与它们签订任何承诺文件。这位纺织业巨鳄强加给加利西亚及葡萄牙北部 2 000 多家企业及 15 000 多名工人一份这样的霸王条款。这样，Inditex 集团最大的绊脚石已被挪开，因为无论如何，Inditex 集团与工人之间不存在任何劳务关系。

2006年,《第二十条》的一篇报道里,一位 Inditex 集团生产线的外包商说:"我整天都忙得像条狗,有时候还得整夜整夜地加班。我累得萎靡不振,跟吸了毒似的。他们说我是企业家。哈哈!什么企业家?我就是个大蠢货。之所以到现在我还不关闭店铺,是因为我不想让女工们流落街头,而且我现在负债累累。"

2002 年的时候,Inditex 的"新"车间,跟其他车间一样,位于拉科鲁尼亚及圣地亚哥之间,藏在一间由金属栅栏阻隔的车库里。车间外部没有招牌,也没有任何表明工厂性质或名称的标识。灰色的混凝土路上还残留着它作为停车场时期残留下的白色条纹。裁剪好的布料杂七杂八地散落在各处。老板说工作环境就是这样,她们必须要适应。

没有窗户,只有日光灯倒吊在天花板上,由几根金属帘线细细牵引,周边蛛网密布。缝纫机排成一排,被安置在车间的中央过道上。其中许多缝纫机都是女工们自己带来的。我们参观的那个时间段只有 3 个女工在缝制、拼接看上去零零碎碎的布料。"现在是吃饭时间,她们都要回去照料孩子和丈夫。"老板无不感慨地说,这是这份工作唯一的优点,"工作会占用你很长时间,可是有时候也能灵活变通,让你去完成一些别的事情"。

参观结束后,老板斩钉截铁地说道:"他们会榨干你的最后一滴血,只有这样地下车间才能赢利。他们才不会保障员工权益,多数情况下还会要求员工在家也要工作。如果你想心安理得,想晚上睡个安稳觉,想有尊严地对待你的员工,那你肯定完蛋。很多时候你都不知道挣的钱够不够开支。"

这些正与加利西亚社会学家卡洛斯·拉布纳和玛塔·卡萨尔所

说不谋而合。经过广泛的研究，他们推断出，在阿曼西奥·奥尔特加所领导的集团里，"车间仅仅被当成是低成本高产出的工具"，并且强迫工人"在极端恶劣的情况下工作"。

"Inditex 集团的唯一目标，"拉科鲁尼亚附近的一间车间的女老板说，"就是让我们用尽可能低的成本，在尽可能短的时间里，生产出尽可能多的衣服。他们压根不关心我们的情况。唯一的要求就是我们有 TC2 证书（社会保障局出示的相关文件），或者要求我们的女工买过保险。"车间工人们取得的为数不多的胜利就是他们在社会保障局进行过登记，但大部分女工承认说保险费用 100% 由她们个人承担。

车间老板们也纷纷抱怨 Inditex 集团车间业务负责人的粗暴态度。拉布纳和卡萨尔的报告里也记录着一位老板的控诉："那些粗鲁的家伙什么都不懂，把我们当拖鞋一样对待，发泄不满。"老板还会控诉他们不人道的态度："他们拿起一件衣服，狠狠地把它踩在地上，说它的做工跟屎一样。他们都不好好说话，全部嘶吼着喊出他们最爱的那句：'听着，你要是不同意的话，多的是黑人愿意接替你的工作。'所以我们这些小作坊别无选择，只能接受行业巨鳄定下的约束及规则。"

想要拿到 Inditex 集团的订单，车间老板们还需要满足集团的时间需求。光看合同就知道订单的紧急性，要想在规定时间完成，就要 24 小时赶工。不然的话，用一位曾受此影响的老板的话来说，就是"再也没有订单了"。价格方面倒是没人有争议，由 Inditex 集团的负责人制定（服装加工价格约为每小时 3 欧元，完成一件成衣的时间也大约在 1 小时左右）。

除了这些，Inditex 集团还要求车间老板们只承接本集团的活计，"他们强迫我们保证只为他们工作。就这样，我们被完全掌控住了。怎么控制我们？就这样：给我们订单，再派一些趾高气扬的家伙来检查车间。只要发现一件不是 Inditex 集团的服饰，他们就不会再下订单，那么车间就铁定完蛋。因为加利西亚的其他纺织企业不能给我们提供这么大、这么稳定的工作量，所以他们说什么我们都只能接受。"

因为不存在雇佣关系，Inditex 集团不用给这些车间的工人进行培训，不需要为他们购买机器，也不会给他们购买社会保险或医疗保险或是帮助他们租用车间，更不会帮他们经营车间。Inditex 集团唯一做的就是把这些工人当成自己的工人来用。对于公司来说，车间只是简单的工具，尽管它们是成就帝国辉煌的伟大基石。Inditex 集团并没有吞并它们的意图，也不想让它们参与到集团的利润分配、政策制定或是决定讨论中来。没人会关心它们是否能够勉强维持生计。也许是因为数百年来，加利西亚一直处于经济圈外沿，随处可以找到愿意承受剥削的合作伙伴或外部工厂。

在车间里，工资是禁忌话题。最常见的情况是工资条上写着 522 欧元，但女工们拿到手的却远远没有这么多，甚至很多时候，因为工作量有所缩减，她们拿到手的钱都不到 300 欧元。工资的多少一方面取决于工人的工作量，另一方面则要看车间老板是否善良诚信。女工们知道 Inditex 集团计件支付，也就是说，她们的收入情况并不稳定。所以，每天工作 10 小时后，她们中的许多人拿到手的只有工作 6 小时的薪水，记录在案的也只有 8 小时的工作时长。所有人都沉默不语。

灵活应对工会

"希望我们有更多像阿曼西奥一样的企业家。"这句话不是公司发言人所说的,而是加利西亚纺织业劳工委员会代表曼努埃尔·帕蒂诺在《第二十条》中的文章中所说的。曼努埃尔·帕蒂诺钦佩这位商业巨鳄"温和专制的商业模式及慷慨的薪酬待遇",也佩服他"能够直接叫出老员工们的名字"。对于Inditex集团的直接雇员来说,加利西亚纺织业劳工委员会是唯一有点儿分量的工会,但对加利西亚大部分独立车间来说,就完全不是如此了:车间女工们往往会躲着视察员和工会人员,因为这些车间为了生存,大多有意识地违反了劳动法。

帕蒂诺说:"一听到人们谈论Inditex集团的地下经济及洗钱传闻,我就恼火,它的成功秘诀在于加利西亚女工的勤奋工作、Inditex集团门店漂亮的橱窗,以及他们意外发现的低成本、高竞争力的工作模式。"谈论到整个生产过程中最薄弱的环节,也就是车间的时候,帕蒂诺解释道:"我们在20世纪80年代就发现了整个地下经济,并要求Inditex集团还原一切真相,否则我们会让他们承担连带的法律责任。自此之后,经理就要求车间每月提交社会保障局出示的相关文件(TC2)。"工会和政府机构没有要求车间支付之前拖欠的社保费用,而是让一切都重新开始。所有人都在向前看。"对,向前看。"

帕蒂诺承认这些车间"举步维艰"。Inditex集团会找出各种各样的理由,要求这些车间开出越来越低的价格。如果它们不接受,Inditex集团就警告它们,说会把订单交给亚洲国家来做。就这样,Inditex集团经理就可以调整价格,向车间支付更少的工钱。这时候,车间只能转向地下经济，但帕蒂诺却认为这"无足轻重"。Inditex集团公开的车间有300间，每间平均有15名—20名工人，也就是说总共有约6 000名车间工人。就算这样，帕蒂诺仍然认为这件事"无足轻重"。其他的9 000名工人都在哪儿呢？

《加利西亚纺织社会学概述》的作者马·伊格莱西亚斯说过：外包车间承担了大量的地下工作。有些车间甚至有90名—100名的女工都在家工作，甚至在加利西亚的某些地区，在家工作的女工人数占50%以上。预估地下经济的总量占据加利西亚纺织业总量的40%左右。

作为劳工委员会的代表，帕蒂诺否认了马·伊格莱西亚斯的说法，认为她在"夸大其词"，同时他还嘲笑劳工会联盟的卡洛斯·奥利瓦，就是因为他，Inditex集团才在加利西亚推行亚洲模式。

曼努埃尔·帕蒂诺也承认大部分的车间女工"连合约里签署的月最低工资523欧元都拿不到"。对此，他的解释也合情合理："如果一个15人—20人的小车间能拿到3 000欧元的订单，从里面去掉社保费用、电费、机械费用以及其他开支后，能分一分的也就剩下的那么点儿钱，还能有什么别的办法？"

尽管帕蒂诺承认了这点，但他还是表示，为避免纺织业出现危机，没必要要求Inditex集团将这些女性纳入自己的员工系统。一旦危机真的出现了，Inditex集团也只能确保自己安然无恙。帕蒂诺认为该体系十分有效，"允许各个乡镇的加利西亚女性在家工作，以此帮助支撑家庭经济。再说，我们也别给Inditex集团太大压力，毕竟在葡萄牙它支付的价格只有在西班牙的一半"。帕蒂诺的言谈句句偏向Inditex集团。

这种工会实用主义与《加利西亚纺织业指导性报告》背道而驰，而且这些指导性报告中还有一份是由劳工委员会制定的。该报告显示，加利西亚的时尚巨头们试图展示一个闲适恬静的劳工世界，但现实却那么黑暗残酷。劳工委员会于2003年2月制定的《加利西亚纺织业指导性报告》揭露了加利西亚纺织业的悲惨境遇：每4名纺织业工人之中，就有1名在"打黑工"（大部分都是女工）。这些人没有合同也没有社保，大部分情况下，发到他们手里的工资也都是"黑钱"。

通过对劳动力普查、社保、加利西亚地区经济核算、市人口普查等官方数据的交叉比对，工会得出结论：加利西亚有5 900名工人是纺织辅助产业的黑工，其中大部分为年轻女性。

报告的作者，经济学家曼努埃尔·拉戈说道："更糟糕的是，自2001年始，这类劳工人数急速增长。因此，近些年增长的劳工实际上都依托于地下经济。"

矛盾的是，在加利西亚时尚集团行业整合的过程中，纺织业地下经济越发壮大，甚至到达鼎盛阶段。为什么会这样？纺织行业的企业主们把它归因于外包业及辅助产业的发展扩张。

有些品牌不要求提供员工社保登记文件，这时候合法的纺织车间也会匀出一部分人力物力，来进行地下生产。《加利西亚纺织业指导性报告》中说："大公司对于车间员工的劳务债务及社保债务有连带责任。"并宣称这项立法修正在迫使车间走上合法化的道路。

该报告指出："加利西亚纺织业的地下经济归根结底在于工人不去车间，而是在家工作，这部分劳工主体为在家为车间工作的女性。"

报告里另一项引人注目的数据是，加利西亚纺织业5%的雇员是16岁—19岁的女孩。所有工厂及车间里的女孩有超过800个都在这个年龄段。

在加利西亚，纺织业的员工形象与任何其他产业的员工形象都大不相同。首先，纺织业 78% 的从业员工都是女性；其次，51% 的员工低于 35 岁；最后，超过 45% 的员工都不是企业雇员。纺织业是加利西亚最赚钱的行业之一，个体户、合作员工、不定期家庭雇员及"黑工"占据了该行业的半壁江山。

对于工会来说，这是加利西亚纺织业现存的、亟待解决的巨大矛盾。在加利西亚，纺织业是业务量、就业机会、出口和盈利都位列前茅的产业之一。它需要构建一个真正的业务框架，牢牢巩固其在加利西亚的产业地位。

它的影响范围不仅仅是加利西亚。2002 年，加利西亚纺织业在进口服装布料、纤维、纱线及合成材料上的花费就达到 2.32 亿欧元（386.01 亿比塞塔）[①]。意大利供应商是加利西亚设计师最大的丝绸供应商。同时因为加利西亚在布料处理和成衣染色领域能力不足，意大利成了主要受益者，还因此成为加利西亚财政赤字的罪魁祸首。

拉戈强调说："加利西亚纺织业位于价值链的最后阶段，它一般是原料和半成品进口商及成品出口商。"

加利西亚纺织业出口额超过 7.81 亿欧元（1 299.5 亿比塞塔），且与 110 多个国家有业务往来，由此可见其强势的国际化进程。即便如此，还是存在贸易逆差。也就是说，在加利西亚，服装的进口额仍大于其出口额。

贸易逆差最主要的原因是缺少纤维、布料、纱线及染料生产产

[①] 作者是按著书时汇率换算的，现在可能略有出入。为了尊重原书，不予改动，数据仅供参考。

业。对外贸易服务机构（ICEX）2001年的数据表明，纺织业服装出口创汇7 800万欧元（130亿比塞塔），但原料贸易逆差达到1.56亿欧元（260亿比塞塔）。除了汽车和渔业，加利西亚第三大出口产业就是纺织业，但就算这样，贸易逆差依然存在。

由于缺少原材料，服装加工往往在第三世界国家进行。2001年，加利西亚纺织业从中国、土耳其、摩洛哥、越南、泰国、孟加拉国和印度尼西亚进口成衣，进口额超过3.01亿欧元（500.9亿比塞塔）。业内人士称，通常情况下，加利西亚品牌商设计服装，之后为了降低成本，交由第三世界国家加工，它们加工的服装数量甚至已经达到了加利西亚本土服装加工数量的150%。

整个欧洲的纺织产业的发展趋势都是如此，因为第三世界国家劳动力成本比较低廉。中国成为世界最大的纺织品生产国。

据警方报告，在拉科鲁尼亚省泰奥市一个叫蒙托托的地方，玛丽亚·露西亚·兰德拉·安特洛制衣车间疑似剥削非法入境的亚洲劳工。Inditex集团也因此受到牵连。2002年5月，圣地亚哥第二法院的法官弗朗西斯科·哈维尔·米格兹·波萨要求Inditex集团法定代表人提供相关证词。

Inditex集团发言人声称，自从该车间从位于马萨里科斯的阿皮科塔迁到后来被泰奥警方查处的新车间后，他们就对车间设施进行了检查，发现其存在违规现象，并怀疑该车间工作外包，因此决定终止合作关系。

骑警在巴达洛纳也发现了一家非法纺织车间。与泰奥那间类似，二十多名员工饱受剥削地在为地下车间打工。在车间里，警察发现了Inditex集团多条生产线的服装标签。尽管如此，Inditex集团依然坚称

"并没有与任何该类型的生产车间签约过或者维持过合作关系"。

这一连串的违法行为影响的不仅仅是 Inditex 集团。2003 年财政部通过财政研究院发布了一份近 20 年地下经济发展进程的分析报告。加利西亚自治区下属的 4 个省份中，有 3 个省份（拉科鲁尼亚、卢戈、奥伦塞）名列十二大黑钱比例最高的省份。报告显示，加利西亚黑钱金额约为 65 亿欧元，占到其生产总值的 21% 以上。在这 3 个省份中，拉科鲁尼亚排位最高，为榜单第 5 名，其地下经济占据接近 24% 的生产总值。

地下经济的拥护者大言不惭地宣称："在湍急的河流里，河水会快速上涨，这水永远是浑浊的。只有那些从来不快速上涨的河流里的水才会清澈透亮。财富也是如此。"为了走出舆论危机，Inditex 集团上市前最紧要的任务就是成立社会责任部门。但员工们认为，这个部门不应该是抹除过去、重新开始的"橡皮擦"，它不能只保障从今往后的企业道德规范，也要回顾分析前些年发生的那些事情。

Inditex 集团人事安排

Inditex 集团直接雇员的待遇，以架构协定为基础，根据所签订的纺织业合约加以调整，但工会实用主义严重阻碍了其向更好的方向发展。后来甚至出人意料地发生了几场冲突（也是第一批发生的冲突），呼吁社会经济的进步。而在 2006 年，这根本不可能发生。

截至 2011 年 1 月，Inditex 集团雇员人数已经超过 10 万，一半在西班牙，另一半在集团版图覆盖范围内的其他国家。90% 的雇员都是女性，她们占据着 60% 以上的管理、技术及行政岗位。雇员平均年龄在 27 岁左右，其中 88% 来自 Inditex 集团的主战场——欧洲。

Inditex 集团把其经营模式所取得的成功归功于雇员的业务水平和管理人员的不懈努力。

在集团宣言中，我们可以清晰地看到雇员对 Inditex 的发展至关重要，宣言中说道："我们集团的全球领导力完全归功于我们的员工，不仅因为他们创意无限、与客户保持密切的联系、团队合作能力一流，更是因为他们对集团、对事业的无私奉献。"

集团内部人士说："Inditex 集团为员工营造了一个真正国际化的动态环境，在这里，他们的创意都能闪闪发光。所有人都清楚，能决定职业前途的只有自己的能力。一个成功的团队自此开始。"Inditex 集团控制着上百家公司，并通过以下公司与几乎全部的雇员签订了长期或临时的雇佣合约：

西班牙巴适卡（Bershka）股份公司	玛西莫·都蒂（Massimo Dutti）物流股份公司
巴适卡（Bershka）物流股份公司	尼科尔（Nikole）股份公司
西班牙布雷特斯（Brettos）股份公司	诺索彭多（Nosopunto）有限责任公司
科姆迪特（Comditel）股份公司	西班牙奥依修（Oysho）股份公司
费奥斯成衣（Confecciones Fios）股份公司	西班牙普安倍尔（Pull & Bear）股份公司
果阿成衣（Confecciones GOA）股份公司	普安倍尔（Pull & Bear）物流股份公司
绸雷特（Choolet）股份公司	萨姆络（Samlor）股份公司
登侑（Denllo）股份公司	西尔维奥（Sircio）股份公司
嘉能可（Glencare）股份公司	斯蒂尔（Stear）股份公司

果阿投资（GOA-Invest）股份公司	西班牙斯特拉迪瓦里（Stradivarius）股份公司
玛西莫·都蒂（Massimo Dutti）集团股份公司	天普（Tempe）股份公司
汉普顿（Hampton）股份公司	瑞斯纺织（Textil Rase）股份公司
因迪普特（Indipunt）股份公司	迪斯可（Trisko）股份公司
Inditex 股份公司	渡亨特（Tugend）股份公司
杰马（Jema）创意童装有限责任公司	耶罗莉（Yeroli）股份公司
珢乐（Kenner）股份公司	西班牙 Zara 股份公司
凯特琳（Kettering）股份公司	Zara 物流股份公司
西班牙孩童乐园（Kiddy's Class）股份公司	辛杜拉（Zintura）股份公司
西班牙乐福泰斯（Lefties）股份公司	

　　为提高社保待遇，集团各大下属公司的劳动协议中大多强制要求为员工投保，保险内容覆盖因工导致的意外死亡或永久残疾。全体员工都在投保范围内，但目前除了持有股票的员工，一般员工不被纳入也未被计划纳入到养老金及分红系统中。

　　Inditex 集团特别重视人员培训这一环节。通常来说，公司聘请的都是些"热情有活力，对工作认真负责，不断向上级传达本岗位重要信息"的人，招聘门店员工时尤其如此。Inditex 集团制定了内部通用的晋升政策，既保持一定的晋升率和流动性，薪资水平也根据个人工作效率进行调整。

集团的成长与扩张带动培训政策的发展，其中70%都针对新入职的员工。绝大部分的培训基金流向了门店的服务生、收银员及经理。他们直接与公众打交道，是公司业务的核心。

每位员工的平均培训时长约为35小时，换算为资本后，相当于工资总额的1%。培训由公共机构，如教育培训基金会、国家就业机构、自治区政府及教育部担保并提供资金补助。

工作日程

Inditex集团员工的工作日程如下：

2002年的一个早上，虽然住在拉科鲁尼亚的佩皮塔（30岁，两个孩子的妈妈）与何塞（28岁，单身）还没睡饱，但此时时针已指向7:00，他们不得不从自家的床上一跃而起。在不到20分钟的时间里他们穿上衣服、吃完早餐，搭乘前往工厂的公交。两个人住在拉科鲁尼亚不同的街区，互不相识，但是却存在一个共同点：他们都说自己"为阿曼西奥工作"。他们不说Inditex集团、不说Zara，不说费奥斯，单单说"阿曼西奥"。那个他们可能连见都没见过、只是通过别人的反应察觉到其存在的人，毫无疑问地成为他们眼中的"最高权威""老板"，甚至是"神"。

通常而言，Inditex集团总部的工作时间是8:30—17:30，中午有一个小时的午餐时间。有必要的话也会安排早班中班，一班为8:00—16:00，另一班为16:00—24:00。有时候也会9:00才开始上班。工作时间会根据生产需要灵活安排。

午餐时间到了，白班员工有一个小时的就餐时间。餐厅在一楼，其设施与楼上的现代化风格大相径庭。它看上去更像一个由车库改装的空间，家具简朴，恰如其分。这里并不舒适，就算食物摆在面前也不会让你的心情变好。也许这就是 Inditex 集团高层们的目的。这里也是唯一允许抽烟的地方。

12:30 的时候，第一批员工来了。之后每半个小时都会有一批员工过来。阿曼西奥·奥尔特加通常和姐姐约瑟法一起吃饭，大家都在等他们，但是没人可以担保一定能遇见他们。

套餐有两种：一种 3 欧元，可以在 2 道前菜及 4 道主菜之中进行挑选，还有咖啡、甜点和饮料供应，月薪超过 1 200 欧元的员工支付 3 欧元，月薪不足 1 200 欧元的员工只要支付 20 欧分也可享用。这两种情况下，员工刷一下工牌就可以完成扣费。

更常见的是第二种套餐：前菜是沙拉或奶油汤；主菜是烤火腿、鸡肉或蔬菜通心粉，还有甜点和饮料供应。菜品很多，有红椒牛排、西葫芦鲑鱼盅、蓝纹奶酪牛排、鳕鱼、西班牙冷汤，以及鳄梨配棕榈芯或千层面。每道菜的价格在 3 欧元—7 欧元之间。

第一批劳务纠纷

在阿曼西奥旗下各大公司门口，指责 Inditex 集团剥削奴役劳工的标语和横幅出现得越发频繁。加利西亚 Zara 生产线劳工委员会的代表们认为自己的工作环境没有保障，要求劳动监察部门介入调查，但是没人敢真正启动调查程序。

就连加利西亚的合作制企业也传出抱怨："我们拿到的钱连最低工资都不够发，Inditex 集团必须要与时俱进，重新修订成衣价格。现在的价格竟然还和 11 年前一样。"

事实上，正是作为帝国支柱的劳工们埋下了劳务纷争的伏笔。2003年3月，Inditex集团最大的工厂，位于拉科鲁尼亚省纳龙市里奥德波索工业区的因迪普特公司的雇员们认为，相对于集团其他员工，他们遭到歧视性对待，因此每班工人停工1小时以示抗议。冲突根源在于萨邦工业区的雇员有津贴（考勤奖、鞋袜等），但费罗尔区将近400名雇员却没有。在工龄、工资支付问题上也出现了相同的情况，阿尔泰修的工人可以拿到基本工资的5%作为这部分补贴，到了因迪普特，瞬间下降到3%。工资差异化对待也影响到杰马的员工。杰马童装工厂在20世纪90年代中期是纺织业支柱企业。但是无论是因迪普特，还是杰马的员工，都无法享受拉科鲁尼亚雇员们的班车接送服务。

一位工作人员骑着自行车在萨邦的物流仓库巡视货物。（图源：乔治·洛巴托/《加利西亚之声》）

在里奥德波索工厂发生停工运动的同时，萨拉戈萨物流中心的投入使用也让萨邦工业区老物流中心的员工们惴惴不安，因为他们中的一批人将会被调往新物流中心。Inditex集团对人员调动保持高度缄默，这更加滋生了临时雇员及正式雇员们的不安。部分临时雇员（500名左右）最终申请调岗到萨拉戈萨，但条件是到那里之后他们就得成为正式雇员。

各类媒体上也开始出现Inditex集团员工的个人控诉。翻开《战斗》杂志第140页，可以看到一篇名为《Inditex集团＝劳动剥削》的文章，文章中说："我们对这个怪物太熟悉了，我们知道的现实与新闻、广播、电视里灌输的那些截然不同。强迫工人、滥用权力、野蛮粗暴的生产节奏和无休无止的工作安排（我自己就深受其害，曾连续工作20小时一会儿都没休息），这些都是工业革命时期典型的劳动剥削。检举材料好几年前就堆在法官案头了，但在我为这家公司工作的这么长时间里，从来没看到过任何劳动监察……"

"这些劳务不公激起雇员的强烈不满，他们曾多次示威游行。游行断断续续，没什么连贯性，主要是因为劳工委员会领导下的工委会也时常扮演着负面角色。工委会从未考虑过进行一场严肃的斗争，并且任由斗争毁于自身的懒惰。这种'模范企业'的另一大特点就是临时合同制，就连最近招聘的员工都是临时雇员……"

"任何一个静下心来严肃分析这个纺织帝国的人，都能透过重重烟幕立刻发觉现实与法律背道而驰。例如，加利西亚到处都是地下车间，数千名第三世界的工人饱受剥削。甚至很多情况下都可以说Inditex集团就是一个奴隶主。"

随之而来的是塞维利亚第七劳工法院对 Zara 的判罚。法院指出，塞维利亚生产中心的员工享有周日及法定节假日休假的权利，这是"员工的权利而非义务"。但是 Zara 却通过"大规模操控劳务合同，迫使员工在节假日工作。它这是在违反工会自由、漠视员工集体谈判的权利"。

同样的情况也发生在瑞典，当时第一家瑞典分店开业还不满两个月。2003 年 11 月，斯德哥尔摩贸易工会代表琳达·帕莫索菲向《瑞典日报》透露，部分员工当月加班时长超过一周，但公司拒绝支付补贴。然而，Zara 在斯堪的纳维亚地区的负责人却说："我们严格遵守瑞典劳动法规。"

隐患很早之前就已埋下，现在的这些只是最早出现的症状，如果哪天全面爆发，帝国的根基将会毁于一旦。

财务与运营

如果说阿曼西奥·奥尔特加是 Inditex 这艘巨轮的船长，那么前 20 年里掌控方向、把握经济节奏的总舵手无疑是何塞·玛丽亚·卡斯蒂利亚，在行政方向上把握集团业务的则是胡安·卡洛斯·罗德里格斯·塞夫里安和安东尼奥·阿布里尔。后者精通各类法律，对法院毫无畏惧，因为他的妻子是拉科鲁尼亚的一名法官，能为他提供弥足珍贵的建议。

何塞·玛丽亚·卡斯蒂利亚是拉科鲁尼亚大学经济学教授，也是集团金融航程的第一把手。他曾担任集团总经理，如今是公司的首席执行官。如果把阿曼西奥比作为集团客户提供服装模型设计的设计师，那么卡斯蒂利亚则是规划集团航线的绘图师。两人都不涉及的领域就由阿曼西奥的侄女婿兼集团潜在继承人胡安·卡洛斯·罗德里格斯·塞夫里安负责，他是"总监一切的经理"，员工们甚至认为，是"老板"阿曼西奥在他的脑子里出谋划策。

卡斯蒂利亚和他的小团队负责制定 Inditex 集团的各项战略，他们主要负责的是集团近 20 年来的金融项目战略。集团的直接或间接控股企业有 100 多家，投资范围遍布全球。这也是一种必然。商业经济世界所有的金融项目都会在彼此交叉的平行领域内拓展相关的多元化业务，而卡斯蒂利亚更是深谙此道。

因此，Inditex 集团迈入新纪元之初，在卡斯蒂利亚的及时建议下，阿曼西奥·奥尔特加毫不犹豫地启动了不少与纺织业无关的项目，其中一些已清偿或转卖给第三方机构。它们投资项目风格迥异：房地产和建筑业领域投资的是拉加里加家具公司、果阿投资股份公司及阿贡茶多家具公司；汽车代理商领域投资的是奥迪、大众的代理商阿罗霍公司；马达及电源领域投资的是萨博和保时捷的代理商；摩托方面投资的是三菱的经销商摩托伽股份公司。

Inditex 集团甚至初涉运动领域，投资了拉科鲁尼亚体育俱乐部等运动企业。据俱乐部知情人士透露，巴西球员里瓦尔多的转会运作中也有 Inditex 集团的身影。Inditex 不止一次地向拉科鲁尼亚体育俱乐部伸出过援助之手，给俱乐部提供了高达 80 亿比塞塔的贷款，而这一切都来自胡安·卡洛斯·罗德里格斯·塞夫里安的明智提议。

Inditex 集团在通信业也有所涉足，但只是象征性地投资了一点儿，Antena 3 电视频道就是其中一个。这并不是偶然，之前的那些也都不是，因为在 Inditex 集团所制定的战略里，"偶然"从不存在。西班牙电信集团曾经垄断了西班牙整个电信行业，其前任主席胡安·比利亚隆加曾在 Inditex 集团上过几个月班（他曾是集团的第一批员工）。Inditex 集团的多样性投资甚至涉及航运公司、信托投资公司和房地产行业。如今，全球有超过 100 家公司都打上了 Inditex 集团，或者说阿曼西奥的烙印。这还不包括阿曼西奥的个人投资，因为那将是另一章节的内容了。

银行界的朋友

阿曼西奥·奥尔特加与桑坦德中部美洲银行主席埃米利奥·博坦关系密切，两人经常一起去萨邦工业区附近最正宗的加利西亚餐厅——金鸡大饭店就餐。但在财务上，Inditex 集团与西班牙对外银行走得更近一些。西班牙对外银行掌管着 Inditex 集团大部分的金融及信贷业务。有人说这是因为前拉科鲁尼亚银行（现已被西班牙对外银行吞并）在 Inditex 集团初期为其提供过资金支持。但也有人说是因为卡斯蒂利亚与该银行董事层关系良好，他们中的许多人都是与他一同出游的伙伴。

然而，阿曼西奥不同的朋友们在某些场合也会有交集。对他们来说，在分配公司股市资本这块大"蛋糕"时，阿曼西奥既是最好的朋友，也是最坏的敌人，他并没有厚此薄彼，两家银行拿到的"蛋糕"大小完全一致。在阿曼西奥私人投资领域也是如此，他给两家银行的投资资本一模一样，唯一的区别可能就是投资回报有所不同，但是对大老板来说，这些无足轻重。

尽管阿曼西奥坦言金融业并不是他的天地，但他在这个领域的朋友远不止上文提到的这几位。

在卡斯蒂利亚的英明建议下，西班牙对外银行前雇员弗朗西斯科·吕宋被任命为 Inditex 公司董事。Inditex 集团过快发展的同时也背负了大量的债务，而厘清债务的最好办法莫过于直接把银行的首席执行官们收入囊中，弗朗西斯科·吕宋就非个例了。

所以在关键时刻，卡斯蒂利亚会毫不犹豫地致电胡安·曼努埃尔·乌戈伊蒂，他也是被从西班牙对外银行挖过来的人才。乌戈伊蒂会立即着手，提供必要的服务。在他的操作下，Inditex 集团买下马德里投资公司（控股公司）7% 的股份，这样阿曼西奥就能拿到必要的银行执照，从西班牙美洲中央银行手中买到加利西亚银行 20% 的股份。解决财政危机之后，Inditex 集团对加利西亚银行的股份进行转卖，目前仅仅持有 5% 的股份，这明显是集团对银行所提供的服务的感谢之举。

埃米利奥·博坦还在金鸡大饭店与阿曼西奥一同享用狗爪螺及蜘蛛蟹，但此时西班牙对外银行前主席埃米利奥·亿芭利的继任者们，却要及时应对由卡斯蒂利亚设计的财务平衡戏法。

此后，Inditex 集团与 Finanzia 公司合作，开始涉足信贷业务。当然，不用想就知道，Finanzia 是西班牙对外银行旗下的分支机构。此次联姻的产物就是 Zara 企业认同卡。不仅如此，它们甚至建立起一个三角联盟。1997 年，双方拒绝了德国国际旅游联盟集团（TUI）的合作请求，转而与嘉信力旅运合作，开发 Inditex 集团客户旅游项目。不容忽视的是，阿曼西奥的姐姐约瑟法·奥尔特加·高纳，作为 Inditex 集团 0.55% 的股份持有者，她的身影也在该旅游项目中频繁出现。最后证实，与嘉信力旅运的合作既非巧合，也非心血来潮，因为西班牙对外银行也投资，并直接参与到了这家旅游公司的运作之中。

摩根大通加盟

即便如此，在 20 世纪 90 年代那段艰难的岁月里，集团日益膨胀，债务危机也像雪球一样越滚越大。那时与西班牙对外银行的浓情蜜意不仅不能满足 Inditex 集团，甚至还会给它带来一定的风险。1996 年，阿曼西奥和卡斯蒂利亚不得不敲开摩根大通银行的大门，希望后者发放贷款 50 亿比塞塔，用以维持集团的国际化扩张。摩根大通满足了他们的请求。作为交换，Inditex 接受摩根大通的一位骨干成员入驻集团，成为集团的第三级决策人。

1998 年 3 月，Inditex 集团董事会任命摩根大通纽约办事处的卡洛斯·德克塞乌斯为集团高级董事，负责集团上市相关运作。但是令金融界及商界大吃一惊的是，德克塞乌斯上任仅 6 个月就提交辞呈，转而投奔 Netjuice（一家互联网企业）。

虽然内部流传的解释五花八门、无所不有，但人们更愿意认为是西班牙对外银行，或者说是何塞·玛丽亚·卡斯蒂利亚出手干预，才让卡洛斯·德克塞乌斯匆匆提交辞呈。也有管理人员私底下说德克塞乌斯"一下子看到太多奇怪的事情"，所以决定溜之大吉。但这些都说明，不管是卡斯蒂利亚，还是胡安·卡洛斯·罗德里格斯·塞夫里安，在进行决策及坚守对西班牙对外银行的承诺方面都有点儿力不从心。

1999年3月，为了替换德克塞乌斯，Inditex集团在为数不多的竞选者中挑选了拉科鲁尼亚的经济学家马科斯·洛佩斯。马科斯·洛佩斯当时还不到37岁，是这一领域的专家，巧合的是，他来自西班牙对外银行用户体验中心。

迈出这一步后，Inditex集团再无退路。对于资金持续不断的需求迫使集团不得不走上上市的道路。阿曼西奥对此十分不满，因为为了维持公司股价，他不得不放弃个人及企业的隐私。

股票市场

2001年5月6日，据《世界报》公布，Inditex集团将向公众出售公司总股份的26.09%，其中48.12%向散户出售（3.53%的散股向公司内部员工出售），另外51.88%的股份向投资机构出售。内部员工可以九折购买Inditex集团散股，前提是其持股时间不得少于6个月。

实际上，Inditex集团首次抛售的141 210 000股按照以下几档进行分配——

散户：66 350 000股

西班牙投资机构：18 340 000股

国际投资机构：55 030 000股

集团内部员工：1 490 000股

需要指出的是，为内部员工准备的股份因认购需求不足，有3 490 000股被划分到散户一列。没人解释为什么，但有可能是下面两种原因：其一，员工们不想持有公司股票；其二，考虑到当时集团员工数量众多，达到了24 000人，3.53%的员工预留股其实并不算多，但即便如此，员工收入还是不足以购买股票。

此外，上市还有一个明确的目的：让 Inditex 集团的持续发展不依赖它创始人的生命周期，而是保持一个匀速发展的状态。它的步伐轻盈、势不可当，有时平均每周会有 3 家分店开业。

每股发行价 14.7 欧元，比预期低了 1.34%，此时的 Inditex 集团市值已经超过 1.5 万亿比塞塔。

Inditex 集团的这一举动无异于一枚重磅炸弹。Inditex 集团创造了历史，给上市资本分配的旧理论带来狠狠的一击。一些人惊恐万分，另一些人小心翼翼，但是 Inditex 集团只关心自己的计划及利益。尽管大部分资本都遭遇过市场危机，但是 Inditex 集团的市场反应却十分强劲。在马德里股市，发行当日股价激增 22.4%（发行价为 14.7 欧元，收盘价为 18 欧元）。集团市值由 1.52 万亿比塞塔狂飙至 1.87 万亿比塞塔，一跃成为西班牙市值排名第八的公司。

就连公司上市这么重要的商务活动，阿曼西奥·奥尔特加的反应也是那么与众不同。2001 年 5 月 23 日上午，也就是股票发行当日，他并没有前往马德里证券交易所。当然也没人指望他会去。他的日程和往常一样，没有任何改变。那一天他没有出差，而是在阿尔泰修办公。在金融俱乐部吃完早餐后，他早早地来到总部大楼，像往常一样工作到 11：15。此时员工们紧紧地盯着自己的电脑屏幕，看着马德里证券交易所里发生的一切。阿曼西奥也一样，但他的资讯来源更为广泛。11：30 不到的时候，他和一些亲近的高管一起去了多媒体会议室。在那儿，有很多监视器在重复播放全国及全球各大电视频道的财经新闻，这些新闻都不约而同地谈及 Inditex 集团在股市的初次亮相。

Inditex 集团上市当天，何塞·玛丽亚·卡斯蒂利亚、胡安·卡洛斯·罗德里格斯·塞夫里安及卡洛斯·埃斯皮诺萨·德洛斯·蒙特罗斯在马德里证券交易所的合影。（图源：古尔通出版社）

然而在马德里那边，集团的官方面孔一如既往地是何塞·玛丽亚·卡斯蒂利亚，以及一小批合作人员，"老板"的侄女婿胡安·卡洛斯·罗德里格斯·塞夫里安就是其中一个。Inditex集团在马德里证券交易所打响了第一枪，开始正式出售集团股份。股价的首次变动维持在18.52欧元。卡斯蒂利亚打电话告诉阿曼西奥上市成功。中午12点后，阿曼西奥离开会议室。刚走到总部走廊，一声声恭喜迎面而来。

员工们说这是第一次看见他那么激动。当天早上阿曼西奥还和陪他一起吃饭的银行朋友说，他从未想过现在的一切真的都会发生。在工厂，他吃了管理人员的特供餐饮。第二天，他一如既往地重复着配送员时期就已形成的工作日程：工作10小时—12小时。

多亏了资本市场的运作，阿曼西奥持有的股票市值上升为一万多亿比塞塔。在西班牙股市，他正式成为个人资本最为雄厚的人。

引领集团成功上市的功臣分别是西班牙对外银行、桑坦德中部美洲银行、摩根士丹利添惠银行、施罗德所罗门美邦银行。2001年6月，Inditex集团股票入选西班牙证券交易所甲组，即Ibex 35指数排行榜。大型投资者对于列入排行榜上的股票有一定的偏爱，因此这也帮助Inditex集团敲响了大型投资人的大门。

资产分配

26.09%股权出售前后，Inditex集团的资产变化情况如下图所示：

表 3-1

股权人	IPO 前股份	%	IPO 后股份	%	IPO 所售股份	收入（百万比塞塔）
阿曼西奥·奥尔特加·高纳[1]	465 828 800	75.80	381 596 400	62.09	73 245 566	179 149
罗莎莉雅·梅拉·戈叶娜切娅[2]	87 180 000	14.19	43 590 000	7.09	37 904 348	92 709
多洛雷斯·奥尔特加·雷内多	14 215 200	2.31	7 107 600	1.15	14 215 200	34 769
桑德拉·奥尔特加·梅拉	12 400 000	2.02	0	—	12 400 000	30 329
普利米蒂瓦·奥利韦罗斯·高纳	11 164 800	1.82	5 582 400	0.90	11 164 800	27 308
约瑟法·奥尔特加·佩雷斯	6 467 800	1.05	3 387 800	0.55	6 467 800	15 819
玛塔·奥尔特加·佩雷斯	6 160 000	1.00	0	—	6 160 000	15 067
何塞·玛丽亚·卡斯蒂利亚·里奥斯	3 819 200	0.62	3 572 600	0.58	3 819 200	9 341
胡安·卡洛斯·罗德里格斯·塞夫里安	3 696 200	0.60	3 449 600	0.56	3 696 200	9 040
Inditex 集团 24 位高管[3]	3 621 400	0.59	3 621 400	0.59	—	—
总数	614 553 400	100	451 907 800	73.51	169 073 114	398 464

1. 阿曼西奥·奥尔特加全权持股的加特勒公司（Gartler）拥有 Inditex 集团 59.29% 的股权（369 600 000 股）。阿曼西奥给予 Inditex 集团员工（Inditex）集团 1.98% 的股份，她可以在 2001 年 6 月 23 日到 2003 年 10 月 20 日进行申购。如果她决定申购，阿曼西奥·奥尔特加将从 IPO 后所持股份中出让给她 11 996 400 股，而股份差额将根据她决定申购价当时的股价进行估算，以现金的方式补足，约 473 586 83 欧元。

2. 罗莎莉雅·梅拉·戈叶娜切娅持有 Rosp Corunna 公司 99.9% 的股份，因此罗莎莉雅也是 Inditex 集团董事会的实际代表之一。

3. 2003 年 1 月 8 日，Chase Nominees 有限公司以 5 585 592 欧元的价格收购集团 37 237 277 股，共持有 Inditex 集团 5.974% 的股份。

Inditex 集团首次公开招募前资本的初始分配及向股市投放 26.09% 股份之后的分配结果既不是巧合,也不是阿曼西奥的心血来潮。"心血来潮"这个词根本不可能出现在阿曼西奥的字典里。公司上市后,他仍然掌控大头。为了上市,阿曼西奥不得不抛售手里的部分股份,获得收入 1 791.49 亿比塞塔,但是他手里的股份从未低于 61.22%。从提交给国家证券市场委员会的招股说明书中可以看到,他于 2003 年向第二任妻子出让 Inditex 集团 1.98% 的股份。

股东表上紧随其后的就是他的前妻,罗莎莉雅·梅拉·戈叶娜切娅。尽管她出让部分股票,获得了 927.09 亿比塞塔的收入,但这不并能阻止她通过 Rosp Corunna 公司掌控 Inditex 集团 6.99% 的股份。

接下来是多洛雷斯·奥尔特加·雷内多,她是阿曼西奥的侄女,也就是阿曼西奥哥哥安东尼奥·奥尔特加的长女。她有 347.69 亿比塞塔的进账,同时仍持有集团 1.15% 的股份。

再下面是多洛雷斯·奥尔特加的堂姐,阿曼西奥的长女桑德拉·奥尔特加·梅拉。她进账 303.29 亿比塞塔,但未保留任何股份。

普利米蒂瓦·雷内多·奥利韦罗斯,是安东尼奥·奥尔特加·高纳的遗孀。她进账 273.08 亿比塞塔,保留集团 0.9% 的股份。

阿曼西奥的二姐约瑟法·奥尔特加·高纳,进账 158.19 亿比塞塔,仍持有 0.55% 的股份。阿曼西奥与第二任妻子的唯一的女儿,玛塔·奥尔特加·佩雷斯,进账 150.67 亿比塞塔,和同父异母的姐姐一样,她也没有保留任何股份。两年后,阿曼西奥给第二任妻子转让略超过 1% 的股份,按照血缘关系进行的股份分配到此为止。

安东尼奥·奥尔特加在资产分配前已经去世,但是他的家人(遗孀普利米蒂瓦·雷内多、女儿多洛雷斯·奥尔特加及其丈夫)共进账 711.17 亿比塞塔，并持有 3.59% 的股份，是除了阿曼西奥及其前妻罗莎莉娅的第三大股东。这也被解释为阿曼西奥对哥哥的感激，因为哥哥是 Inditex 集团早期的主要驱动力。

另外两位占股颇多的高管是阿曼西奥·奥尔特加的左膀右臂。何塞·玛丽亚·卡斯蒂利亚·里奥斯入账 93.41 亿比塞塔，仍持有 0.57% 的股份。胡安·卡洛斯·罗德里格斯·塞夫里安，作为多洛雷斯·奥尔特加·雷内多的丈夫及阿曼西奥的侄女婿，他入账 90.4 亿比塞塔，仍持有 0.55% 的股份。除此之外，还有 24 位高管得到了阿曼西奥"恩赐"的股权。另外还有部分股份计划向内部员工出售，但该部分销量不佳，仍有余留。到了 2000 年 7 月（此时距离集团上市还有几个月），阿曼西奥·奥尔特加才开始向内部员工出售股份。他总共拿出 2% 左右的股份，即 12 481 400 股，以如下方式进行发售：

- 集团 24 位高管共 3 621 400 股；
- 何塞·玛丽亚·卡斯蒂利亚·里奥斯 3 572 600 股；
- 胡安·卡洛斯·罗德里格斯·塞夫里安 3 449 600 股；
- 约瑟法·奥尔特加·高纳女士 1 131 200 股；
- Inditex 集团内部员工 706 600 股。

他们以 2.93 欧元 / 股的价格购入相应股份，并且承诺不会再次转让。Inditex 集团所有获得股份的高管，也包括何塞·玛丽亚·卡斯蒂利亚·里奥斯及胡安·卡洛斯·罗德里格斯·塞夫里安，或多或少都以全部或部分的股份作为抵押，向西班牙对外银行借贷，用以购买相应的股权。

不管怎么说，一旦谈及的数额超过 1 万亿比塞塔，想要理解清楚就没那么容易了。这么说吧，波朗科家族持有普里沙集团（世界第三大传媒集团）64.4%的股份，价值约为3 280亿比塞塔，没有阿曼西奥手里的股份值钱；波亭家族掌管着桑坦德中部美洲银行及西班牙洲际银行的股票，价值为2 865多亿比塞塔，也没阿曼西奥手里的股份值钱。

"口红效应"

股市变幻莫测，并不是每天都像在马德里证券中心亮相的那天一样让人顺心如意。即便对Inditex集团而言，上市也不意味着它能在金融及商贸方面一帆风顺。股市的千回百转与管理者的意志无关，其带来的影响却能让他们所做的一切努力化为乌有。

在Inditex集团上市即将两周年之际，它一路飙升的市值第一次出现下跌。2003年3月21日，Inditex集团股价暴跌19.7%，这位加利西亚的纺织业巨头迎来了人生第一个黑色星期五。一时间，萨邦那儿乱了套，警报频频，一时间人人自危。公关部总监迭戈·克帕多竭尽所能，试图平息这场骚乱。为了"中和"复杂的局势，他向国家证券市场委员会报备集团资金充足，在《国家报》星期天增刊上发表文章。2003年5月9日，在集团的努力下，对集团至关重要的新物流中心在萨拉戈萨开业。

分析表明，股价之所以会波动，归根结底还是因为2002年最后一个季度集团销量略有下降，但当时的股市并没有及时发现Inditex集团已现颓势。外界一致认为Inditex集团所谓的"口红效应"自此终结。"口红效应"指的是在经济减速衰败的情况下，某些时尚公司或奢侈品公司销量增长的现象。此前，无论股市及消费市场如何波动，Inditex集团都不受波及，依然屹立不倒，这也解释了为什么它总比行业内其他公司的股价高。

但那天之后，市场对它的看法发生了改变。虽然 Inditex 集团公布的业绩还算令人满意，但是对操控股市的人来说，这个数据还不够好。随后它的股价跌到 18.4 欧元，降到近 6 个月来的最低点。

同时，美林、高盛、瑞银华宝和摩根士丹利的分析师也建议下调 Inditex 集团股价。事实是，Inditex 集团 2002 年整个财务年度股东应得溢利增加 28.7%，为 4.3809 亿欧元。而其在股市实际盈利 4.55 亿欧元，也就是说，上涨约 30%。这么细小的差距，就能让投资人决定狠狠惩罚 Inditex 集团吗（股价下跌约 20%）？

Safei 的分析师安东尼奥·卡斯特尔说，这是"由微小颓势带来的价格调整"。在他看来，Inditex 集团的数据很不错，但这也是它第一次交出不那么令人满意的答卷。实际上，让专家们警醒的不仅仅是 Inditex 集团 2002 年的年终财报，更是其在最后一个季度经济发展方面的差劲表现，尤其是其销售额和总营业利润发展集体放缓（税息折旧和摊销前利润税息折旧及摊销前利润）。

与之前 25% 左右的增长率相比，最后一个季度的营业额只增长了 15%。而且，公司也减缓了资金赎回速度，分析师们认为 Inditex 集团新店开设的步伐也会因此放缓。

他们的担忧很快成为现实，Inditex 集团首次放缓了奥依修（Oysho）扩张的脚步。作为 Inditex 集团的品牌先驱之一，它主要的经营业务是女士内衣。官方说法是，此举是"为了给新业务让路"。仿佛为了印证这个说法一样，2003 年年底，Inditex 集团推出名为"Zara Home"的新品牌线，旨在覆盖居家饰品领域。

每次需要解释为何最后一季度会出现增长放缓时，Inditex 集团都会说是因为"2002 年圣诞节的前两周销售萎靡不振；而且在 2002

年的财政年度的最后两个月,委内瑞拉举行大规模罢工,23家店铺关门"。然而,解释Inditex集团的股价为何剧烈动荡时,专家们提出了更多的见解。

Ibersecurities(西班牙某公司)的分析师伊格纳西奥·查孔说,很久之前他就建议抛售Inditex集团的股票,因为在整个市场表现不佳的情况下,Inditex集团的数据表现尤为亮眼,以至于开始透支股价未来的增长空间。

Ibersecurities坚持认为当初考虑公司合理市值时,许多风险因素都被排除在外。比如说,欧洲人口金字塔结构正在发展变化;接近峰值的营业毛利也存在被压缩的风险。

无论口红效应削弱与否,这都只是Inditex集团的小小失误而已,所有迹象都在表明"神奇的Inditex集团"依然屹立不倒。实际上,专家们也指出,Inditex集团手里还有创新的商业模式、快速响应客户瞬息万变的需求的能力及实惠的价格等王牌,因此市场表现无往不利。

2003年9月,Inditex集团中期业绩表现不佳,股市危机再现。尽管Inditex集团销售额以超过20%的速度在增长,但是由于毛利润降低,总体利润仍呈下滑趋势。股市对此反应激烈,当日股价下跌15%。

在位于拉科鲁尼亚的Inditex集团总部里,又一次警铃大作。这次导致股价大跌的因素不仅仅是Inditex集团不佳的市场表现。几天前,阿曼西奥的侄女婿胡安·卡洛斯·罗德里格斯下令出售50多万股库存股,投资人对此十分不满。阿曼西奥第一次严厉斥责他信赖的高管们,并建议他们在财报或者类似文件公布的45天内,不要在股市上进行任何操作。阿曼西奥说:"如果不遵守的话,你们就自己承担后果。"

阿曼西奥的前妻、集团的第二大股东罗莎莉雅·梅拉对此十分重视，多次在公开场合表示担忧不已。她在《零号电台》说："市场不会管这个公司是不是长期以来发展势头良好，比如我们这样的公司，它只会奖赏你、惩罚你、要求你出面解释、要求你的表现符合它的预期，这真的太不可思议了。"她还补充道："在股市，人们的兴趣点在公司命运之外。"

面对股市上的挫折，Inditex集团从来都是有备无患。阿曼西奥·奥尔特加承诺，在2001年—2006年的这5年里，Inditex集团会保持超过20%的年均增长速度。但众所周知的是，不管阿曼西奥或卡斯蒂利亚把集团工作做得多么有声有色，他们都无法真正控制资本市场。许多人开始怀疑阿曼西奥的承诺是否真的能维持到底。

2010年12月31日，Inditex集团的资本总额为93 499 560.00欧元，分为623 330 400股，其中创始人阿曼西奥持有59.294%的股份。

不动产与物流

尽管Inditex集团在总部大厦及其他生产线总部都有不动产投资，但是其资产扩张的核心举措还是购买地皮，开设新店。

门店是Inditex集团生产线的最后一棒，也是集团业务的主营点。在这里，客户与产品相遇，他们的意见对于车间生产周期的调整至关重要。因此，Inditex集团分店经理的职责远不只是普通经理那么简单。他要负责产品（供应及重新上架）、员工管理、店铺运营及形象维护等工作，还要在店铺管理部门的监督下，统一店铺风格，在一些比较粗泛的概念下，他可以因地制宜、灵活应对，做出一些细微的变动。

此外，他还需要向总部传达顾客对产品的意见，更重要的是，他要根据这些客户反馈的信息，将未来时尚潮流的信息带给总部。

相关业务由费尔南多·马丁内斯领导的部门进行管理。费尔南多·马丁内斯是集团不动产总监，不仅要负责集团的不动产（这是集团最主要的几项资产之一），还需要负责为各大连锁门店挑选合适的营业地点。在 Inditex 集团已经进军或者将要进军的国家，该部门的工作人员经常去不同城市及不同商业区实地考察，以此挑选在位置、质量、商业前景、投资估值等方面均能实现利益最大化的地点。

费尔南多·马丁内斯团队在挑选营业地点时主要会考虑以下三个因素：地理位置、所有权归属（自有资产或租赁资产）及成本。

地理位置及面积大小适宜是挑选营业地点的主要标准。Zara 连锁店的目标面积为 1 200 平方米，但是如果已经确定在某处开设分店，也可以因地制宜，灵活选择面积大小。如果实在满足不了 Zara 的需求（经常会出现这样的情况），而地理位置又十分优越的话，那么也可以在该处设立 Inditex 集团其他品牌线的分店。

对费尔南多·马丁内斯团队来说，不动产所有权的归属也至关重要。尽管考虑到时机及地理位置等因素，大部分门店仍以租赁为主，但也有很多店铺直接归 Inditex 集团所有，这也是 Inditex 集团近些年来在不断巩固的投资模式。毕竟，无论最终是否拥有该地段的所有权，Inditex 集团的目的始终都是获取最优地理位置。如果该地段满足上面所有条件，什么价格都不成问题。

据官方摘要记录，Inditex 集团在选择新店营业地点时会遵从以下模式：准备进军的国家要有类似市场，准入门槛要低，要有一定程度的经济发展水平。因此，Inditex 集团一开始会研究该国宏观经济数据、未来人口趋势，以及在该国开店可能会遇到的一切法律问题。这些评估完成后，相关部门会对特定地点的客户、竞争态势、资产配置及价格进行微观经济分析。

在 Inditex 集团内部，这种不动产及商业扩张被称为"油渍"。这是一个循序渐进的过程：在某个国家先开一家门店作为试点，以获得特定市场的客户喜好、购买习惯、不动产市场状况等比较直观的信息。一旦有了这方面的经验，找到打入市场的最佳武器之后，Inditex 集团开始其扩张行动，在全国各地广设门店。因为对潜在用户而言，Zara 的知名度最高，因此它往往是集团扩张的领头羊。市场逐渐成熟后，Inditex 集团的其他生产线接踵而至。

与销售模式一样，Inditex 集团扩张模式的选择也非常灵活。根据每个国家的不同特点，Inditex 集团可以选择开设子公司或是发放特许经营权，甚至可以建立合资企业来进行扩张。但是，在风险低、潜力高、时尚嗅觉灵敏的国家，Inditex 集团更倾向开设子公司，发展拥有自主产权的门店。

小国家通常时尚敏锐度低、风险高，不适合进行直接投资，所以 Inditex 集团一般会选择发放特许经营权。最典型的就是中东国家。

最后，有些国家市场规模很大，在时尚界举足轻重，但是有行业或不动产壁垒，这时就需要合资企业出马。与当地企业的合作能让 Inditex 集团增长知识及经验，有利于实现其市场本土化进程。最显著的案例莫过于与德国奥托集团及日本比其集团的合作。

物流

Inditex 集团门店大获成功的关键在于物流及配送机构的惊人运

作。只要客户有需求，门店就能在合适的时机准时备齐所需货物。有好几个公司负责Inditex集团的物流运作，其中最主要的就是洛雷娜·阿尔巴公司。

集团最主要的分销中心位于阿尔泰修（拉科鲁尼亚）①，当然，2003年设立的萨拉戈萨物流中心也与之不相上下。它们是Inditex集团接收与分销的核心区域。除了直接从埃尔切发出的鞋类及由各个供应商负责分销的美容产品，那些运往世界各地门店的货物，无论是集团工厂生产的，还是委托给第三世界国家生产的，大多从这里发出。

Zara物流股份公司是Inditex集团最大的配送中心，在编员工将近1 000名，临时工数量也在不断增长。工作强度大的时候，在编员工甚至有1 400名。出于战略原因，Inditex集团在阿根廷、墨西哥和巴西也有一些小规模的配送中心。

各大物流中心以每周两次的频率把货物运往世界各地。80%的出货量通过陆路运输完成，由集团外部的卡车公司运作；另外的20%通过航空运输完成，主要从圣地亚哥德孔波斯特拉机场、萨拉戈萨机场和波尔图机场发出。因为有两个主要的物流商分别与波尔图机场合作，所以波尔图机场的收费更低，但为了避免供货紊乱，Inditex集团并未与该机场签订独家代理合约。

旺季的时候，仅仅在拉科鲁尼亚物流中心，每周的进出货量就达到250万件左右，其中折叠包装好的服饰占65%，挂着的成衣占35%。

Inditex集团的平均库存量为600万—1 000万件，相较于服装流动量，这个数字不足为道。根据库存服装，Inditex集团能决定该

---

① 阿尔泰修市属于拉科鲁尼亚省。本书其他这样的格式都是此意。

143

服饰通过卡车、轮船及飞机运输到世界上所有有 Inditex 业务的地方。（图源：乔治·洛巴托 /《加利西亚之声》）

向门店发哪些货，门店也能在每周两次的补货期决定该下哪些订单。外部供应商的供货量由精细的程序控制，这样不仅能确保每周推出新品，而且能维持门店及物流中心的库存水平。

活动季的库存商品往往在前 1 个—3 个月就已经开始制作，这样当活动季开始时，Inditex 集团就有足够的供货量可以发往各个商店。比如说，从第三方购买的商品，在活动季开始时，平均库存时间是 37 天，而在活动季高峰期，平均库存时间不高于 15 天。

Inditex 集团的物流系统可以在接收到订单的 24 小时—36 小时内，把货物发送到欧洲门店；一般来说，在美国、中东和亚洲的门店，这一过程维持在 24 小时—48 小时以内（特殊情况除外）。这是因为 Inditex 集团内部研发的计算机程序在管理这个高效的物流系统，该程序既能确保 Inditex 集团仓库向门店的配送不会因为任何特殊事件而受到影响，也能确保配送过程中不会出现任何掉链子的现象。

第四章
崛起的背后

CAPÍTULO IV. LAS ENTRETELAS DE INDITEX

集团商业活动

据 Inditex 集团向西班牙国家证券市场委员会提供的官方资料，Inditex 集团及其子公司或下属投资公司的主要商业活动包含：设计、生产、配送、服装销售（男装、女装、童装）、鞋类（男鞋、女鞋、童鞋）及其配件，以及化妆品和皮革制品。此外，集团旗下的部分公司还涉猎其他商业活动，例如建筑业和房地产业，目的在于使集团的商业产业链更加完整。

事实上 Inditex 集团才成立不久，1985 年 6 月 12 日，在拉科鲁尼亚的公证员堂·何塞·约尔迪·德·加利加尔德的公证下注册成为贸易公司，公证号为1301，登记记录被记载在拉科鲁尼亚工商注册簿第三部（第38版）的第428册，第227卷，第2 416页上，办公地点在拉科鲁尼亚阿尔泰修议会大街Inditex集团大厦。

Inditex集团为股份有限公司，采用《西班牙通用会计制度》。

集团的市值为93 499 560欧元，共可分为623 330 400只股，根据账面记录每股面值为0.15欧元；证券结算股份有限公司负责记录该集团与股份相关的数据，据这家公司的记录，Inditex集团的股本已全额认缴。

到了2003年，Inditex已经成为全球时尚巨头，旗下的连锁品牌包括：Zara、普安倍尔（Pull & Bear）、玛西莫·都蒂（Massimo Dutti）、巴适卡（Bershka）、斯特拉迪瓦里（Stradivarius）、孩童乐园（Kiddy's Class）、奥依修（Oysho），以及Zara居家（Zara Home）。这些连锁店分管不同的业务领域。截至2002年年末，Inditex集团已经在46个国家拥有了共计1 567家店面，其中约85%采用的是自主经营的模式，另外约15%则为加盟店或是合资企业。

Inditex集团的企业宗旨被收录在公司章程的第二条中，内容如下：

1. 本公司的企业经营宗旨和范围包括以下几个方面。

（a）承包各类纺织原料、丝料、面料、织品、成品服饰、成品居家用品及上述所有产品的配套产品，包括化妆品及皮革制品在内的生产和销售的所有环节，以及这些货品的进出口、批发和零售环节。

（b）以购置其他股份有限公司或是有限责任公司有偿或无偿的证券和股份的形式，或者以购置其他本国企业或是外资企业的具有法律形式的所有权份额的形式，入股其他民事或商业的企业或机构。

（c）经营、管理、操作上述的股票或份额股票，并负责股票及份额股票的转让、出售、兑换业务，或是执行股票业务中涉及的其他形式的法律行为。

（d）以能顺利执行手动、机械、电子、信息，或是其他任何形式的操作过程为目标，提供一切与经营、管理及拓展企业相关的服务。例如，保管财政记录、编制客户名单、制作工资单、制作各类收据、开账单，以及其他一些类似的事务。

（e）起草、制订、执行各项研究和计划，以及制订一系列工业和商业设计方案；为此类计划及活动提供指导、技术援助、技术转让、销售、监控及管理。

（f）命名、开发和转让各式各样的设计及企业所有权。

（g）购入和转让其他企业各种形式的动产、不动产、权益、股票配额、股票或份额股票；在那些有关于创建企业宗旨的财产和股权的买卖问题上，甚至可参与这些企业章程的制定。

2. 借助目标一致或者目标类似的企业的股票或份额股票的所有权，或是借助法律允许范围内的任何其他形式，（企业自身）以直接或间接的方式开发蕴含企业宗旨的企业活动。

Zara 与英格列斯百货

阿曼西奥一向敬重和赞赏英格列斯百货这个竞争对手，但是他从未想过直接面对这个西班牙经销业"巨兽"，或是向其发起挑战。这种情况一直延续到 2003 年。

Inditex 集团的"你（指顾客）就是我们的伊西多罗·阿尔瓦雷

斯（英格列斯百货前总裁）"的商业策略受到了广大消费者的热烈追捧，由此Inditex集团和英格列斯百货展开了一场没有硝烟的战争。正是"企业声誉"这个极其普通的概念引发了这场商业战争，而在这个概念中，顾客和媒体掌握着最终的话语权。就这样，在2002年，Inditex集团有史以来第一次追上了行业领军者英格列斯百货的脚步。

西班牙企业声誉检测公司将这一事件记录了下来。这家公司在西班牙所有的企业主中评选出了西班牙最具声望、企业形象最佳的50家公司。在2002年发布的企业声誉检测指数排行榜中，Inditex集团成为当年当之无愧的黑马，它以同比90.7%的增长速度从之前的第五名一下蹿升到了第二名，仅落后于位列第一名的英格列斯百货。

西班牙第一任首相马里亚诺·拉霍伊（时任西班牙首相）在参观Inditex集团萨邦总部时与阿曼西奥的合影。（图源：科帕/《加利西亚之声》）

第四章 崛起的背后

何塞·路易斯·罗德里格斯·萨帕特罗（西班牙前首相）同样随阿曼西奥·埃米利奥·佩雷斯·托乌里诺及何塞·玛丽亚·卡斯蒂利亚参观了 Inditex 集团位于萨邦的总部。（图源：凯撒·基昂/《加利西亚之声》）

加利西亚民族集团领导人曼努埃尔·贝伊拉斯在阿曼西奥和何塞·玛丽亚·卡斯蒂利亚的陪同下参观 Inditex 集团位于萨邦的总部。（图源：乔治·洛巴托/《加利西亚之声》）

何塞普·皮克在担任科技部部长期间，也曾参观过 Inditex 集团位于萨邦的总部。（图源：凯撒·基昂/《加利西亚之声》）

与此同时，前两年一直占据该排行榜第二名的西班牙毕尔巴鄂比斯开银行落到了第五名。Villafañe & Asociados 咨询有限责任公司的总经理爱德华多·莫雷诺对于这种排名的变动评论道：英格列斯百货名次一直没有波动的原因在于它的企业口碑十分稳固，已没有过多的增长空间。然而正如企业声誉检测指数报告中指出的那样，西班牙领导人们对 Inditex 集团这种积极开拓国际市场和勇于承担社会责任的行为大为赞赏。

　　莫雷诺将 Inditex 集团的成功归功于它的名望、实力以及在经济危机时期良好的股市表现。"2002 年，Inditex 集团的股票上升了 267 个点，其中 93 个点来源于西班牙的领导人的支持。"此外，他还指出，"Inditex 集团在国际市场上的扩张使它成为整个纺织行业中的领军人物，另外，去年它还曾动员那些大型企业参与联合国发起的'全球契约'计划，一起加入保障人权的行列中去。"

　　另一个使阿曼西奥·奥尔特加开创的集团更加辉煌的原因在于：它在社会理事会中表现活跃。该组织拥有来自各方非政府组织的代表，负责维护工人在这些企业、在各国工厂的权益。莫雷诺补充道："综上所述，Inditex 集团的国际形象及其极具道德感、责任感的经营模式正是它以迅雷不及掩耳之势取得成功的关键。"

　　然而，对阿曼西奥来说，这一切仅仅只是一个开始。2003 年春天，时尚连锁品牌 Zara 推出了一项试行计划，借此来扩大市场，吸引 40 岁以上的消费群体，以改善一直以来主打的青少年市场饱和的状况。

　　他们这么做的目的并不在于和其他主攻中高端购买力消费群体的企业——如英格列斯百货或是凯特菲尔集团——进行竞争，只不过是由于 Inditex 集团认为 46 码是最适合该消费群体的码数，仅此而已。据爱斯特尔·乌里沃尔（英格列斯百货公关部负责人）在日报《五日》中所述，Inditex 集团为了做出决策，"已经开始重视人口金字塔的演变，尤其是欧洲人口结构的变化，因为欧洲是它扩张计划的核心地带"。

因此，Inditex 集团在开创了童装连锁品牌——孩童乐园和男装连锁品牌——欧芬（Often），发展居家产品和女士内衣的连锁品牌——Zara 居家和奥依修之后，该集团没有覆盖的消费人群就只剩 40 岁以上的女性群体了，这一女性群体不仅具有更强大的购买力，并且在青年时代也曾是 Inditex 的顾客。

这一消费群体，恰恰也是英格列斯百货或是凯特菲尔集团的主要目标人群。为了吸引这一消费群体，Inditex 集团才会在 2002 年—2003 年推行上述的试行计划。Zara 开始为那些更易受这类消费群体青睐的衣服款式推出更多可供选择的尺寸。

据 Inditex 集团公关部总监迭戈·克帕多所述："这是一条与以往不同的生产线，旨在开拓一个更广阔的消费群体。"截至目前，在多个连锁店中最畅销的尺码是 38 码和 40 码，当然了，具体店铺的畅销尺码还得由所在市场状况决定。因此，在北欧的商铺出售的衣服尺寸总是大于在西班牙销售的衣服尺寸；相反，在日本，那些最畅销的尺码自然是那些小号的。

不管怎么说，自从 Inditex 集团宣布要开始为 40 岁以上的女性消费群体设计服饰，迎合她们现在的口味和需求以后，该集团的目标就已不仅仅是留住从 20 年前就主攻的消费群体，同时还在于吸引 40 岁以上的消费人群。

这一消费群体是目前最具增长潜力的市场群体,因为根据人口结构的演变趋势,在20世纪60年代的婴儿出生潮时降生的婴儿们进行21世纪就已进入了这样一个年龄段(40岁以上),Inditex集团已将目光锁定了她们。

另一个该集团重点考虑的因素就是这类消费群体对现有服装类别感到不满。据多个市场研究报告,那些时髦的女性——其中绝大多数住在城市,有自己的事业——尽管年纪已经在那儿了,但她们依旧感觉自己年轻,充满活力,她们渴望能在那些年轻化衣服中找到适合自己的尺码来满足她们新的需求。

时尚变化的趋势日新月异,正是由于这样,Inditex集团能感受到这类消费群体对不断加快服饰更新换代速度的诉求,这正是她们的特点。他们一直牢记:这是一群具有高品位的消费人群。

对于阿曼西奥来说,从公众舆论入手转向实实在在和英格列斯百货进行较量只是时间和机遇的问题。来自阿斯图里亚斯自治区的英格列斯百货总裁——伊西多罗·阿尔瓦雷斯,一直视公司选址为其领导的商业帝国的重中之重,他将公司地址选在马德里公主街的一个街角,而在这条街的另一个街角便坐落着Zara和Zara的附属品牌Zara居家。一场无声的较量一触即发。据Inditex集团方面的消息,这场较量随着英格列斯百货旗下品牌斯菲拉(Sfera)的成立而正式开始,这一举措显而易见是为了和Zara争夺青少年市场。从销售数额来说,形势是有利于Inditex集团旗下的公司的:Zara在青少年市场中占5%的市场份额,而斯菲拉的负责人定的目标也不过是3%。同样,从产品线来说,也是有利于奥尔特加一方的:斯菲拉一年只打算发布8次新品,而Inditex集团每隔3周便上新一次。

这场角逐的结果便是：双方相互借鉴，取长补短。斯菲拉复制到了 Zara 最好的一面，而 Zara 也成功复制了对方成功的关键：多样化。然而这场角逐的决胜要旨就是：谁先退缩谁便是输家。

英格列斯百货的反击同样也是出人意料的。2003 年 11 月，英格列斯百货宣布在加利西亚大区的维戈市开建当地第一家斯菲拉门店，之后又宣布，要在圣地亚哥和拉科鲁尼亚也铺设斯菲拉店面。英格列斯百货决定在 Inditex 集团的大本营打一场反击战。这场角逐还在继续。

雨后春笋般的连锁店

Inditex 集团的发展越发势不可当，真的堪称日新月异。它始终坚持着它的三大发展方针：增加单店销量、开辟新门店、开发其他尚未涉及的产业来支持现有产业，实现扩大目标客户群的目的。

自从 Inditex 集团开始进行产业扩张以来，它就不仅仅专注于其主产业链 Zara 的发展了，同时还推出了针对不同消费人群的其他品牌。比如说，玛西莫·都蒂和普安倍尔这两个品牌即是对主打童装的孩童乐园或是说主攻年轻男性消费群体的欧芬的一种补充完善。普安倍尔由欧芬演化而来，这个品牌的衣服不仅针对男性消费者，同时也针对女性消费者。此外，玛西莫·都蒂和普安倍尔这两个品牌还销售鞋袜、配饰和泳装。

在童装方面，人们花的钱越来越多，因而，虽然欧洲国家出生率在下降，但市场状况也正在改善，前景很广阔。然而，Inditex 集团主攻的消费群体是年轻女性，这是一条从 Zara 创建时起就一直坚持的路线，如今，Inditex 集团又开创了另外两个具有强大竞争力的西班牙本土品牌：巴适卡和斯特拉迪瓦里。这两个品牌针对的消费群体都是 15 岁至 25 岁的年轻群体，彼此之间相互竞争。

为了完善产业链，Inditex 集团又开辟了另一条和纺织业相关的产业链，同时这条产业链也并未偏离时装的范畴，比如说，家居用品及其配套的装饰品。2003 年开创的 Zara 居家和 2008 年开创的舞德格就是例子，作为 Inditex 集团的附属产业，它们销售的产品包括：家居用品、书籍、化妆品等。

Inditex 集团的销售网通过 Zara、普安倍尔、玛西莫·都蒂、巴适卡、斯特拉迪瓦里、奥依修、Zara 居家和舞德格这八大连锁店销往世界各地。如今还加上了网上销售，于是这些品牌的销售范围越来越广了。

这八个品牌提供的商品各不相同，目标群体也不尽相同，它们通常根据年龄来划分这些目标群体。Inditex 集团一直秉承着这样的经营理念，但也并不是绝对的，因为如今也有可能出现这样的情况：一些商店供应的商品来自不同产业链的交叉商品（由于不同产业链有可能会生产出同样的商品，因此不同的商店可能会销售同样的商品）。

然而，将这八个品牌汇聚到一起的是不属于任何一个产业链的第九品牌，它对消费者具有巨大的吸引力。这个品牌便是福泰斯（Lefties），Inditex 集团通过这个品牌将卖剩的过季服装和瑕疵品以低廉的价格进行销售。该品牌主要是销售 Zara 的衣服，但在这个品牌中也可以找到 Inditex 集团旗下其他品牌的衣服，同时它还销售这些品牌的附属品：鞋子、皮带、女士提包，甚至是化妆品或是香水。在大减价中，由于这个品牌的商品的价格可能会下调 90% 以上，所以它的商品是所有连锁店中最受欢迎的。

Zara，Inditex 的旗舰品牌

Zara 的第一家店铺于 1975 年在拉科鲁尼亚开业。阿曼西奥·奥尔特加起初想将它命名为 Zorba，但是他发现这个品牌已经被注册过了，于是才选用 Zara 这个之后广为流传的名字。它的总部设在了拉科鲁尼亚的阿尔泰修。自开创以来，它的主营商品便是男装、女装和童装。起初，这些衣服主要都是由该集团自己的工厂进行生产的。慢慢地，由于外部供应商、车间、合作社和第三国家提供的商品融入，这个品牌的产品种类越来越多。

据该产业链的网站所述，Zara 的商业定位主要是提供中等质量、中低档价格的最新时髦产品。Zara 有着广泛的目标受众群体，它销售男装、女装及童装，它的顾客小到刚出生的婴儿，大到穿 44 码衣服的大人。在未来的几年里，它的目标群体还将扩大。它经营战略的特点在于不断进行产品更新，数量会根据款式需求量而定。它的另一个战略特点则是每间店铺商品更新的数量都是恒定的。

根据 Zara 提供的信息，在 Zara，产品设计的孕育过程和公众紧密相关。我们的门店将会把顾客的喜好和需求传达给我们拥有两百多名专业人士的创作团队。

Zara 在 Inditex 集团一直秉持着这样的经营方针："紧跟社会脚步，追逐流行理念、趋势及喜好。因此，它在不同人群、文化及时代中都取得了成功。差异诚然存在，但是它们之间共有那一份独特

的时尚品位却一直存在。"

为了践行这一计划，Zara 创建了一个完整的产业结构。因此，它涵盖了整个时装商品化的所有周期：设计、供应、生产、物流及销售管理。

Zara 的商品到底怎样的呢？据它的负责人所述，Zara 的产品中有 60% 是固定款，这些固定款式是他们公司自产的，在 Inditex 集团这些衣服被称作"基础款"，即永不过时的款式，另外 40% 的产品则被称作"流行款"，可能每两周就会更换一次，它们仅会在当下热度最高的时候被推出，这 1 500 件时装款式中的绝大多数只会在市场上存在一年。从客户的角度而言，这也正是这种经营模式成功的关键。

对于 Zara 和 Inditex 集团来说，它们的门面就是它们的店铺，而对于其他 Inditex 集团旗下的连锁品牌来说，它们的门面则是其真正的品牌形象。这些店铺的第一代员工说，刚开业的时候，店里卖的都是一些廉价的衣服，并且并非所有的衣服都制作精良，这是事实。然后他们会将这些衣服放入绚丽夺目的主题橱窗，这些橱窗的精美程度足以与国内外最好品牌的橱窗相媲美，他们还会为这些衣服小心翼翼地贴上 Zara 的标签。

Zara 的门店都很宽敞舒适，每一个细节都经过了位于阿尔泰修（拉科鲁尼亚）的专用门店实验室精心设计。最近，一些门店还为顾客开设了男女皆宜的理发店、按摩中心或是其他相关的附属产业。马德里一家门店的负责人说："这种看似十分混乱的组合其实是经过我们精心排列的，从总部到我们这儿的所有人都参与其中。"如果一个人在一座大城市的任意一条街上停留个几分钟，很快他便会察觉

Inditex 集团是否在这边开设了店铺。正如该集团公关部负责人所说的那样，这叫作"Zara 的一代"。

截至 2011 年 1 月，Zara 已经在 79 个国家和地区有自己的门店，算上童装店（Zara Kids），总共开设了 1 518 家店。这两者的门店中的 87% 采取自营模式，剩余 13% 则是特许加盟店。2010 年年底，Zara 的营业额为 80.88 亿欧元，占整个集团总营业额的 64%。

网店

2010 年 9 月 2 日，Zara 在那些潜在客户的住所中"开设"了店铺。

这是 Zara 在巴林的门店，世界各地都遍布着这样的 Zara 门店。（图源：乔治·洛巴托／《加利西亚之声》）

拉科鲁尼亚多特雷里奥街的 Zara 门店是阿曼西奥最偏爱的店铺，他的第二任妻子弗洛拉·佩雷斯曾在此工作，他俩就是在这家店相识的。（图源：乔治·洛巴托/《加利西亚之声》）

如果考虑到为了增加竞争力才采取这一措施，再看看它的运营范围与影响范围，它似乎是一项荒谬的投资。

  这算得上是一次创新之举，并且在社会上引起了巨大反响，在网站刚投入使用的那几天甚至差点儿面临网页瘫痪的局面。然而事实上，Inditex 集团在电子商务方面并不是新手。自 2007 年以来，该集团旗下的家居品牌 Zara 居家就开始在 15 个欧洲国家进行线上销售。Zara 是该集团第二个开始这么做的品牌，而且 Inditex 集团计划在接下来的几年为旗下其他品牌也开设网店。截至 2011 年 2 月，Zara 的网店的服务范围已覆盖西班牙、德国、法国、意大利、葡萄牙和英国，这些国家为 Inditex 集团增加近 40% 的收入。2017 年该集团计划将其网店业务拓宽到美国、日本和韩国。

所有在这些网店中销售的商品价格均和实体店保持一致，顾客可通过计算机和移动电子设备在其网页进行购买，最常见的支付方式则是通过信用卡进行在线支付。

在网店进行购买的顾客可以选择去门店自主提货，这是完全免费的，或者也可以选择送货上门，费用一般是 3.95 欧元，如果选择发急件，那么费用则是 5.95 欧元。此外还有若干选项，比如顾客可以选择平邮送货上门模式，也可以选择使用快递，在 48 小时内便可收到货物。无论什么情形，产品在被运送过程中都会使用特别设计的环保包装，以保证产品在到达目的地的时候能保持最初的状态。

网店的退换货政策和门店一样，在购买货物的 30 天内，可以选择上门取货或者直接去门店自行退换的方式，这项服务一直以来都是免费的。

那些在 www.zara.com 上进行购物的用户还可以拨打免费的客服电话，Zara 在上述的每个国家都有自己的免费客服电话，同样，客户可以通过发送电子邮件来沟通细节，解决与网上销售有关的疑问或问题。

此外，消费者还可以通过在线聊天服务在工作时间内与之取得联系，借此来解开一切疑问，甚至是直接在此获取所感兴趣的商品的网页链接。

该网站还提供大量的产品图片或视频，借助这些活动照片、lookbooks（国外潮人街拍网站）、视频等，顾客可以全方位欣赏到该品牌的一系列产品。此外这些图片和视频还可以在各个社交平台上共享。网络用户还可申请定时推送信息，这样一来，他们便可以及时知晓最新的时装新品和时尚趋势。

普安倍尔，闲暇时光伴侣

普安倍尔（Pull & Bear）由 Inditex 集团于 1991 年创立，总部位于阿尔泰修市。2001 年，它的总部迁至纳龙市的波利郭诺·多·里奥·波佐（拉科鲁尼亚省）。据它的总负责人——巴勃罗·德尔·巴多所述，创建普安倍尔是由于当年 Inditex 集团意识到"西班牙市场缺乏专为年轻男性设计，提供中低价格的基础服饰和时装的品牌"。普安倍尔的市场目标在于为青少年提供一系列适于户外的运动服和休闲装。

据官方定义，普安倍尔的品牌线路旨在吸引"14 岁至 25 岁的新一代的城市青年"。该品牌倡导的街头文化是这个品牌的组成部分，它的产品创作完全源于生活：新潮技术、另类运动，甚至那些最新的流行音乐和艺术都可能是灵感来源。

虽然刚开始的时候，普安倍尔专做男装，但是在 1998 年，它开始销售女装，女装的价格维持在中低档。尽管它的设计风格是规划好的，但事实上不同于 Zara，这个品牌并没有属于自己的生产线，它的男装生产线中的各个重要环节都是交给它在亚洲国家的供应商完成，而它的女装生产则有很大一部分是由欧洲的供应商完成的，主要是西班牙供应商和葡萄牙供应商。

普安倍尔有自己的配送中心，但是它的产品配送是通过承包给外部公司的卡车进行运输的，还有一小部分是通过空运运送到门店的。

截至2011年1月，普安倍尔已经在48个国家和地区拥有共计682家门店了，这其中87%的门店是自主经营，剩下13%是特许加盟店。它的营业额达20.108 7亿欧元，占整个集团销售额的6.9%。

在普安倍尔的光环下，2003年欧芬在西班牙和葡萄牙的多个大城市中开始了自主经营。这个新开创的品牌是由Inditex集团旗下最受欢迎的品牌之一的普安倍尔领导、经营，并由其设计团队推出的。

据Inditex集团的官方描述，欧芬的目标消费群体锁定在20岁至45岁，追求高质量、时尚、多样性的全新基础款，同样也追求高性价比的爱好旅行的男性。另外，Inditex集团试图通过欧芬这个品牌来吸引更为成熟、但对这类衣服也抱有兴趣的消费群体，这个品牌销售的商品包括：鞋袜、配饰、泳装和家具用品。

欧芬所追求的目标在于通过拓宽产品的风格——可以是为户外活动设计的运动装，也可以是时尚的都市装——提高基础款的舒适性和多样性。所有的这些风格上的扩展都由它的鞋袜、配饰、家居用品和泳衣产业链来支持。

据欧芬店铺的负责人所述，欧芬的店面采用前卫的设计、中性的色彩，并用传统名贵材料打造而成，这样的设计有助于创建一个实用、温馨、宽敞和坚实的空间，这样做是为了将客户的需求化为具体可感的东西。

欧芬，在其试行阶段，即截至2003年年底，在拉科鲁尼亚、费罗尔、拉斯帕尔马斯及里斯本已拥有自己的专卖店。据该公司负责人称，这是一次试验，旨在扩展细分市场，吸引更广阔的消费群体。

玛西莫·都蒂，休闲正装

玛西莫·都蒂（Massimo Dutti）是 Inditex 集团旗下一家走休闲正装路线的时装连锁店，它的目标消费群体锁定在 25 岁至 45 岁人群。它的产品质量属于中高档，价位居于中端。1983 年，玛西莫·都蒂在巴塞罗那成立，起初它是一家只销售男性衬衫的商店。1995 年起，Inditex 集团开始完全接管这家公司。自此，玛西莫·都蒂的商业理念开始慢慢演变。首先，它不再是一家衬衫店，它开始销售一系列男士休闲装和正装，紧接着在 1996 年，它为吸引女性消费者而开辟了一条女装生产线，现在女装的销量占到了总销量的 50.8%。在 2000 年，玛西莫·都蒂将它的服务中心从马尔托雷尔（巴塞罗那）迁至托尔德拉（巴塞罗那）。

尽管玛西莫·都蒂掌控着原料，以及最终由外部供应商制作完成的成品生产过程中的多个重要环节，但它并没有专属自己的完整的生产链。它绝大多数的货品都是由西班牙供应商和葡萄牙供应商来生产的。

玛西莫·都蒂拥有自己的配送中心，但是和普安倍尔一样，它的产品是通过承包给外部企业的卡车进行运输的，如果是要运输到墨西哥或是东欧地区，则采用空运的方式。

截至 2011 年 1 月，玛西莫·都蒂已经在 52 个国家和地区拥有了 530 家门店，其中 72% 是自主经营，另外 28% 则是特许加盟店。2010 年，该连锁品牌的营业额达 8.97 亿欧元，占整个集团营业额的 7.6%。

巴适卡，最具年轻活力的品牌

巴适卡（Bershka），这个品牌创立于1998年。当时 Inditex 集团为打入更为年轻的消费市场而打造了这个品牌。它的宗旨在于为那些活力四射的青少年提供最新时装。它的总部设在了托尔德拉。

巴适卡是一个面向13岁—23岁女性消费群体的时装连锁品牌，专为这个群体提供最新的时装。它的产品质量中等，价格属中低档。巴适卡没有自己的生产线，通过外部供应商来完成产品的生产，一般都选用西班牙的供应商。

据该品牌的销售经理卡洛斯·马托所述，巴适卡的门店"大而宽敞，设计前卫，是一场与时尚、音乐和街头艺术的碰撞"。考虑到它面对的是年轻消费群体，在巴适卡的店里顾客可以看视频、听音乐或是看杂志，这个品牌一直贯彻着 Inditex 集团为其设计的方针路线：将购物体验转变成在新生代美学中的一种社会文化融合。

巴适卡完全掌控着其产品的设计过程，而产品的生产则借助于供应链一体化的管理模式，交给外部的车间来完成。巴适卡的负责人会参与剪裁和制作模板的全过程，之后再将这些模板送至那些外部车间。

和前面提到的那些品牌一样，巴适卡也有自己的配送中心，尽管产品的运输是通过承包给其他公司的卡车完成的，但如果是像墨西哥和塞浦路斯这样遥远的目的地则采用空运。

截至2011年1月，巴适卡已经在52个国家和地区拥有了总计720家门店，其中88%是自主经营，另外12%是特许加盟店。2010年，该品牌的营业额达12.47亿欧元，占整个集团营业额的9.9%。

斯特拉迪瓦里，专注都市人群

斯特拉迪瓦里（Stradivarius）于 1994 年在巴伦西亚开设了它的第一个门店。现在它的总部位于圣基里科 - 德塔拉萨（巴塞罗那）。1999 年 9 月，Inditex 集团从皮卡诺 2010 股份有限公司的股东（斯特拉迪瓦里的前公司法人）手中收购了斯特拉迪瓦里 90.05% 的控股权。Inditex 集团拥有购买剩余股票的期权，而该公司的股票持有人也拥有将剩下的股票份额卖给 Inditex 集团的期权。

斯特拉迪瓦里是一个以 15 岁至 27 岁的女性为目标消费群体的连锁品牌，为该消费群体提供都市装。它的产品质量中等，价格在中低档。

斯特拉迪瓦里完全掌控着产品的设计权，但是没有参与到产品的生产活动中去。那些在它店里销售的衣服是由外部车间生产的，大部分车间分布在西班牙和摩洛哥。斯特拉迪瓦里有自己的产品配送中心，尽管产品是由承包给外部企业的卡车运输的。

该品牌截至 2011 年 1 月，已在 45 个国家和地区总计开设了 593 家门店，其中 84% 是自主经营，另外 16% 是特许加盟店。2010 年，斯特拉迪瓦里品牌的营业额达 7.8 亿欧元，占整个集团营业额的 6.0%。

奥依修，内衣品牌

奥依修（Oysho），是 Inditex 集团旗下的一家内衣连锁店。据该集团的负责人所述，该品牌的宗旨在于"在内衣行业传达 Inditex 集团的经营理念，提供价廉质优、时尚前沿的内衣，使顾客们可以在该连锁店中找到胸衣、睡衣、居家用品、泳装、化妆品、配饰及运动装"。

奥依修的名字是由 Inditex 集团的广告运动设计者命名的，寓意简约、多变和设计感，该品牌的招牌服饰是男式内衣和女式内衣。Inditex 集团旗下其他连锁品牌的经营理念几乎都被照搬到这些睡衣、内衣、居家产品及都市运动装上。

因此，顾客在该品牌的门店中找到的一切都符合当下最新的流行趋势。毫无疑问，这样的店内环境可以刺激消费者的购买欲。这位 Inditex 家族中的成员，店面占地面积在 200 平方米—250 平方米之间，这是根据它多样的商品供应而设计的，其产品适用于不同年龄、不同风格的顾客。

据这家连锁店的某位负责人所述："店铺采用金属结构进行装潢，达到了极简主义的效果；服装则会根据色调、先锋色彩布置在空间的不同位置。"该负责人斩钉截铁、骄傲地说："我们的目标是在奥依修的设计中囊括从绿色、深紫色、粉红色或是橘色到那些最经典的颜色。"另外，他指出，和 Zara 一样，奥依修每周都会更新女士提包，而且几乎所有店内都销售各式各样的化妆品。

像它的"姐姐"Zara 一样，它每周都更新它的产品，其中包括限量版产品，产品的风格和发展趋势多变，这旨在将在奥依修门店购买商品转变为一种休闲方式。

虽然在时尚界，设计和时效性至关重要，但在基础款方面，奥依修同样以特有的方式对最私密的服装——胸衣——下了大力气。

奥依修的商品中也包括泳衣和运动装，它们其中一部分是由 Puma（德国运动品牌）专为奥依修设计打造的。在奥依修的配饰里，它的袜子也十分出彩，有裤袜、彩色长袜、彩色短袜及基础款的袜子，这些袜子都是日常和节日必备的，但却不乏时尚和梦幻的感觉。

这个内衣连锁品牌同样还销售化妆品，它的化妆品分为三个系列：Morning Attitude（晨间活力款），Nigth In（夜间舒适款），Sport Fórmula（运动款）。另外，在每个奥依修的门店都开辟了男性专区。

尽管 Inditex 集团在这个品牌上注入了很多心血，但是奥依修未取得预期的成功。在品牌推出后的 16 个月内，奥依修就开设了 72 家门店，其中很大一部分（34 家）在 2001 年年末的那几个月，也就是品牌刚创建时就已经开业了。由于生意没什么起色，2002 年年末的时候出现了一定量的滞销，并且新开店面的数量也没有达到预期。之后，Inditex 集团决定通过放慢奥依修扩张速度来调整它为客户需求设计的商业策略，以便分析该品牌提供的商品是否正是消费者真正想要的。

在这种转变发生的同时，卡门·塞维利亚诺取代塞尔吉奥·布斯切尔成为该连锁品牌的新任总经理。布斯切尔之前在凯特菲尔集团任职，现在是奥依修的老板。然而，他却没能在 Inditex 集团站稳脚跟，因为据 Inditex 集团方面的消息，Zara 的垂直整合[①]模式允许它在旺季生产衣服，并允许这些衣服只在商店里放置 15 天就进行撤换以适应市场需求的变化，但这个模式并不适用于奥依修。

这个品牌将产品的生产承包给了专门从事内衣生产的公司，尽管奥依修也试图像其他的连锁品牌一样采用自己的垂直整合系统，但是这似乎并不完全可行。奥依修和 Inditex 集团旗下其他的连锁品牌不同之处在于：它指向的是一个全新的领域——内衣，而 Inditex 集团在这一领域完全缺乏经验。

---

① 垂直整合（Vertical Integration）是一种提高或降低公司投入和产出分配控制水平的方法，也就是公司对其生产投入、产品或服务的分配的控制。——译者注

奥依修在2002年一整个年度的销售额为2.34亿欧元，亏损1.49亿欧元。该公司认为这个结果是"正常的"，"因为在品牌刚起步的那几年，收益总是不佳的，这才有必要进行更强有力的投资来改善其状况"。事实上，据分析员提供的分析，在2002年，奥依修在Inditex集团的税息折旧及摊销前利润[①]中所占的比重是零。

尽管在一开始奥依修就置身于重重阴影之下，但是该品牌截至2011年1月已在25个国家拥有共432家门店，其中90%是自主经营，另外10%则是特许加盟店的形式。2010年，奥依修的营业额约占集团总营业额的2.6%。

孩童乐园，集团中的品牌翘楚

和奥依修的失利形成对比的是，孩童乐园（Kiddy's Class）的表现截然不同。2003年，Inditex集团决定重新推出童装连锁品牌孩童乐园，这个品牌早在20世纪90年代中期就存在了，但从那时起将其正式投放进市场的计划一直被搁置。

孩童乐园诞生于1993年，在1993年至1997年期间一直在酝酿如何正式推出。之后由于Inditex集团的工作重心转移，推广孩童乐园的计划一直处于搁置状态。不久后，Inditex集团决定出重资打造这个品牌，至2010年已开设了59家门店。

孩童乐园的店铺销售和Zara童装系列一样的衣服和其他商品。因为Zara销售面很广，因此在孩童乐园的店铺中同样供应各式各样

[①] 税息折旧及摊销前利润，简称EBITDA，是Earnings Before Interest, Taxes, Depreciation and Amortization的缩写，即未计利息、税项、折旧及摊销前的利润。EBITDA被私人资本公司广泛使用，用以计算公司经营业绩。——译者注

的商品（女装、男装、童装）。该品牌将门店开设在中等城市或是附近没有 Zara 童装系列销售的商业区。这些店铺有的位于街道上，有的则在购物中心里。

起初，孩童乐园的店面都不大，符合那个时期 Inditex 集团旗下品牌，特别是在知名度不高的品牌中所推行的样式风格。然而，现在孩童乐园正在筹集开设中等规模的店铺。这个连锁品牌不仅在西班牙有自己的店铺，在葡萄牙也有 5 家门店。事实上，针对这个品牌，Inditex 集团拥有两个 100% 由自己控股的股份公司，一个叫作西班牙孩童乐园公司，另一个叫作葡萄牙孩童乐园公司。

孩童乐园，自 2008 年 1 月起，财务数据便被合并进 Zara 的财务数据中。尽管孩童乐园保持着独立品牌和专卖店，但是孩童乐园的一些店铺是在 Zara 的光环下运营的。

Zara 居家，家居品牌

Inditex 集团的产业增长计划和旗下在市场上最具知名度、地位最稳固的连锁品牌——Zara、玛西莫·都蒂、普安倍尔、欧芬、巴适卡、斯特拉迪瓦里、奥依修及孩童乐园的店铺开幕的节奏步调不一致。这家由阿曼西奥·奥尔特加掌舵的公司已经决定加快多样化的脚步，并开辟一条专门制作居家用品（毛巾、床单、鸭绒被、餐巾、桌布等）的贸易生产线。Zara 居家由此诞生，它的总监是伊娃·卡德纳斯。

该计划在 2003 年年末的那几个月开始执行，原本是准备在 2004 年才开始实行该计划的。据旨在为该品牌推出造势的信息描述：该集团旗下的这个新品牌"致力于出售装扮和装饰房子的产品，启动资金来源于 Inditex 集团，所售产品包括：床上用品、餐桌用品和浴室用品；辅以陶瓷餐具、金属餐具、玻璃器皿及装饰品"。

在为 Zara 居家进行定义的时候，Inditex 集团表示，该品牌的诞生是为了"提供设计出众、高品质、高性价比的创新性产品。这个新的品牌致力于为房子营造出不同的装修氛围：当代的、经典的、极具民族特色的白色简约风，绝不遗漏掉房子的任何一个角落"。

迄今为止，在西班牙，该市场领域几乎是 IKEA（宜家）、Casa、Habitat（爱必居）这三个品牌的天下。Zara 居家的加入对该市场的冲击是绝无仅有的。

该连锁品牌到 2011 年 1 月止，总共在 26 个国家拥有 284 家门店，其中 89% 采取自主经营的模式，另外 11% 则是以特许加盟店的形式存在。2010 年，Zara 居家的营业额为 2.94 亿欧元，约占 Inditex 集团总营业额的 2.4%。

舞德格

舞德格（Uterqüe）于 2008 年开设了第一家店。它的商业模式在于专注销售配饰、时尚配件，以及精选的、高品质的丝质皮质服装。舞德格的产品均由舞德格的创作团队独立设计而成，融合了最新的流行美学理念与品牌特质。

截至 2011 年 1 月，该品牌已在 16 个国家共计开设了 80 家门店，其中 84% 是自主经营，另外 16% 是特许加盟店。2010 年舞德格的营业额为 5 900 万欧元，占整个集团营业额的 0.48%。

主要经济数据

Inditex 集团的财政结算期是每年的 2 月 1 日至次年的 1 月 31 日，这种结算周期在西班牙的股份公司里是不常见的。Inditex 集团之所以采取这种计算模式，是由于每年的冬季活动（冬日打折季）要在 1 月份才结束。因此，财政结算必须在"减价大促销"活动结束后才能开始进行，该商业活动结束时，店内的库存水平远比 12 月 31 号活动开始时的库存水平要低得多，这样的计算模式有利于数据的统计和评估，同时也有利于反映出近 12 个月中企业商业活动最真实的结果。

经济指标

Inditex 集团的经济指标是该集团在集团范围内自行统计制定的。以下是 2008 年—2010 年 3 年的 Inditex 经济指标：

表 4-1

年份	2008	2009	2010
销售额（百万欧元）	10 407	11 084	12 527
净利润（百万欧元）	1 253	1 322	1 741
门店数量（家）	4 264	4 607	5 044
国家及地区数量（个）	73	74	79
国际销售额比重（%）	66	68	72
人员编制（人）	89 112	92 301	100 138

注：财政结算周期从 2 月 1 日至次年的 1 月 31 日

如果我们对 Inditex 集团旗下品牌的贸易数据进行逐一分析，会发现各品牌对于年度账目的贡献是很不平衡的。2010 年，Zara 贡献的营业额占整个集团营业额的 64%，接下来是巴适卡，其营业额占集团总营业额的 9.9%。下表是 2009 年度和 2010 年度各品牌的销量分布情况及其对集团的贡献：

表 4-2

品牌	销售额（百万欧元）		风险价值 % 10/09	品牌贡献（%）	
	2010	2009		2010	2009
Zara	8 088	7 077	14	64.0	63.9
其他连锁品牌	**4 439**	**4 007**	**11**	**36.0**	**36.1**
普安倍尔	857	771	11	6.9	6.9
玛西莫·都蒂	897	790	14	7.6	7.3
巴适卡	1 247	1 177	6	9.9	10.6
斯特拉迪瓦里	780	702	11	6.0	6.3
奥依修	304	280	9	2.6	2.5
Zara 居家	294	243	21	2.4	2.4
舞德格	59	44	36	0.6	0.1
总销售额	**12 527**	**11 084**	**13**	**100**	**100**

Inditex 集团的计划是继续增加店铺的数量。截至 2011 年 1 月，全集团的店铺数量增加到了 5 044 家，这些店铺分布在 79 个国家和地区。此外还得算上日益繁荣的网店。关于网店，Inditex 集团在 2011 年秋冬的时候在美国和日本开启了线上销售服务。2011 年初预计在 2011 年下半年随着玛西莫·都蒂、巴适卡、普安倍尔、斯特拉迪瓦里、奥

依修和舞德格开放欧洲网店,该集团的所有分支都会推出电子商务。

预计在2011年,新店开业的数量在400家—500家,这意味着根据Inditex集团的商业策略,到年末,该集团店铺的数量将会突破5 500家大关。在这一年中,Inditex集团计划在澳大利亚和南非国家开设专卖店。

集团组织结构

Inditex集团的组织结构建立在这样一条理念上:在决策阶段,只有"极少数人"有权做出迅速应对。2011年1月,Inditex集团在其官网上放置了该集团的主要组织系统分布图。

据该集团官网上的信息,该企业每个部门的活动可以用以下方式进行总结。

- 行政部门:执行所有行政程序和财务计算程序。包括:总会计部、连锁品牌管理部门、分公司管理部门和工厂管理部门。
- 企业公关部门:负责Inditex集团及其旗下公司的宣传;提供新闻稿、公告及出版物;设计和推广宣传活动及维护公司形象。
- 管理监控部门:该部门负责集团各业务部门及整个集团计划的制订与跟进。也负责收集、分析及向其他部门提供管理方面的信息,制订商业计划及分析所有投资计划的经济可行性。
- 店面管理部门:作为顾客的聚集地,店面深受Inditex集团的重视,该集团所有的部门都为该部门服务。每个品牌的店面领导团队都是连接顾客和Inditex集团的纽带:他们负责指导业务运行，并将客户的需求传达给设计部和产品部。

- 时装设计部门：这个团队拥有两百多名设计师，这些设计师一直和最新的时尚走向打交道，负责设计和开发时装。他们具有突破和创新精神，为集团的每个品牌打造属于它们的风格和形象。

- 店面设计部门：负责 Inditex 集团旗下所有店铺的设计。该部门由一个庞大的团队组成，建筑师、室内设计师、设计师及技术人员，这些人决定着店铺的设计、布局、用材、颜色、家具、灯光……该集团旗下的每个连锁品牌都拥有自己的店铺设计团队，这些团队会完全按照品牌所售的衣服、品牌自身的风格及品牌的顾客群体来进行店铺设计。

- 橱窗设计部门：该部门长期研究顾客的喜好和流行趋势，通过设计、更新橱窗内部商品的摆设来营造一种能够吸引顾客的迷人氛围。这些 Inditex 集团旗下品牌的橱窗设计师跑遍世界各地的商店，根据品牌最新推出的、最具吸引力的商品来不断更新橱窗造型。

- 财务部门：管理公司财务。该部门的职责基本上包括：处理与银行的往来事务、进行金融债务谈判及出纳管理、汇率利息风险管理，以及各业务部门和整个集团资本结构的管理。

- 监察部门：负责严格执行监察职责，对集团及其旗下在其他国家或地区有业务的公司进行监管，同时对集团与各税务机关往来的信息也一并进行监管。

- 信息技术部门：使用、开发、提供各种技术解决方案及技术服务，以支持 Inditex 集团业务的各个领域。它的成果被广泛应用于整个集团及各个部门。

- 选址部门：负责定位和协商适合建造销售点的地点。这个部门的人员为了寻找从位置、品质及商业前景的角度来看开设商铺的最优地点，不断奔走于每个有 Inditex 集团商业足迹的国家的多个商业区。
- 网络部门：负责开发、维护及更新 Inditex 集团的官网。另外，也负责研发和管理电子商务 APP（电子商务软件），促进、协助集团业务的发展。
- 总秘书处及法律秘书处：负责为 Inditex 集团提供法律方面的咨询意见，并且代表该集团出席公共管理机构、法庭、法院等场合。公司管理机构的秘书处分两个部分，分别处理民事合同和商业合同相关事务。与商业合同相关的事务包括：公司的国际商业合作合同、房地产权及公司产权。
- 物流部门：该部门负责 Inditex 集团所有内部及外部的服装的接收、储存及配送至商店的全过程。该物流团队利用最先进的技术来为产品的分配过程提供便利，并对可用资源进行优化。
- 产品部门：这是一个由时装专业人员组成的团队，他们长期与店面进行接触，时时刻刻关注顾客的喜好和要求，并将这些喜好和要求传达给设计和生产团队。该部门的职责在于确保店面出售的产品一直都能满足客户的需求。
- 人力资源部门：该部门由一个庞大的专业团队组成，负责与筛选员工、招聘、培训、劳务关系、薪酬政策、职业定位与发展、保险及劳务风险防范相关的工作。
- 总务处：负责维护集团的所有设备，为集团正常运作提供必需的商品和服务。

表4-3

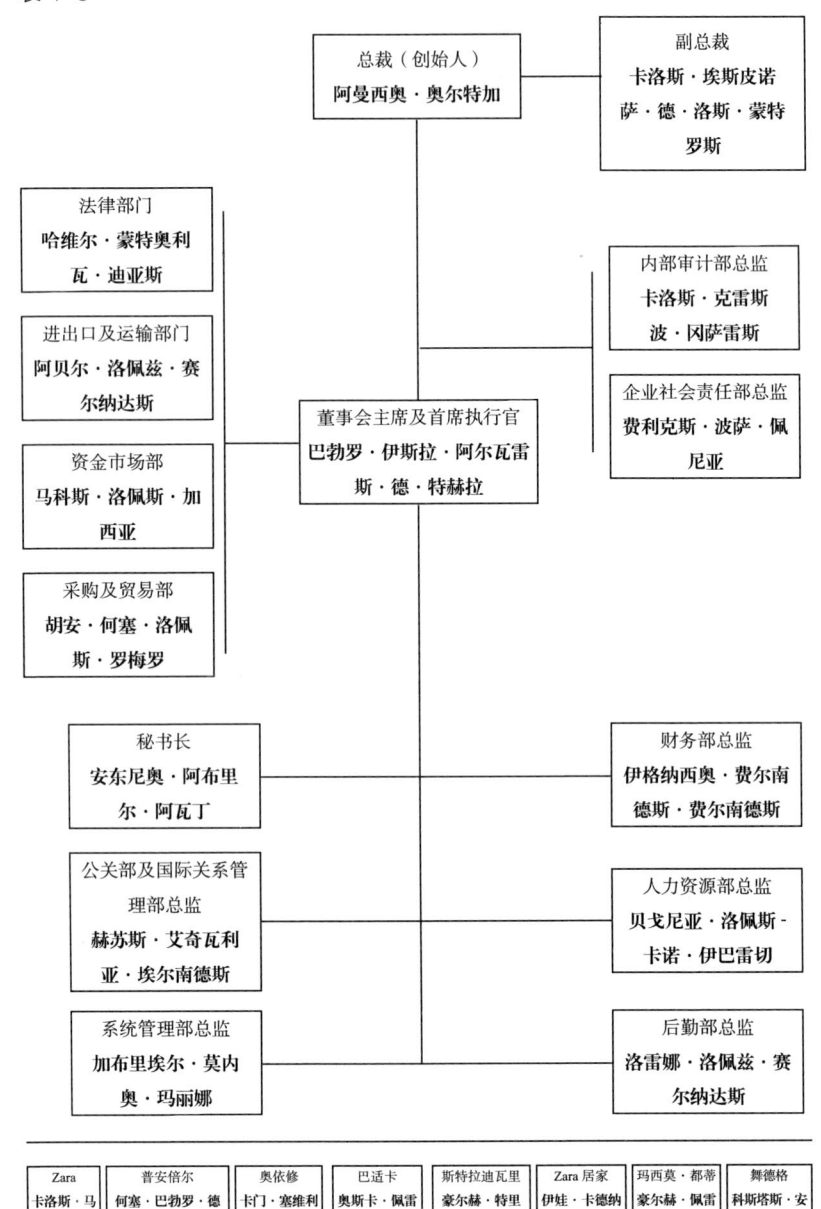

```
                    总裁（创始人）         副总裁
                    阿曼西奥·奥尔特加      卡洛斯·埃斯皮诺
                                         萨·德·洛斯·蒙特
                                         罗斯
```

- 法律部门：哈维尔·蒙特奥利瓦·迪亚斯
- 进出口及运输部门：阿贝尔·洛佩兹·赛尔纳达斯
- 资金市场部：马科斯·洛佩斯·加西亚
- 采购及贸易部：胡安·何塞·洛佩斯·罗梅罗

董事会主席及首席执行官：巴勃罗·伊斯拉·阿尔瓦雷斯·德·特赫拉

- 内部审计部总监：卡洛斯·克雷斯波·冈萨雷斯
- 企业社会责任部总监：费利克斯·波萨·佩尼亚

- 秘书长：安东尼奥·阿布里尔·阿瓦丁
- 公关部及国际关系管理部总监：赫苏斯·艾奇瓦利亚·埃尔南德斯
- 系统管理部总监：加布里埃尔·莫内奥·玛丽娜

- 财务部总监：伊格纳西奥·费尔南德斯·费尔南德斯
- 人力资源部总监：贝戈尼亚·洛佩斯-卡诺·伊巴雷切
- 后勤部总监：洛雷娜·洛佩兹·赛尔纳达斯

Zara	普安倍尔	奥依修	巴适卡	斯特拉迪瓦里	Zara居家	玛西莫·都蒂	舞德格
卡洛斯·马托·洛佩斯	何塞·路易斯·巴多雷·巴尔瓦斯	卡门·塞维利亚诺·查韦斯	奥斯卡·佩雷斯·马柯黛	豪尔赫·特里克尔·瓦尔斯	伊娃·卡德纳斯·波达斯	豪尔赫·佩雷斯·马柯黛	科index 科尔塔斯·安迪米沙丽斯

在2011年6月的股东大会上任命巴勃罗·伊斯拉为Inditex集团主席

集团组织结构变更

巴勃罗·伊斯拉出任 Inditex 的首席执行官，这让 Inditex 在 2005 年 8 月底迎来了一场深入到高层管理人员的结构变更。董事会批准了建立 7 个董事部门的议案 I，这些部门直接听命于伊斯拉。在这之前，何塞·玛丽亚·卡斯蒂利亚一直都是阿曼西奥·奥尔特加的心腹，起初出任非执行副董事长的职务，但是 2005 年 9 月底他辞去了在该集团所有的职务，离开了 Inditex，而该集团的创始人阿曼西奥·奥尔特加则继续担任着执行董事的职位。

在这 7 个新的董事部门中，有 3 个部门的总监是新加盟的外聘人员。人力资源部从那时起由何塞·玛丽亚·杜鲁埃特掌管，在此之前他是汉诺威国际（公司）人力资源部的总监。公关部及国家关系管理部的总监则是赫苏斯·艾奇瓦利亚，他是巴勃罗·伊斯拉的心腹，他俩曾经在阿达迪斯公司共事过，当时赫苏斯·艾奇瓦利亚在该公司担任的就是类似的职务。最后一个是加布里埃尔·莫内尔，总监 Inditex 集团新设的系统管理部，在此之前他在西班牙人民银行担任信息技术部总监。

除了这 3 个外聘人员，还有管理其他的 4 个董事部门的人员，公司内部的职责落在了他们身上，他们都是一帮意气风发的年轻人。扩展部的总监是拉蒙·雷里奥；财务部门一开始由博尔哈·德·拉谢尔瓦负责，但是他只干了一个月，2006 年他出任了 Fadesa（一家西班牙地产集团）集团的首席执行官；国际部则由阿古斯丁·加西亚·波韦达担任总监；物流总部的负责人是洛雷娜·阿尔巴，她是Inditex集团管理高层唯一的一位女性。

Inditex集团在2005年8月底发布了一份公告声明：Inditex已经注入了新鲜血液，并采用了新的组织模式，将继续巩固自身的管理结构，以应对未来将要面临的重大挑战。

巴勃罗·伊斯拉，继他的前任何塞·玛丽亚·卡斯蒂利亚之后，的确肩负着将Inditex引领向新的成长阶段的使命。何塞·玛丽亚·卡斯蒂利亚先是被公司移出管理层，后来更是离开了这家公司。在他离开以后，巴勃罗·伊斯拉将该集团打造成了一家跨国企业。

30周年之际的革新

2005年是Inditex集团组建30周年，Inditex集团展开了一场机构重组的变更。在这场变更中，奥尔特加在Inditex集团中曾经最倚重的两名亲信：何塞·玛丽亚·卡斯蒂利亚和胡安·卡洛斯·罗德里格斯·塞夫里安，离开了该集团。何塞·玛丽亚·卡斯蒂利亚是由于一场与Inditex集团毫无瓜葛的业务分歧辞职的：奥尔特加、集团创始人之一的哈辛·托雷伊意图收购费诺萨联合集团，然而卡斯蒂利亚并不同意参与这项业务。胡安·卡洛斯·罗德里格斯·塞夫里安，在这之前一直是被所有人猜测将成为Inditex帝国的第一顺位继承人，当他看见他叔叔阿曼西奥·奥尔特加对集团组织结构进行的新的建制及人员安排后,他感到了来自叔叔的背叛和轻视,于是也辞职了。

自 2003 年开始,阿曼西奥·奥尔特加为了把公司从可能会将其葬送的保守管理模式中解救出来,私下已经默默做出了这个(进行公司高层重组的)决定。

最终,Inditex 集团高层推出了改革草案,这是当时时装企业中最典型的一种方案。在这个方案中,巴勃罗·伊斯拉担任执行者,而作为该集团的创始人,阿曼西奥·奥尔特加则承担所有责任。

公司选择巴勃罗·伊斯拉作为该方案的执行者是考虑到他在与国际和后勤相关的事务上具有丰富的经验,并且还由于他年轻有干劲。当他还在阿达迪斯公司工作的时候,就曾在一个十分相似的方案中展现过他的能力。在该领域,他显示了独一无二的职业素养,以及平易近人、谨慎稳重、善于协调的性格魅力。这些因素都决定了他的薪酬:固定工资为 708 000 欧元,还得加上各种补贴、奖金等。

巴勃罗·伊斯拉在 Inditex 集团上任时宣布:"这并不是掩盖现有领导团队的不足。我们必须将这种改变理解为提前迎来新的管理模式,由于公司规模、资源的需求及不可避免的管理者变更周期的变化,这种管理模式正变得越来越复杂(因此需及早推行)。我们需要一个年轻的团队来使公司运行起来。"新的团队运行了起来,Inditex 集团的扩张之势似乎也是锐不可当。2011 年,巴勃罗·伊斯拉被任命为集团的主席便是对该策略的肯定。

董事与高管

根据公司章程的第二十四条及第二十五条，Inditex集团由董事会进行管理，董事会由最少5名、最多12名董事组成。这些董事由股东大会决议产生，任期最长5年，董事们可能会连选连任，如果连任的话，任期同样最多为5年。主席及副主席（们）则由董事会选举产生，同样书记及副书记也由董事会选举产生，但是书记和副书记本身并不一定要是董事会的成员。

关于主席的选举，在公司章程的第二十五条明确写有：董事会任命的主席必须从董事会成员中选举产生，且必须是在董事会拥有3年以上资历。不满足该条件的主席任命必须获得董事会至少2/3的赞成票，方才生效。

2010年12月董事会的组成如下：

表4-4

姓名	职务	性质
阿曼西奥·奥尔特加·高纳	主席	大股东董事[1]-执行董事
巴勃罗·伊斯拉·阿尔瓦雷斯·德·特赫拉	首席副主席、首席执行官	执行董事
卡洛斯·埃斯皮诺萨·德·洛斯·蒙特罗斯	第二副主席	独立董事
弗朗西斯科·吕宋·洛佩斯	理事	独立董事

---

[1] 原文为Dominical，为Dominical director的简称，意思是"在董事会中代表大股东的董事"，译为"大股东董事"。——译者注

续表

姓名	职务	性质
加特勒（Galtler）责任有限公司（弗洛拉·佩雷斯·马柯黛）	理事	大股东董事
艾琳·米勒	理事	独立董事
埃米利奥·萨拉乔·罗德里格斯·德·多雷斯	理事	独立董事
尼尔斯·斯迈德卡德·安德森	理事	独立董事
胡安·曼努埃尔·乌戈伊蒂·洛佩斯·奥卡尼亚	理事	独立董事

注：1. 秘书长、董事会秘书安东尼奥·阿布里尔·阿瓦丁，作为非董事会成员绘制了上表。

2. 弗洛拉·佩雷斯·马柯黛是阿曼西奥·奥尔特加的第二任妻子，她所代表的公司隶属Inditex集团。

3. 自Inditex集团上市以来，在该集团董事会中最具代表性的离职人员：何塞·玛丽亚·卡斯蒂利亚·里奥斯，Inditex集团所取得的成就与他息息相关；胡安·卡洛斯·罗德里格斯·塞夫里安——阿曼西奥·奥尔特加的侄女婿——曾是阿曼西奥·奥尔特加的顺位继承人；罗莎莉雅·梅拉·戈叶娜切娅——阿曼西奥·奥尔特加的第一任妻子——仍掌握着Inditex集团6%的资产。

Inditex集团遵循Olivencia准则（西班牙公司治理法）的条例。董事会条例规定：公司的董事们必须在董事会担任职务并认真对待相关职务，如果董事本人同意，可以做到78岁再辞职。然而，出任首席执行官或是总经理的董事只能在董事会任职至65岁，但是他们可以继续担任执行委员会的委员至68岁。当然也有例外，以上条例不适用于公司的总裁及创始人,即阿曼西奥·奥尔特加。

执行委员会

Inditex集团的主要管理机构是执行委员会。Inditex集团的精英人士都汇聚于此,这些人掌控着集团发展、运行的方向。这个执行委员会由7人组成,其中包括执行委员:阿曼西奥·奥尔特加本人和首席副主席巴勃罗·伊斯拉·阿尔瓦雷斯·德·特赫拉。其他几个成员是卡洛斯·埃斯皮诺萨·德·洛斯·蒙特罗斯、弗朗西斯科·吕宋·洛佩斯、埃米利奥·萨拉乔·罗德里格斯·德·多雷斯、尼尔斯·斯迈德卡德·安德森以及胡安·曼努埃尔·乌戈伊蒂·洛佩斯·奥卡尼亚。安东尼奥·阿布里尔·阿瓦丁担任该委员会的秘书,但并不是该委员会的成员。

表4-5

姓名	职务	性质
阿曼西奥·奥尔特加·高纳	主席	大股东委员－执行委员
巴勃罗·伊斯拉·阿尔瓦雷斯·德·特赫拉	首席副主席、首席执行官	执行委员
卡洛斯·埃斯皮诺萨·德·洛斯·蒙特罗斯	第二副主席	独立委员
弗朗西斯科·吕宋·洛佩斯	委员	独立委员
埃米利奥·萨拉乔·罗德里格斯·德·多雷斯	委员	独立委员
尼尔斯·斯迈德卡德·安德森	委员	独立委员
胡安·曼努埃尔·乌戈伊蒂·洛佩斯·奥卡尼亚	委员	独立委员

注:秘书长、董事会秘书安东尼奥·阿布里尔·阿瓦丁,作为非董事会成员绘制了上表。

Inditex 集团高管层

Inditex 集团内部掌握决策权的第二梯队便是高管层，总共由 20 人组成。他们既不是执行董事，也不是执行委员会的成员。高管层人员组成如下：

表 4-6*

姓名	在 Inditex 集团的职务
赫苏斯·艾奇瓦利亚·埃尔南德斯	公关部及国际关系管理部总监
加布里埃尔·莫内奥·玛丽娜	系统管理部总监
贝戈尼亚·洛佩斯-卡诺·伊巴雷切	人力资源部总监
卡门·塞维利亚诺	奥依修总监
伊娃·卡德纳斯·波达斯	Zara 居家总监
拉蒙·雷里奥·图涅斯	首席副主席助理部总监
卡洛斯·马托·洛佩斯	Zara 的总监
何塞·巴勃罗·德尔·巴多·里瓦斯	普安倍尔的总监
哈维尔·蒙特奥利瓦·迪亚斯	法律咨询部总监
马科斯·洛佩斯·加西亚	资本市场部总监
胡安·何塞·洛佩斯·罗梅罗	采购及贸易部总监
阿贝尔·洛佩兹·赛尔纳达斯	进出口及运输部总监
洛雷娜·阿尔巴·卡斯特罗	物流部总监
豪尔赫·佩雷斯·马柯黛	玛西莫·都蒂的总监
卡洛斯·克雷斯波·冈萨雷斯	内部审计部总监
伊格纳西奥·费尔南德斯·费尔南德斯	财务部总监
豪尔赫·特里克尔·瓦尔斯	斯特拉迪瓦里的总监
奥斯卡·佩雷斯·马柯黛	巴适卡的总监

续表

姓名	在 Inditex 集团的职务
科斯塔斯·安迪米沙丽斯	舞德格的总监
安东尼奥·阿布里尔·阿瓦丁	秘书长及董事会秘书
费利克斯·波萨·佩尼亚	企业社会责任部总监

Inditex 集团旗下连锁店的管理人员

Inditex 集团旗下连锁店的管理人员是负责连接企业和消费者的纽带，每一个连锁品牌的业务发展都是独立于集团的。除去特例，集团在这一高级人员管理层突出强调品牌最高负责人的任职连续性，以及为吸引拉拢消费者而展开激烈竞争的重要性。

Inditex 集团旗下各连锁品牌的负责人见下表（截至 2011 年 1 月 31 日）：

表 4-7

姓名	职务
卡门·塞维利亚诺·查韦斯	奥依修的总监
伊娃·卡德纳斯·波达斯	Zara 居家的总监
卡洛斯·马托·洛佩斯	Zara 的总监
何塞·巴勃罗·德尔·巴多·里瓦斯	普安倍尔的总监
豪尔赫·佩雷斯·马柯黛	玛西莫·都蒂的总监
豪尔赫·特里克尔·瓦尔斯	斯特拉迪瓦里的总监
奥斯卡·佩雷斯·马柯黛	巴适卡的总监
科斯塔斯·安迪米沙丽斯	舞德格的总监

* 管理层人员架构为当时的人事安排，仅供参考。

尽管很多人没有察觉到，在一些大型购物中心中可能有4家—5家Inditex集团旗下的连锁店。由于最终Inditex集团账目的最大贡献者只有一个，最激烈的竞争——当然是良性竞争——则在资深品牌Zara和年轻品牌巴适卡之间展开。阿曼西奥·奥尔特加的第二任妻子就在巴适卡工作。

控股公司董事及领导班子

多位股东、董事及Inditex集团领导班子成员——主要是阿曼西奥·奥尔特加——正在或曾经参与了多个不寻常或是重要的集团交易。据西班牙国家证券委员会的首次公开募股文件所述，那些最具代表性的公司为：

GRILSE有限责任公司：致力于开展房地产活动，购置、开发及经营运动设备，阿曼西奥·奥尔特加在该公司持有的直接及间接股份占该公司总股份的93.5%。这家公司在拉科鲁尼亚拥有6处房产。为了解决Inditex集团总部临时搬迁造成的员工住宿问题，这些房子按市场价租给了Inditex集团。Inditex集团为租用这些房屋支付了大约30 000欧元。

GOA INVEST股份公司：该公司由Inditex集团完全控股，已经为GRILSE有限责任公司推进了某些建筑工程。2000年为完成上述所提到的建筑工程，花费了829 333 279比塞塔（含增值税）。

另外，GOA INVEST股份公司也根据市场价为一些Inditex集团董事完成了某些小规模的建筑工程。

FIMOGA股份公司：该公司于1987年11月4日成立，致力于推销及开发房地产，Inditex集团的多位股东都在该公司拥有股份

（阿曼西奥·奥尔特加、多洛雷斯·奥尔特加·雷内多、约瑟法·奥尔特加·高纳、罗莎莉雅·梅拉·戈叶娜切娅、普利米提巴·雷内多·欧力贝罗斯及桑德拉·奥尔特加·梅拉），该公司将31家店铺出租给了Inditex集团旗下的连锁品牌作门店。向这些连锁品牌收取的租金及提出的其他合同条件都是按照正常的市场行情来的。2000年Inditex集团为这些店铺的租金支出了817 248 467比塞塔。

2000年10月21日，Inditex集团出售了其在FIMOGA公司的股份，这些股票占公司总资本的4.002%，FIMOGA公司根据这些股票的理论价值自行对其进行了收购，成交价格为86 800 000比塞塔。

PAIDEIA基金会：该基金会由COASAM股份公司（现今的西班牙Zara股份公司）建立，旨在为生理残疾者提供培训支持，以及在教育和社会服务领域开展调查活动。1998年9月，西班牙Zara股份公司与Paideia基金会签署了一份合作协议。协议中西班牙Zara股份公司承诺在5年内，根据消费者物价指数的增长每年提供300 000欧元的资金，除非一方终止合作，否则该期限将由上述期限一年一年地延续下去。

在该基金会的董事会中，罗莎莉雅·梅拉·戈叶娜切娅担任董事会主席，阿曼西奥·奥尔特加·高纳及何塞·玛丽亚·卡斯蒂利亚·里奥斯担任委员，安东尼奥·阿布里尔·阿瓦丁担任董事会秘书。

该基金会将罗莎莉雅·梅拉·戈叶娜切娅名下的一处房产出租给了西班牙Zara股份公司。他们所收取的租金及合同中所提出的条件都是按正常的市场行情来的。2000年，西班牙Zara股份公司共支付给该基金会16 787 294比塞塔作为租金。

完全收购西班牙斯特拉迪瓦里公司是Inditex集团2000年时

一项尚未完成的重要业务，该集团持有西班牙斯特拉迪瓦里公司90.05%的股份，剩余的9.95%的股份属于豪尔赫·特里克尔·瓦尔斯，他是该公司领导团队中的一员。

1999年11月，Inditex集团与豪尔赫·特里克尔·瓦尔斯商定：Inditex集团具有上述股份的购买权，豪尔赫·特里克尔·瓦尔斯也具有出售上述股票的权利，这项业务将在2005年1月1日至2010年1月31日期间执行，交易额为1 190万欧元。

集团社会理事会

正值Inditex集团上市之际，Inditex集团开始对服务业给予社会关注，这是一个在股东尤其是客户面前改善形象的绝佳机会。因此，于2002年12月成立的董事会商定创建社会理事会，并通过了它的执行章程。社会理事会是一个与企业社会责任有关的咨询机构。在该机构运行的第一年，Inditex集团为那些与社会活动有关的方案投入了8 800万欧元。

该理事会的主要功能是将Inditex集团和有业务关系的其他民间企业、国企和外企中主要发言人之间的对话正规化、制度化。Inditex集团在这些企业的生产活动、分销或销售活动中发展它的商业模式。

它的章程规定了该机构的行动原则、组织活动的基本守则及成员的行为准则。Inditex集团的社会理事会由自然人组成，他们是服务业重要组织的成员，在社会活动及环保活动领域富有名望及经验。该社会理事会的成员每 3 年一选，成员最多连任一次，任期最长 3 年。

为了协助主席的工作及保证社会理事会正常运行，企业社会责任部总监及 Inditex 集团的秘书长——同样也会负责社会理事会的秘书处——也可以参加社会理事会的会议，他们可以发表意见，但没有投票权。

与此同时，社会理事会要求可以接受资金，并将其投入到宣传项目、与生产销售链拓展相关的项目，以及与社会发展相关的各类项目中，其组织代表来参加会议。这些组织代表可以发表意见，但没有投票权。

该社会理事会的职务是没有薪酬的，但是产生的旅行费用、住宿费用、维修费用，以及与运行相关的费用和合理消费均由 Inditex 集团支付。

截至 2007 年 12 月，社会理事会的组成如下：

- 塞西莉亚·普拉尼约尔·拉卡列：伊比利亚美洲抗癌协会会长；
- 苏珊娜·维耶尔：联合国全球契约计划外联部负责人；
- 萨尔瓦多·加西亚·安塔赛·拉芬特：忠诚基金会的联合主席；
- 拉蒙·普埃约·皮努埃拉斯：生态与发展基金会调查部总监；
- 阿尔弗雷德·贝尔尼斯·多梅内克：工商管理高级学院教职人员部总监。

海运业务

许多人都在谈论 Inditex 集团的部分产品可能是在远洋货轮上制造的。这只不过是个谣言。事实是 Inditex 集团通过多个公司涉足了海运业务，但这样做仅仅是出于财务目的。

2003年，该纺织集团拥有以下各家海运公司至少49%的股份：Elealva海运公司、Celeste海运公司、Del Miño海运公司，Del Sil海运公司，Venus海运公司，Berlín海运公司，Covadonga海运公司及Guadiana海运公司。所有这些公司的总部都设在加那利群岛的拉斯帕尔马斯，并注册为经济利益集团。参与海运业务是一项完全在Inditex集团主营业务之外的活动。

由于Inditex集团、法罗里奥工程建设集团、西班牙桑坦德集团对这些海运公司入股，它们借助租用这些公司的船舰为国有海运企业Trasmediterránea（西班牙第一家海运公司）减少了数亿欧元的税收，直到2003年它们一直将船只租给这家公司。

这种租用船只的方式是税收优惠政策之一，1998年颁布的西班牙《国家总预算伴随法》中有对税收优惠政策的规定，其中有一项过渡性条款涉及公司缴税额。这一扶持政策的目的在于通过一系列为海运领域投资者制定的减税政策来推动Trasmediterránea海运公司的改革。

Inditex集团及法罗里奥集团通过Burety公司入股了3家海运商号——Elealva号、Celeste号及Del Miño号，它们拥有这3条商船的所有权，如今这3条船由Trasmediterránea公司负责。法罗里奥集团在该业务中占51%的股权，Inditex集团则占剩下的49%。

另外，Inditex还与西班牙桑坦德集团合作，一起入股了另一个海运的商号——Del Sil号，这也促进了一些投资业务。不知是否出于巧合，西班牙桑坦德集团被国家工业家协会选为负责推进Trasmediterránea海运公司私有化进程的企业，但这个命令在阿韦尔·马图特斯——私有化Trasmediterránea海运公司工程的投标人之一——被任命为桑坦德集团的独立董事之后被撤回。

据Trasmediterránea海运公司和由Inditex集团、法罗里奥集团及西班牙桑坦德集团控股的金融公司之间签署的合约，在7年的租赁期内，该国有海运企业拥有在此条例中建造的船只的开发权，一旦7年期满，该公司拥有这些船只的最终购买权。在此期间，这些船只被抵押给西班牙桑坦德集团，作为期满后支付预计开销的抵押品。

该项目使得Inditex集团获得了一系列财政优势，比如说以每年35%为上限，加速投资额分期偿还；另外，投资在船只建造方面的资金允许产生负的应纳税所得额，这样在公司税收方面，便可以减少给税务局的发票。

为了从那些税收优惠政策中获益，这些公司的股东应将扣除额的75%重新投资到已经和Trasmediterránea海运公司签订的项目中。

就拿Inditex集团来说，这项运作意味着大约能为公司减少超过900万欧元的税收。

对于Trasmediterránea海运公司来说，在租赁合约终止后能购买这3艘船只。根据该公司（该公司已被阿驰奥纳集团收购）2002年的报告，购买金额约为2.25亿欧元。

西班牙政府为了推动国有企业Trasmediterránea海运公司的改革，通过了税收优惠政策。根据欧盟的立法，这是为了促进在类似于工业及造船业这样的战略领域的私人投资。因此，要想享有税收优惠政策，条件之一便是必须在"税收天堂"以外的欧盟国家内建造船只。这种类型的金融项目在德国、挪威等国家很受欢迎。根据该领域的专家所述，在西班牙，税务总局已经授权了十几个该类型的金融项目。

这并不是 Inditex 集团减少税收的唯一方式。2003 年 5 月,该集团用一批近 500 件服饰抵掉了西班牙财政部 300 万欧元的税款,这些服饰的设计出自画家马里亚诺·福尔杜尼和画家马德拉索之手,其中近一半是原创作品。当马德里服装博物馆开幕时,西班牙财政部将把这些服饰陈列在该博物馆中。

清洁能源

对于阿曼西奥·奥尔特加来说,将商业活动多样化是没有国界阻碍的,这个想法来自加卡斯蒂利亚和罗德里格斯·塞夫里安的建议。罗德里格斯·塞夫里安在位于拉科鲁尼亚萨邦的 Inditex 集团总部安装了一台风力发电机,该发电机为 Inditex 集团大楼、12 家工厂及 Zara 的物流中心提供了 20%——25% 的所需能源。凭借这台风力发电机,Inditex 集团成为西班牙第一个不开展能源业务却安装发电设备的企业。

之后,它又在 Inditex 集团总部大楼的顶部安装了 1 500 平方米的太阳能集电器,这样一来每年可省 1 588.65 兆瓦时的电量。扣除补贴,该集团为这两个项目投资了近 150 万欧元。

阿曼西奥的个人财务投资

在 Inditex 集团上市首日取得首次公开募股的圆满成功之后,奥尔特加产生了一个很大的疑问。在 Inditex 集团在证券市场首次成功亮相之后，他在和朋友聊天时将这个疑问告诉了他们："我不知道该用这么多钱干什么。"阿曼西奥当时已经是福布斯排行榜上排名世界上最有钱的 20 个人之一了。不久他打消了这个疑虑，根据多年经历给他的经验，他决定将这笔钱"重新投资"，虽然这个决定会让他的投资组合受到金融市场波动的影响。

管理超过 105 亿欧元的财产并非易事。因此阿曼西奥·奥尔特加迈出的第一步便是：一旦发现自己的流动资金超过了 200 亿欧元，就交给当时 Inditex 集团法律咨询部的负责人何塞·阿尔纳乌·塞拉管理。为了让他能心无旁骛地专心为"老板"投资，加利西亚税务局的伊格纳西奥·费尔南德斯·费尔南德斯后来取代何塞·阿尔纳乌·塞拉，成为 Inditex 集团法律咨询部的负责人。从此，何塞·阿尔纳乌·塞拉利用这些团队创建和组建了一批企业，进行全新的投资。

利西地亚（Licidia）：这家公司在 Inditex 集团上市后不久就成立了，公司资本为 1 000 万欧元，开始成为新一批企业的领导者。据商业注册簿上的信息，该公司的目标是对其他企业进行参股，以及购置证券和不动产。这个公司的初次行动是成为奥尔特加另一个公司——Ponte Gadea 股份公司——的唯一合伙人，而 Ponte Gadea 股份公司则是 Pontegadea 房地产公司的唯一合作伙伴。Pontegadea 房地产公司成立于 2002 年 1 月，仅用了两周时间便以 9 100 万欧元收购了 NH 集团旗下的 4 家酒店。

上述 3 家公司的结构十分相似，因为它们的公司主席都是阿曼西奥·奥尔特加，而董事会的成员里都有何塞·阿尔纳乌·塞拉及奥尔特加的现任妻子弗洛拉·佩雷斯·马柯黛。

加特勒公司（Garteler）：这家公司汇聚了阿曼西奥·奥尔特加的大部分资产，因为它掌握了Inditex集团59%的股权，剩下的Inditex集团的股票中有2%一开始在奥尔特加本人名下，当他和妻子弗洛拉·佩雷斯·马柯黛结婚以后便转到了妻子名下。考虑到2005年11月Inditex的股票面额在23欧元以上，这些股票的总价值约为90亿欧元。

这家公司是1997年成立的，当时公司的管理人员由Inditex集团的重要人物及阿曼西奥·奥尔特加在Inditex集团的心腹组成：集团副主席及首席执行官何塞·玛丽亚·卡斯蒂利亚、集团总经理胡安·卡洛斯·塞夫里安、他的妹妹胡安·卡洛斯·罗德里格斯·塞夫里安，以及董事会秘书安东尼奥·阿布里尔·阿瓦丁等。

至少在还没和埃米利奥·博坦因费诺萨（公司名）事件产生冲突之前，阿曼西奥·奥尔特加一直秉持着"朋友是一辈子的朋友"的信条。基于这样的信条，他建议在何塞·阿尔纳乌的监管下，通过两家主要的可变资本证券投资公司对西班牙毕尔巴鄂比斯开银行（西班牙对外银行）及桑坦德银行进行投资。正是在何塞·阿尔纳乌的管理下，诞生了两家对阿曼西奥·奥尔特加来说最重要的可变资本证券投资公司。

可变资本证券投资公司在西班牙作为投资基金运行，也就是说，它要管理和经营由个人投资者贡献形成的有价证券。

他们的资金已累计超过了20亿欧元。至少，在一开始的时候他们将资金的大头锁定在固定收益上。这并不奇怪，从全球范围来看，奥尔特加在股市的投资已经很高了，他财产的大部分都投进了股市里。由于股票的累积风险很高，因此经办人选择限制在可变收益证券上进行新的投资是合乎逻辑的。

在这种情况下，这两家可变资本证券投资公司的主席职位已经预留给了何塞·阿尔纳乌，另外由同一批来自双方公司的两个资金托管机构的专家协助他进行公司的管理。

不久之后，几乎是在两家可变资本证券投资公司发展的同时，也就是在 2001 年至 2004 年期间，阿曼西奥·奥尔特加在可变收益上投资了 1.2 亿欧元。他的这些投资主要是通过 Alazán 投资公司完成的。该公司是为管理 Inditex 集团上市后奥尔特加累积的资产而创建的两家可变资本证券投资公司中的一家，主营业务是购置股票。

费诺萨联合集团：阿曼西奥·奥尔特加在这家电力公司投资了近 2 800 万欧元，占其资金的 0.6%；

伊比德罗拉集团：他在投资集团投资了 2 100 万欧元，占 Inditex 集团上市后其总资产的 0.16%；

NH 集团：他在该集团投资了 6 300 万欧元，掌握了该连锁酒店企业超过 4.5% 的股份；

桑坦德银行及西班牙毕尔巴鄂比斯开银行（西班牙对外银行）：阿曼西奥·奥尔特加一生对这两家银行分别投资了 200 多万欧元。

管理阿曼西奥·奥尔特加资产的企业的盈利能力是毋庸置疑的。2004 年，阿曼西奥·奥尔特加通过他的 Keblar 投资公司，仅在股市便获得了超过 2 100 万欧元的收益。该投资公司在 2004 年共计上缴给西班牙财政部 214 000 欧元的税款。

和其他企业家一样，2003 年奥尔特加也开始投资起了房地产。从那时起他便通过 Pontegadea 房地产公司开始进行不动产投资，因为该房地产公司是一家家族企业,在房地产上所投入的资产拥有100%的税收豁免权,因此通过该公司进行投资的策略为他减少了税收。

阿曼西奥在房地产业的购置目标主要是在大城市的中心街道拥有绝佳位置、可用作居民楼使用的办公楼、商铺及酒店。在那些购置的房地产中,最引人注目的是马德里雷托莱斯托路7-8号(曾为邮政银行的总部)、奥伦赛街道上历史悠久的"多中心"大楼和塞拉诺街49号,后两个建筑也都位于马德里。数据分析人员认为,在该类型的投资中,阿曼西奥持保守态度,在之后很长一段时间内他的投资资金都会维持在同一水平线,到2005年估计能超过3亿欧元。

2003年,那些负责管理阿曼西奥资产的人员推出了Pontegadea生物科技公司,旨在参与那些调查和开发活动。奥尔特加用该公司10%的股份入股了由纳瓦拉大学推广的应用医学研究基金会。还有其他11家企业也入股了该基金会,其中包括英格列斯百货、西班牙毕尔巴鄂比斯开银行及欧米茄资本公司(艾丽西亚·克罗伯维特兹名下产业)。尽管奥尔特加知道该项投资并非一项金融投资,但是十年间他为该基金会投资了1 500万欧元。

2005年2月,阿曼西奥·奥尔特加创建了一个新的公司:Gramela投资2004公司。这是他创立的第三个可变资本投资公司,由桑坦德银行的独立机构Banif对其进行管理。其启动资金为6 800万欧元。

Gramela投资公司的负责人为何塞·阿尔纳乌及阿尔弗雷多·费尔南德斯·杜兰。这两个人都参与了以下收购计划的设计:通过Pontegadea房地产公司收购了里斯本一家拥有6 600平方米办公区的商业中心、3 000平方米的运动中心、3 300平方米的商业中心,以及一处380个停车位的停车场。

该项目于 2004 年年底竣工。此外，2005 年阿曼西奥·奥尔特加在葡萄牙还收购了 Accor 连锁酒店旗下的几家新酒店及 NH Liberdade 酒店所在的大楼。

尽管投资的数额不大，但是阿曼西奥·奥尔特加是巴塞罗那艺术酒店房产的所有人（股东），该酒店集团业务遍布马德里、巴塞罗那、毕尔巴鄂及欧洲和拉丁美洲的主要城市核心区。

迄今为止，阿曼西奥·奥尔特加唯一的失败收购案例就是购置电力公司费诺萨联合集团的股票。在这场收购战中，他被由弗洛伦蒂诺·佩雷斯领导的建筑企业 ACS 集团所击败。

2010 年年底，阿曼西奥·奥尔特加对他的投资组合进行了微调。为了使他的两家投资公司——Keblar 投资及 Alazán 投资 2001——具备进行其他投资，特别是房地产业上的投资资金上所有可行条件，这两家公司成为股份公司。这两家公司的管理者，分别为 BBVA Patrimonio 及 Banif Gestión，这两家公司通知了国家证券市场委员会。

就这样，Keblar 投资公司及 Alazán 投资公司，在放弃了它们本身集资企业的组织形式之后，继续以股份公司形式运营。

Keblar 投资公司已在另类投资市场上市，截至 2010 年 10 月，拥有了大约 1.543 亿欧元的净资产，比去年同期增长了 4.6%。迄今为止，该公司的方针是：对国内外市场，包括对新兴市场和非欧元计价的外汇市场中交易的固定收益或可变收益证券进行灵活投资。

另一方面，Alazán 投资公司截至 2010 年 10 月拥有 0.902 亿欧元的净资产，比 2009 年同比增长了 1.12%。该公司未预先规定投资领域。

简单来说，截至 2010 年 12 月，由阿曼西奥·奥尔特加掌握的不同股权的房地产及金融帝国构成了下节内容"投资组合"。

投资组合

阿曼西奥·奥尔特加控股的投资公司有：Menlle 投资公司（与他的现任妻子及女儿玛塔共同支配股权）、Grameala 投资公司、Crilse 投资公司、Murazos 投资公司、SIL 投资公司、Gartler y Partler 2066 投资公司（通过该公司控股 Inditex 集团），以及 Caroada 投资公司等。通过这些公司，他入股了酒店行业（NH 酒店集团及西方管理酒店）及 Agbar 集团，还拥有了帕斯塔银行 5% 的股份。在生物科技领域及风险投资领域相对较少的投资使阿曼西奥·奥尔特加的投资组合更加健全。房地产是他最偏爱的投资领域。他入股了以下这些房地产公司：Pontegadea Inmoiliaria、Gadea Restaura、Pontadea Serrano 49、Pontegadea France SAS、Pontegadea México、Pontegadea Florida、Fongadea Ortega 22、Proherre Internacional、Paseo de Gracia 等。

他的投资中还必须算上他在 Inditex 的股份，共持 369 600 063 股。截至 2011 年 3 月 25 日，他的投资帝国以欧元进行估值的概况如下：

表 4-8

在 Inditex 集团的股票 （369 600 063 股 × 56.78 欧元 截至 2011 年 3 月 25 日的股票市价）	20 985 891 000
投资组合	3 425 000 000
不动产	550 000 000
总计	24 960 891 000

第五章
风险与挑战

CAPÍTULO V. LOS TALONES DE AQUILES DE INDITEX

　　Inditex 集团的扩张之路布满了荆棘。它创造了一个几近完美的企业形象，并且在方方面面都做到了极致；可是与其他公司一样，Inditex 集团也承担着风险，承受着约束及诉讼压力，其中有些甚至已经成为 Inditex 集团的阿喀琉斯之踵，虽然这不会让集团业务受到重创，却也让集团的未来发展之路举步维艰。Inditex 集团向国家证券市场委员会提交的信息已证明了这一点。下面谈到的几点已经成为制约集团发展的主要风险因素，我们将对此进行逐一分析。

业务及财务风险

Inditex 集团认为自身的成功在于能够发现不断变化的时尚趋势，紧追潮流，并永远能赶在第一时间设计制作出吸引目标受众的新款服饰。

从 Inditex 集团提交给国家证券市场委员会的文件中我们可以发现，为了实现上述目标，Inditex 集团打算继续采用灵活的经营模式。因为这种经营模式可以让它在活动季期间提前预测到可能发生的潮流更迭，迅速推陈出新，不断适应时尚更替的步伐。但这种模式最大的弱点是，Inditex 集团可能无法识别消费者偏好的变化，或是已经生产制作完成的成衣因为错误预估而销量不佳，进而对特定某段时间内的集团销售业绩产生负面影响。还有一种可能，要是顾客渐渐开始认为，如果 Inditex 集团无法适应市场变化，不能提供最新潮装的话，那么集团旗下所有品牌的声誉都将一落千丈。

与日俱增的门店数量及大额的维护费用也是制约 Inditex 集团未来发展的风险因素。新店开设的场地的租赁成本在 2.5 亿—3 亿比塞塔之间浮动，而每家门店的平均雇佣人数则在 40 人左右徘徊。

因此，抛开其他因素不说，集团的未来业绩将取决于其是否能在开设新店的同时，不断提高现有门店销售额及赢利水平。集团能否不断开疆拓土同样也依托于一些其他因素，如现有门店附近是否还有可拓展的土地空间；集团能否有能力谈妥价格，以合理的市场价签订租赁合同或土地买卖合同，从而在该地段开拓新的门店；目前集团是否具备门店建造及现有门店改造的能力；是否满足吸纳、招聘和培养人才的水平以及是否具备统筹扩张流程的能力等。此外，在新店的业务发展成熟之前，用于其开张的投资性支出会严重拖累集团利润。因此，Inditex集团既无法确保门店数量的增加会带来集团总利润的提升，也无法保证门店这种增长节奏将无限期地持续下去。

Inditex集团的国际扩张通常是借助自营门店的形式来实现，有时也会借助特许加盟店进行业务拓展。对在市场监管及文化方面有特殊要求的市场，Inditex集团会开放特许经营权。但由于加盟商的进价低于市场零售价，该模式下的营业毛利率对整体利润贡献较少。因此，加盟商销量的增加反而会对集团的毛利率产生负面影响。

另一种备选的扩张模式是合资企业。出于商业战略上的考虑，Inditex集团有时也会与本地企业签订合资协议。如果集团与某国合作伙伴发生分歧，那么它在该国的扩张计划很有可能会受到影响，连带着也会影响到集团整体的利润。

考虑到以上种种风险，我们可以说，在Inditex集团的扩张之路上，政治、经济、法规方面的风险无处不在。集团时刻都在面对汇率变化、文化及语言差异、贸易壁垒、海关制度及相关手续、土地征收政策、跨国税收及政治、经济上的不稳定因素等不利条件。一旦Inditex集团不能持续推出行之有效的扩张政策，那么集团整体的财务状况和经营业绩都有可能受到不利影响。

Inditex集团的薄弱环节还体现在采购、生产、分销这一块。集团的采购环节大部分都集中在欧洲和亚洲，而其生产环节主要在西班牙、葡萄牙及其他欧洲国家。实际上，就对Inditex集团负责服装缝制的外包公司而言，它们96%都分布在西班牙和葡萄牙。但是，对这些密集化聚集的生产车间及供应商，Inditex集团并没有直接控制权。因此，过度密集化有可能受上述地区经济下行、产能饱和、集体罢工及自然灾害频发等问题影响。此外，上述地区的供应商及制造商违反劳动法或劳动道德准则的行为将会对集团的国际声誉造成一系列的负面影响。所以为了应对上述难题，Inditex集团已经开始推行与外包供应商和制造商相关的伦理准则条例，但集团无法确保上述供应商和制造商会自始至终遵循这些伦理准则条例。

此外，上述地区薪资水平的增长可能意味着集团生产成本的增加和营业利润额的下降，因此集团可能需要向其他地区进行拓展来满足其现有的生产需求。

至于产品分销这一环节，每条品牌线都有自己的分销中心集中负责服装配送至门店这一流程。其中最重要的就是Zara的配送中心，它位于拉科鲁尼亚的阿尔泰修，每周进出货总量约为250万件，平均库存服装为600万件—1000万件。也就是说，这些分销中心的服装库存量一般都十分巨大，而活动季初期库存量则更为可观。因此在分销中心的运作流程中，任何一项重大失误都可能导致物流危机，造成产品延迟出库，无法及时送达相应的门店。

假设Zara配送中心突然发生一起事故，配送中心内所有的库存服装都受到了影响（一般来说有800万件左右），那么因此造成的直接经济损失将达到150亿比塞塔左右。为了避免发生上述状况，Inditex集团已经采取相应的安全措施，并已购买相关保险。该保险覆盖的项目包括配送中心可能出现的原料受损、生产过程中出现的停工损耗，以及其他一些意外事故造成的损失等。可是一旦配送中心发生事故，给消费者造成的影响却是根本无法估量的。

人员及结构风险

  Inditex集团认为其在商业模式上所取得的成功，部分可以归功于集团管理人员的专业技能及他们所做出的不懈努力。因此任何一位高管的离职，都极有可能会给集团的业务乃至集团发展带来不利影响。

  当然，Inditex集团的主席阿曼西奥·奥尔特加并不会弃集团于不顾。目前看来，没有任何证据表明他有离开集团的打算。再说，无论是公司章程还是董事会条例，都未对他继续任职设定任何年龄界限。此外，他还签署了5年非竞争承诺和购股360天不得转让的协议（特殊情况除外）。退一步说，就算阿曼西奥·奥尔特加不再行使公司管理权，或者大幅减少自己手中的持股占比，也没人认为他的这一决定会对Inditex集团造成多大的负面影响。

  Inditex集团还认为，目前其商业模式所获得的一系列成功还来源于集团吸引、留住、激励设计部及生产部相关负责人的能力。如果其中任何一位负责人离职了，集团一时又找不到合适的接手人，Inditex集团的经营业绩及品牌形象一定会受到波及。

  季节更替及促销活动也是集团软肋。集团销量在一定程度上与季节挂钩。近年来，冬季（第三、第四季度）的销售额占比为60%，夏季的（第一、第二季度）则为40%。因此，秋冬款服饰销量锐减也会给集团的财务状况及经营业绩带来沉重一击。

作为集团最重要的品牌线，Zara 的销量及店铺数量也是集团一大隐患。尽管近年来集团其他品牌线的份额有所增加，但在年终收益表上最占分量的还是 Zara。一旦那些定期购买 Zara 产品的消费者的喜好发生改变，开始购买其竞争对手的产品，集团的经营业绩财务状况势必会走下坡路。

商业战略及市场风险

服装及配件行业的竞争异常激烈。随着贸易壁垒的逐渐消失，打入各国不同市场的竞争越发激烈。Inditex 集团各大品牌线不仅要与当地的百货公司竞争，还要与国内及国际百货公司、精品店、服装连锁店竞争，甚至要与邮购公司及网店竞争。有时候 Inditex 集团的不同品牌线也会相互竞争，抢夺同一批目标客户。无论是在销量上，还是在门店最优选址上，抑或是在签署租赁／购买最惠协议上，竞争都无处不在。日益激烈的竞争可能会迫使 Inditex 集团下调定价，这一举动可能会造成集团市场份额不断减少，从而影响集团的财务状况及经营业绩。

消费者的喜好、消费模式和各个市场的经济环境都会随时间而发生变化，而这些因素同样也会影响到 Inditex 集团的商业发展。Inditex 集团并不能担保往年的收入及利润增长能继续维持到来年，尤其当销售额逐渐稳定甚至有所减少时更是如此。

新打造的生产线及品牌线也是一把双刃剑。Inditex 集团的战略之一就是不断推出新生产线及品牌线，可没人敢打包票说这些新品牌一定会大获成功，成为集团新的盈利点。

一般来说，要想推出新的品牌线，那么光品牌创立及启动仪式就开销不菲。因此，如果销量达不到预期值，集团的经营业绩及财务状况势必会被牵连。

汇率问题也可能影响到 Inditex 集团的发展。虽然 Inditex 集团绝大多数的业务运作是以欧元进行结算的，但在集团采购支出中，有 15% 以美元进行结算，13% 以拉美国家的货币进行结算。使用非欧元货币意味着汇率变动可能会对集团造成一定风险。Inditex 集团已采取相应对策对冲汇率风险，但其目的并不是获取额外利润或现金流，而是缓解汇率变动对货币流通产生的不利影响。尽管为了降低汇率变动风险，Inditex 集团通常在对冲策略覆盖的范围内开展业务，但这并不表示该战略能充分应对未来可能发生的汇率变化。

工业产权

工业产权及知识产权问题也让 Inditex 集团头痛不已。集团法务部面对此类问题时更是战战兢兢。Inditex 集团在开辟国际市场时，很可能会发现集团旗下的品牌及其商标名称已被第三方注册或使用。因此只有在获得相关第三方的授权后，Inditex 集团才能够合法使用上述名称。如果无法获得授权，那么 Inditex 集团将很有可能放弃在该国开展业务。

Inditex 集团预见到可能会出现上述情况，因此在世界各国都注册了自己的商标名称及品牌名称，就连旗下产品的显著标识也不放过。然而集团在商标及其他工业产权上的注册和保护措施并不能完全杜绝第三方的仿冒及抄袭行为。一旦竞争对手仿冒 Inditex 集团的产品及店铺风格，Inditex 集团的声誉、财务状况及业绩都会受到一定打击。

从另一个层面来说，要是 Inditex 集团因为服饰鞋帽的版型存在知识产权问题而被第三方发起诉讼并要求索赔，那么 Inditex 集团不仅要承担诉讼开销，而且其形象及声誉也会受到一定拖累。

法律诉讼

集团高管们最担心的，莫过于 Inditex 集团因为各种不同纠纷而卷入国内、国际各级法院的诉讼当中。这些诉讼纠纷可能会给集团带来重大经济损失，影响集团的不动产（包括集团萨邦总部的地产）及商标所有权（这些商标已经进入全球市场）。

那些与转让萨邦工业区多块地皮，并与出让拉科鲁尼亚阿尔泰修的物流中心扩建项目许可证相关的人，恰恰就是向最高法院提出诉讼的原告本人或是与之相关的人。

一旦开启诉讼流程（有时候在诉讼初始阶段），就连 Inditex 集团也无法准确预测其结果如何。即使 Inditex 集团认为该诉讼完全不成立，但是它还是无法确切知晓最终审判结果，也无法推断执行该审判后可能给集团带来怎样的影响。Inditex 集团并未就上述争端做任何预防措施，因为它明白这些诉讼根本无法提前被预见。但是在很多情况下，判决往往对原告不利（由原告支付诉讼费用），一定程度上甚至有可能让原告背负巨额债务。

具体而言，在不妨碍其他尚未有确凿证据的诉讼基础上，目前记录在案的已经有 8 项行政诉讼、9 项行政争议诉讼、1 项和解、6 项控告和 1 项刑事诉讼。以上诉讼均被驳回，其中相关控告及刑事诉讼均已被封存，只剩下以下几项诉讼仍在公开处理，等待最后的判决。

在 Inditex 集团卷入的所有诉讼纠纷中，最著名的一起莫过于与拉科鲁尼亚企业家何塞·玛丽亚·贝西诺的诉讼争端。

何塞·玛丽亚·贝西诺·罗德里格斯先生（以自己本人或者旗下公司萨邦制造股份公司及大西洋制造股份公司的名义），曾与其母玛丽亚·埃斯佩兰萨·罗德里格斯·罗霍女士不断上诉，指控 Inditex 集团在利益方面及与该企业相关的人员方面存在的问题。

一项是与 Inditex 集团自建的物流中心相关。Inditex 集团在阿尔泰修（拉科鲁尼亚）的萨邦工业区 66 – 69 号扩建了自家的物流中心，但何塞·玛丽亚·贝西诺·罗德里格斯对阿尔泰修政府委员会批准该项扩建项目有异议，提出行政诉讼。1998 年 2 月 12 日，加利西亚高等法院行政诉讼厅下达 168/1998 号判决，宣布不予受理。原告何塞·玛丽亚·贝西诺·罗德里格斯之后又提出了上诉。

原告的母亲玛丽亚·埃斯佩兰萨·罗德里格斯·罗霍及其家族旗下企业大西洋制造股份公司和萨邦制造股份公司也曾向加利西亚高等法院提出 4016/99 号、4017/99 号、4018/99 号、4038/00 号、4039/00 号，以及 4048/00 号行政诉讼（最后三个是针对同一案件的诉讼），就拉科鲁尼亚省议会关于萨邦工业区 15 号、17 号、18 号、19 号及 68 号用地的多项决议进行申诉。这些地段均为 Inditex 集团所有，但原告却认为应将上述土地划为拉科鲁尼亚省公有财产。由于以上均为往期诉讼（2001年前），Inditex集团以种种理由要求法院对其不予受理。至于那些当时尚未审判的诉讼，由加利西亚高等法院行政庭二部的三位了解案情的法官进行审判，但原告敦促取消这三位法官的审判资格，并以对他们进行刑事诉讼为由，要求对他们进行提前上诉。

最后当何塞·玛丽亚·贝西诺·罗德里格斯知晓Inditex集团的上市计划时，他于2001年2月26日向国家法院下属的2号初级法院中央法庭提起上诉，指证Inditex集团董事会成员及外部审计员因未在年度报表中注明诉讼经费而触犯法人罪（刑法第290条）及诈骗罪（刑法第248条）。根据2001年3月7日的审理记录，法庭认为以上指控与刑法无关，属于诉讼案件，不在中央法院受理范围，因此拒绝受理此案。

原告何塞·玛丽亚·贝西诺再次提出刑事申诉，要求撤换当值法官，但是该申诉被法院驳回，并对原告施加最高额度罚款。至于原告的上诉请求很长一段时间一直仍处于待处理状态，但之后检察官倾向驳回请求，维持原判。

2001年4月6日至14日，何塞·玛丽亚·贝西诺和母亲再次就同一事件向中央法院提起上诉，此次案件仍被移交至国家法院下属的2号初级法院中央法庭进行受理。这些案件的一再上诉引起了检察官的兴趣，于是检察官验证了何塞·玛丽亚·贝西诺的真实身份，并找到上文提及的于2001年2月26日受理的相关案件记录。

Inditex集团方认为："上述控告只是毫无依据的敌对态度，毫无依据，完全站不住脚。"

品牌及业务

　　除了国内的司法诉讼，Inditex 集团的商标及品牌业务诉讼同样已经是，甚至会一直是法庭上的焦点。从 Inditex 集团向国家证券市场委员会提交的文件中，我们可以发现，Inditex 集团要求墨西哥、日本、秘鲁注销位列商品和服务国际分类 3 级（香水、肥皂和化妆品）的 Zahara 品牌，因为 Zara 及 Zara 品牌在上述国家家喻户晓，位列商品和服务国际分类 25 级（服装鞋帽）。由于墨西哥不支持注销现存注册品牌，因此 Inditex 集团的上诉那时仍处于尚未审判的状态；而日本支持注销现存注册品牌，于是 Inditex 集团已经开始在走相关的注销流程了；在秘鲁，Inditex 集团已经成功阻止 Zahara 品牌的转让，但 Zahara 品牌持有人通过上诉，现已重新注册成功，所以目前Inditex 集团再次针对该品牌向相关法院提出申诉。

　　另一方面，威尼斯手工服装制造商于 2000 年 1 月 11 日向米兰法院起诉，质疑 Zara 品牌在意大利的注册是否有效。与此同时，Inditex 集团及 Zara 意大利有限责任公司也向都灵法院提起上诉，控告威尼斯手工服装制造商非法占用 zara.it 的域名。在诉讼的初审阶段，都灵法院裁定威尼斯手工服装制造商禁止使用并注销该域名，但后者就此决议提出上诉。

　　在 Inditex 集团为维护其品牌而发起的诉讼中，尤其不能忘的是1996 年其向 NBA 发起的诉讼。Inditex 集团认为美国篮球联赛和自己在西班牙注册的品牌 N&B 销售的属于同一类产品，因此美国篮球联赛的商标对自家旗下品牌已构成品牌侵权。但是加利西亚高等法院却驳回了该项诉讼，驳回理由是 N&B 念作 "N 和 B"，而 NBA 念作 "NBA"。加利西亚高等法院同时认为两者并不存在视觉上的相似性。

Inditex 集团很少收到涉及服装和鞋类版型方面的知识产权纠纷的投诉，因此面对该类诉讼，通常采用庭外和解的方式解决。但是由于当时还未计算出某些诉讼涉及的成本是否过高，因此还有些诉讼未能处理完成。

股权结构风险

上市前，阿曼西奥·奥尔特加凭借 74.73% 的股份全权掌控着 Inditex 集团。阿曼西奥·奥尔特加拥有直接股份 15.44%，通过加特勒公司（1995 年创立，阿曼西奥·奥尔特加全权持股）间接持股 59.29%。集团上市后，阿曼西奥·奥尔特加继续控制 Inditex 集团，占股 61.22%。其中直接持股 1.93%，通过加特勒公司间接持股 59.29%。该类控股公司的章程中有明确的股份转让机制，允许持股人自由指定，选择生前转让或是遗赠。加特勒公司股本合计 6 600 万欧元，共计 2 194 200 股，但该股份不能作为债权或股票进行转让。这意味着，当阿曼西奥去世后，掌控 Inditex 集团的将会是阿曼西奥基金会。

因此，在股东大会已经批准的议题上，例如股息批准、股本变动、董事会成员推选、公司章程修订、公司并购及其他与集团相关的重要决策等，阿曼西奥·奥尔特加都发挥着至关重要的作用。

葡萄牙和墨西哥市场的失利

Inditex集团在国际市场上最大的跟头就栽在葡萄牙和墨西哥。1996年3月,《独立周报》发文称西班牙Inditex集团及其联合或控股公司涉嫌贩毒和洗钱,正在接受调查,就连葡萄牙《人民日报》也发文与之遥相呼应,以致葡萄牙信息及安全服务中心(SIS)不得不出面对该类新闻进行否认。

为了证实其可信度,《独立周报》还引用了相关的官方数据:"一年前,Zara旗下企业因涉嫌贩毒及洗黑钱而被调查。"《独立周报》还补充说,在经过初步调查后,葡萄牙信息及安全服务中心向司法机构提交报告宣称"怀疑已得到证实"。葡萄牙信息及安全服务中心和Inditex集团发言人何塞·玛丽亚·冈萨雷斯纷纷出面否认,认为此消息是葡萄牙纺织企业出于利益纠纷,为阻挠Zara在葡萄牙发展而恶意下的绊子。

祸不单行,Inditex集团在墨西哥的发展之路也处处受阻。2003年,墨西哥政府对Zara和巴适卡发起调查。墨西哥政府认为上述两个品牌涉嫌伪造进口原产地文件,以此降低关税,谋取私利。墨西哥当局怀疑进口服装标签上的"西班牙制造"实际上是亚洲制造。此事一旦证实,Inditex集团不仅将要接受经济制裁,而且还很有可能会失去墨西哥市场的进口权。

此次公开调查主要基于西班牙劳动力比墨西哥劳动力成本高,因此在墨西哥市场,这两条品牌线的竞争优势毫无疑问会被削弱,但墨西哥却有 90 家 Inditex 集团分店，分店数量甚至位居全球第三。Inditex 集团声明"一切行为都在法律允许范围内进行"，西班牙海关也参与调查，帮助弄清楚事情的始末。

Zara 面临的另一个"国际问题"就是犹太人对该品牌线的愤怒。Inditex 集团的一大骄傲就是，在不同的国家用不同的语言标注出同款服饰的售价。在以色列，Inditex 集团也是这么做的，但这些衣服上标注的却是阿拉伯国家的国旗、货币及文字。因此以色列的 Zara 店铺前常常挤满抗议者，虽然这已经让 Inditex 集团十分苦恼，但更令集团感到不安的是那些犹太院外集团，尤其是美国犹太院外集团的愤怒，因为他们通过各方力量施压严重伤及 Inditex 集团的根本利益。虽然后来在以色列出售的产品商标上的国旗、货币及文字错误已被纠正，但它带来的影响仍在不断发酵。

棘手的公诉

作为全球纺织业的前沿企业，Inditex 集团一向眼高于顶。很多时候连集团负责人都会遵从阿提拉[①]原则，一脚踏上不归路，踢开那些前进道路中挥之不去的绊脚石。有时候，他们甚至会游走在合法与非法的边缘。

此外，另一件由来已久、相当棘手的事便是阿曼西奥·奥尔特加及何塞·玛丽亚·贝西诺之间存在着的"强烈敌意"。两人积怨

---

① 阿提拉（Attila），古代亚欧大陆匈人的领袖，欧洲人称之为"上帝之鞭"。

已久，曾因为纺织业及不动产方面的利益而斗得不可开交。只要是认识他们的业内人士都会说两人拥有着同样的爱好，喜欢发号指令、热爱骑马、沉醉于时装设计和缝纫，所以他们之间发生什么事都是有可能的。

两人的初次交锋始于1990年6月，当时何塞·玛丽亚·贝西诺把萨邦工业区的三块地皮卖给了阿曼西奥的Inditex集团。当何塞·玛丽亚·贝西诺旗下两家公司及其母亲还算得上加利西亚纺织业豪门的时候，他们曾通过公开拍卖获取了这三块地皮。几年过去了，何塞·玛丽亚·贝西诺出现业务危机，这三块地皮被抵押，而拉科鲁尼亚省议会以"缺乏经济活动"为由重新修订了该地皮的出让权。

Inditex集团对这三块地皮十分感兴趣，于是通过Gosam公司从何塞·玛丽亚·贝西诺手里把它们买了过来。但何塞·玛丽亚·贝西诺却说这是非自愿行为，并向Inditex集团提起诉讼。自此之后，何塞·玛丽亚·贝西诺绝不放过与Inditex集团有关的任何事件，他针对Inditex集团发起的法律诉讼呈螺旋状不断增长，收获的成效也不尽相同。

何塞·玛丽亚·贝西诺的第一个公诉对Inditex集团影响最大，成为集团史上不可磨灭的一案。在Inditex集团向国家证券市场委员会提交的上市文件中也可看出此事波及甚远（参见《商业战略及市场风险》一节内容）。它影响了Inditex集团在拉科鲁尼亚阿尔泰修萨邦工业区进行的第27097号地产开发。因为阿尔泰修市政府也涉嫌参与其中，法院很有可能宣布第27097号地产为非法开发项目，如果是这样，Inditex集团将不得不拆除已开发的建筑，并自行承担相应的经济损失。

2000年2月，据《盖姆》杂志报道，加利西亚政府委员会在1994年12月26日批准转让"重建"该处房产的使用权。当天，它就授予Inditex集团新工程实施许可证，批准其进行厂房扩建。详细数据均记载于32/94号行政备案中。

但加利西亚商人何塞·玛丽亚·贝西诺对此仍有异议，他于1995年10月4日向加利西亚高等法院提出5134/95号行政诉讼，认为其违反了现行土地法中的法律生效先后性原则。

何塞·玛丽亚·贝西诺在此次诉讼中申诉，因为阿尔泰修政府委员会先前涉嫌蔑视或无法解决何塞·玛丽亚·贝西诺的上诉请求，因此何塞·玛丽亚·贝西诺要求废除阿尔泰修政府委员会1994年12月发布的土地转让授权书，并要求Inditex集团拆除扩建的违章建筑。

关于Inditex集团该处房产的异常情况的技术报告在此案中意义重大。在何塞·玛丽亚·贝西诺的申请下，出具该份报告的拉科鲁尼亚建筑师官方学院第900号建筑师出庭做证（诉讼号5134/95），宣称萨邦工业区用地条例限定了公共大楼、办公建筑、生产及库存厂房三类标志性建筑群的最高高度。

但这份报告中的数据表明，Inditex集团的相关负责人并未遵守上述条例。如果将Inditex集团的厂房结构进行拆分放在连续的水平面上来看的话，厂房部分区域的高度甚至高过五层楼，远远超过官方及条例所允许的最高高度。

报告中还提及，为了达到目标，Inditex集团负责人甚至歪曲地下室的概念，试图通过只计算楼层数量来证实建筑的高度在条例允许范围之内，并以此说明集团建筑符合使用标准。

因此，该份业内报告的结论是：Inditex集团的建筑高度不仅超出萨邦工业区用地条例规定的最高高度，其最大建筑面积也远远超出该条例的相关规定。

尽管加利西亚高等法院不予受理此案，但何塞·玛丽亚·贝西诺仍不放弃，他于1998年7月30日向最高法院提出申诉，要求废除相关授权。

此次诉讼中，何塞·玛丽亚·贝西诺再次要求法院中止Inditex集团目前正在施工的项目，废除32/94号备案中授予Inditex集团的建造许可证，并拆除冲突地段扩建的"违章"建筑。

这次矛盾的焦点聚集在不动产注册的问题上。1999年10月5日，在上述土地的归属问题上，拉科鲁尼亚三号不动产登记簿进行了如下注解："在该争议地段曾出现针对Inditex集团萨邦工业区建造许可证的诉讼案件，由加利西亚高等法院行政庭二部进行审理，要求废除阿尔泰修政府委员会授予的Inditex集团的建造许可证，案件号为5134/95，受理法院是加利西亚高等法院行政庭二部。"上述注解于1996年2月14日记录在阿尔泰修327卷的第180页。

Inditex集团认为："上述申诉只是出于对方的敌对态度，毫无依据，完全站不住脚。"

贝西诺的下一项控诉是控告两名法官及Inditex集团的高层非法拘禁、玩忽职守，以及合谋舞弊。贝西诺现已放弃经营纺织业，转而从事餐饮业。他在诉讼中说道："法官经常因为一言不合，一大清早就往你脸上摔杯子。如果该场景发生在加利西亚街道两边灯红酒绿的美式酒吧，情况就更加糟糕了。"他还补充："更加反常的是，一位司法人员居然在圣诞节前夕，违法逮捕了一位75岁且只有一条腿的残疾女士（指贝西诺的母亲），理由仅仅是因为她是一家延期偿还债务的企业（指贝西诺担任经理的公司）的股东。她被拉科鲁尼亚警察局关了接近24个小时啊！"

诉状一开始就描述了原告在上述所有案件中孤立无援、遭到严重的不公正待遇。尽管上述诉讼案件看起来都是独立的，但实际上都是一个套路："这些诉讼对集团的利益是不利的，然而诉讼案被一个名副其实的'施压团队'一手操控着，他们先是进行警告、威胁，然后便是滥用职权，为达其目的，贿赂法官、书记员及其他相关人员。"

诉状中还指出，之所以上述诉讼的结果大相径庭，是Inditex集团发言人兼董事会部长的安东尼奥·阿布里尔·阿瓦丁"利诱其妻（地方法官）及其他司法人员，阻挠法院进行任何有损集团利益的判决导致的"。此外，他还避开正常司法渠道，滥用法律，报复陷害原告及其家庭。

贝西诺在诉状中也明确指出，安东尼奥·阿布里尔·阿瓦丁与其指定的律师（如巴塞罗那律师曼努埃尔·赛斯·帕尔加）狼狈为奸，就捍卫Inditex集团利益、压下贝西诺的诉讼案件达成了一系列的非法协议。

在诉讼书中，贝西诺花了近一半篇幅，用了约20页的笔墨来叙述由安东尼奥·阿布里尔·阿瓦丁、其妻玛丽亚·安赫莱斯·帕雷德斯·普列托及法官玛丽亚·罗莎·弗莱雷·佩雷斯组成的"施压团队"。他在诉状中斩钉截铁地写道："由权威人士组成的'施压团队'腐败、滥用影响力、渎职、犯法，为法律及民主制度所不容，应当接受制裁。"

安东尼奥·阿布里尔·阿瓦丁是国家检察官的编外人员，曾就职于拉科鲁尼亚税务局，因此，贝西诺认为他"人脉深厚"。而且安东尼奥·阿布里尔·阿瓦丁的妻子玛丽亚·安赫莱斯·帕雷德斯·普列托也是一名刑事法官。安东尼奥·阿布里尔·阿瓦丁不止在一个场合强调过，他们个人的影响力也是 Inditex 集团自身影响力的一环。他还表示，如果申诉人不顺从、不合作，那么 Inditex 集团会在司法、税务、商务各个领域对他们予以打击。

贝西诺强调，安东尼奥·阿布里尔·阿瓦丁的策略是"多个朋友多条路"。1992 年 8 月，贝西诺聘请巴塞罗那律师曼努埃尔·赛斯·帕尔加为其展开刑事辩护。

曼努埃尔·赛斯·帕尔加则把贝西诺的意图告知安东尼奥·阿布里尔·阿瓦丁。没过几天，阿瓦丁前往巴塞罗那拜访帕尔加。之后，帕尔加找了各种理由和借口搪塞贝西诺。尽管收了贝西诺的委托费，可是他并没有把投诉上呈给法院。贝西诺很清楚帕尔加必然和阿瓦丁有所勾结，联合阻挠他向法院提起诉讼。

随着阿瓦丁先前的威胁一一实现，贝西诺面临的压力与阻碍与日俱增。当时贝西诺的公司，有的面临延期偿还债务的窘境，有的已经破产。这使得加盟店纷纷撤换供应商，在贝西诺看来，阿瓦丁除了对他的公司施加压力，司法进程的快慢也取决于这位 Inditex 集团董事会秘书的利益需求，而他毫无疑问会维护集团的利益。

贝西诺控诉操控该企业司法案件进程的人正是阿瓦丁。他认为凭借阿瓦丁及其妻子玛丽亚·安赫莱斯·帕雷德斯·普列托与法官玛丽亚·罗莎·弗莱雷·佩雷斯之间的交情，阿瓦丁足以左右司法进程，因此无论从专业角度抑或是个人角度来说，他们都已侵害自己的利益。

控诉中还指出，法官玛丽亚·罗莎·弗莱雷·佩雷斯，仅仅因为原告的母亲是延期偿还债务的 Brado 股份公司的股东之一，就丧心病狂地下令对其进行逮捕。1996 年 12 月 23 日晚上 8 点，贝西诺的母亲被国家警局收监入狱。

贝西诺的母亲已有 75 岁高龄，且医疗报告证实她患有残疾，但弗莱雷·佩雷斯法官对此视而不见。一直到 12 月 24 日下午 1:30，其母才被法院批准释放。

对于贝西诺来说，这些行为都是法官弗莱雷·佩雷斯女士亲手犯下的罪孽："她伤害了衰弱残疾的老年人，她的司法事业必将因此蒙羞。"

贝西诺还强调，与之形成鲜明对比的是，法官佩雷斯对被告——Inditex 集团董事会主席阿曼西奥·奥尔特加——却优待有加。阿曼西奥·奥尔特加以被告的身份被传唤下午 6 点出庭，而法院却为他大开方便之门。为了避免他被蹲点的记者们"打扰"，法院允许他从法官专用通道驱车进入。

2000 年，加利西亚高等法院做出宣判，认为"贝西诺及其母关于 Inditex 集团及两名法官狼狈为奸的申诉缺乏依据，此案予以封存"。

第六章
有关阿曼西奥的事
CAPÍTULO VI. LO QUE CUENTAN DE ÉL

别人眼中的阿曼西奥

阿曼西奥和 Pescanova（西班牙第一大海产品上市公司）主席曼努埃尔·费尔南德斯·德索萨·法鲁认识差不多有 10 年了。阿曼西奥的女儿玛塔和曼努埃尔的儿子伊格纳西奥碰巧参加了同一场赛马比赛，这两位父亲便在一起谈论起了两个孩子的马术风格、坐骑、比赛的紧张氛围，以及一项体育活动能给人带来的意想不到的益处：这使他们能在好几个小时内忘记公司的事。"阿曼西奥有一天对我说：'我不知道这项体育活动有什么魔力，但是如果我女儿要参加比赛，我想要待在她身边。'多亏了这些马，阿曼西奥和玛塔在一起的时间远比自己想象的要多。"曼努埃尔说。

直到玛塔迷恋上赛马，阿曼西奥·奥尔特加才开始知道，除了能保持体形的网球赛和每周五都会在金融俱乐部和他的员工跳的足球泼踯格舞，竟然还有其他的娱乐项目。你会发现你的孩子在某个年龄段会需要你在他们的身边，然而你却没空陪伴他们，阿曼西奥就是一个十分典型的例子，因为他整颗心都投入到了工作中。有人说赛马是一项很昂贵的运动，但这取决于你是做什么的。如果你的条件允许，我认为这是一项能带来高回报的运动，它除了能使你和你的孩子更亲近，还能唤起他们克服困难的欲望及责任感，因为马是每天都必须进行清洗，进行训练的。

他俩企业的业务性质大相径庭，因此在生意场上构不成竞争。在一些企业家聚会上，有人提及阿曼西奥拥有世界上最好的马术俱

玛塔·奥尔特加在阿曼西奥建造的卡萨斯·诺瓦斯马术俱乐部参加第二届国际马术比赛。
（图源：凯撒·基昂/《加利西亚之声》）

乐部之一，（自认为自己的马术俱乐部毫不逊色的）曼努埃尔反驳道："我要在维戈展览场（曼努埃尔名下的马术俱乐部）为'赛马世界杯'举办热身赛。"他对那些爱妄加揣测的人说道："他（阿曼西奥）想将他的马术俱乐部打造得更好，我也是。很明显，如果说他在某方面对卡萨斯·诺瓦斯马术俱乐部进行了完善，我会努力使维戈展览场在这方面做到更好。反之，他也是一样。从某种程度上来说，这也是我俩在企业上的写照，但这是两种不同的竞赛。企业上的竞赛是私人的，马术俱乐部上的竞赛则是面向公众的。即使他能在企业竞赛中赢我，在马术俱乐部的比拼中我才是赢家。我想要打造最好的马术俱乐部是为了我的儿子，如果这座城市没有马术比赛和马术俱乐部，我会感到很难过。然而，我却找不到可以一较高下的对手。"

阿曼西奥仅仅用了3年就把赛马中心变成了世界级的赛马场。

在卡萨斯·诺瓦斯马术俱乐部，阿曼西奥和卢戈公爵交谈。（图源：凯撒·基昂/《加利西亚之声》）

第六章　有关阿曼西奥的事

在这个没有深厚马术传统积淀的国家，它就像是一座孤岛。在赛马中心建造之前，这儿曾是阿尔泰修市管辖区拉林（地名）的一座农场，名叫奥科尔索。为将其建造成赛马中心，阿曼西奥花费了900万欧元。"阿曼西奥是完美主义者。为了给他的女儿和亲戚提供一个无与伦比的练马场地，他也曾参观过其他一些地方，并选择了最佳地点进行建造。一开始，我没想到他会在那儿举行骑马比赛，但是为了让该赛马中心投入运营，他举办了一次，这是最好的私人比赛之一。我对他说：'就算你做得再好，你也不会有时间为它举行开幕仪式的。'"但是他做到了，2000年12月15日，阿曼西奥为该场地举行了开幕仪式，加利西亚委员会的主席曼努埃尔·弗拉加也出席了这场仪式。

说到阿曼西奥的精益求精、力求完美的精神，曼努埃尔·费尔南德斯无法忘怀这样一件逸事："我们需要找到一处绝妙的场地来证明维戈展览场还不是最适合举行赛马比赛的地方。我们想要寻找的是一种质地柔软的沙地。这样，至少那些骑手就不会再抱怨了。我们在圣地亚哥附近的萨克罗峰找到了这种沙土，它的石英粉末具有独一无二的防水性。令人惊奇的是，当我们准备去那儿买下那些沙子的时候，那儿的人告诉我们一位来自拉科鲁尼亚的先生出于同样的目的已经买下了它。我便向那儿的人打听他的外貌特征，我发现那个人正是阿曼西奥。我不能买下这些沙子是因为他已经抢先一步知道了这件事，对于这种简单的小事，他也乐在其中。"

曼努埃尔先生在这位Zara总裁的照片公开曝光之前和之后都有提及过："因为他的企业规模庞大，他别无选择（只能公开自己的照片），但他依旧是个单纯的家伙，想法很实际且具有很强的反思能力。他很难即兴做出决定。当你对他有了深刻的了解，你会发觉他拥有一个无与伦比的团队，因为他是一个值得被这样一个团队围绕的人，但是这个团队所有的理念和想法都来自阿曼西奥。同样，他选人的眼光也很精准。"

和曼努埃尔·费尔南德斯的谈话似乎变成了他的个人独白，他讲话总是不紧不慢，条理清晰，试图将他这位企业家朋友作为普通人的一面和作为世界服装业大亨的一面都淋漓尽致地展现出来。

加利西亚的企业家用惊叹号来形容 Inditex 集团的上市。曼努埃尔·费尔南德斯指出："我认为就算是对阿曼西奥本人来说，Inditex 集团的上市也算得上是一种惊喜。这不是件公司层面上的事，而是件股市上的大事。正是他一直秉持的理念使 Inditex 集团达到了现在的规模。Inditex 集团就是在这样一位商业巨匠的手中诞生的，他对待顾客的服务态度是极好的。他很清楚他的客户想要什么，因为他总是很乐于亲近他们。可以说他是在为顾客的需求服务，这也是他成功的关键。"

那么其他人该如何获得成功呢？从表面来看，这似乎很简单：只要跟随他的脚步就可以了。曼努埃尔·费尔南德斯点醒那些幻想家说："有的人能从客户的诉求中找到答案，有的人则不能。他就是那种能找到答案的人。尽管我并不认为我是能点评他的最佳人选，但在我看来他是 Zara 的标杆。"

在阿曼西奥是如何做出让 Inditex 集团上市的决定并使它在股市广受欢迎的问题上，曼努埃尔·费尔南德斯的确是谈论这个话题的最佳人选："我认为 Inditex 集团的上市会使它的业务暴增。但我对 Inditex 的上市并不持非常乐观的态度，他的公司发展得很好，没必要借助证券市场来实现增长。他不需要通过股市来进行额外的宣传。

第六章　有关阿曼西奥的事

你想要让上市公司将你的生活打乱到何种程度呢？答案已经在这儿了。阿曼西奥的另一项成就就是：他已经发现了残酷的资本价值及损益表中至关重要的元素。"

然而，股市已经发出过两次警示了。就在发出第二次警示的前一天，公司的业务还一切如常，但第二天不知什么原因，他的股票价值可能就会像泄了气的沙滩皮球一样急速下降。对于曼努埃尔·费尔南德斯来说，"公司业绩在上升，股票却呈下跌趋势真是件可笑的事。这就好像是为了使股票升值而花钱一样"。

当提及这个话题的时候，我们的疑问之一便是：是谁提出了去并非总是风平浪静的股市进行冒险的想法？曼努埃尔·费尔南德斯觉得这个疑问冒犯到了他："很显然，如果你拥有一家公司大部分的股份，这样最起码，决定权就掌握在你手中。有些人可能会赞同你的决定，也有些人会反对你的决定，但是要知道阿曼西奥才是最终做出决定的人。"

我们的疑问得到了解决，事实上当这两人碰面的时候这个疑问已经不是个秘密了。阿曼西奥将曼努埃尔作为典范，对他极尽溢美之词，他这么做是为了使这位世界第六大渔业公司的老板（曼努埃尔·费尔南德斯）能为他开一家由他全权控制的店面。"可能阿曼西奥说的有道理，但是我们的企业是不同的。在他熟悉的商业领域，他的目标很明确，就是减少产品从生产到消费过程中那些需要成本的环节。广告宣传就是一项被他忽略的、需要成本的环节。在你自己的店里，你可以为你的产品进行定价及制定推广策略，甚至你有机会根据自己的喜好来选择投资某项产品或是投资别的产品。这是他成功的另一个关键，并且他建议我建立一个类似的企业框架，但是食品市场和纺织品市场并不是完全一样的。同样，白手起家和拥有大批客源是不一样的。"

正如前面提到的,阿曼西奥·奥尔特加不喜欢在广告宣传上花钱。当然也有例外:大减价时期的宣传广告和刊登在招聘启事板块上的一些文字广告。而曼努埃尔·费尔南德斯则赞助了一项广告宣传活动,该活动的标语成了一句流行语。他公司的产品——鲁道夫对虾,戴着缝有绦带的帽子出现在了屏幕上,在探戈轻柔的节拍下请求道:"哎,请把我带回家。"这个动画人物甚至引发了滑稽演员组合"星期二"和"十三号"的模仿。

他俩的策略是相反的,是吸引顾客的两种不同方式。阿曼西奥·奥尔特加利用当地最好的橱窗来吸引顾客,而曼努埃尔·费尔南德斯则是利用广告对消费者进行潜移默化的影响以引导消费者选择自己的品牌,而非冷冰冰的橱窗。

这些橱窗成为破译Inditex集团零广告策略的一处绝佳看台。"一件产品必须被很好地摆放在它的销售点。它必须符合顾客的期待,只要它被摆在那里,就必然会起到激起消费者购买欲的作用,它是与消费者进行沟通的一种媒介。阿曼西奥选择不做广告是因为他无法在一开始就确定在销售上进行推广——美化策略(指广告营销)所需的成本公式。我猜他认真研究过这一点。毫无疑问,广告会促进消费,但是同样是需要成本的,必须对成本进行估算。就我们公司(Pescanova)而言,进行这项投资是必要的。我会通过我了解的计算结果进行衡量,这些计算结果是针对Pescanova而言的,对我们公司来说,这项投资能给我们带来回报。"

他不止一次说过:"只要有10个Inditex集团,加利西亚便不会有人失业。"这个说法同样也适用于Pescanova。有10个Inditex集团和 20 个 Pescanova 集团，加利西亚的居民就不再需要为了谋生而远赴世界强国了。阿曼西奥·奥尔特加和曼努埃尔·费尔南德斯在拉波沙达·德尔·马尔·阿多沙餐厅吃饭的时候，通常不谈论工作上的事，而是专注于谈论马匹。但是，有时面对那些不利于加利西亚环境和就业的问题，他俩会不约而同地进行分析探讨。"不能说因为出现了 Inditex 集团，就会出现 100 个这样的企业。加利西亚尽管发展迅猛，但还是没有足够的工作机会。我们最担忧的是我们无法提供足够的工作岗位把那些接受过良好培训的年轻人留下来。之前发生过劳动力绝对量流失的现象，而现在我们这里大多数具有专业素养的年轻人也去了其他地方工作。如何避免这样的情况发生呢？如果我们有魔法棒，我们一定会进行阻止。"

费尔南德斯·洛佩斯家族，也就是 Pescanova 集团的总裁的父辈和叔辈们，曾在战后重建工作中起到了主导性的作用。他们开创了如 Zeltia（西班牙的一家生物技术公司）（1939 年）或是 Pescanova（1960 年）这样的企业。他们有能力对农牧业、渔业这样的行业进行改革，他们为加利西亚的振兴做出了重大贡献。曼努埃尔·费尔南德斯延续了这种家族传统，他守护着水产养殖业，认为该行业在未来很有发展前途。正因为这样，他在所谓的蓝色革命中成为先锋人物。他是家族的第二代继承人，俗话说：第二代守成，第三代挥霍。另一方面，阿曼西奥·奥尔特加的病体已经痊愈了，他将公司的管理权交到了以他名字命名的基金会手中。

这个决定被当作是阿曼西奥认为自己子女的能力并不足以接管公司的一种信号，然而费尔南德斯并不这么认为："关于家族企业，存在很多说法，世界上许多谬论都被用在了这类企业上。为什么说创始人的后代就不能做和他们祖辈一样的事呢？很多时候，是因为发展业务的环境和先前不同，还有些时候，是因为寻找更好的机遇的时刻到了。在家族企业的传承问题上，主要有两种情况：第一种是那些继任者不希望继续之前的业务，并为了寻找更好的机会而抛弃了它；第二种则是形势发生了变化，故而之前的业务无法延续下去。同样也会出现另一种情况，那就是一切照旧，什么都没变化。

基金会能保证你的企业理念得到延续，但这并不是唯一的方式。不管怎么说，就算阿曼西奥已经创建了一个基金会，也不能把这理解为他不想要一个家族继承人。更确切地说，情况可能恰恰相反。"我认为他想做的事是让自己的女儿玛塔继承他的位子。这也许是他的梦想，正因为如此，他正在培养她。"

最后，作为这段剖析的结尾，我们抛出了一个巨大的疑问：他做着一切亿万富翁不会做的事情，将工作变成消遣值得吗？他能否赚越来越多的钱来弥补牺牲掉的生活？"当你拥有足够多的财产时，可能你会计划如何摆脱它及花掉它，或是换一种生活方式。但是如果你享受你所做的一切时，比如阿曼西奥，你会比做其他任何事都感到快乐。这不是钱多钱少的问题。他这么做是因为他喜欢这么做并且享受其他人和他一起工作的感觉。"

请诸位自行判断他这样做值不值得。

对阿曼西奥的采访

随着阿曼西奥第一张照片被曝光，媒体本能地认为：阿曼西

第六章 有关阿曼西奥的事

奥·奥尔特加开始愿意进入大众视野。一时间 Inditex 集团的公关部充斥着各种邀请阿曼西奥参加采访的传真。媒体的这些期待是有理可循的。如果阿曼西奥愿意揭开面纱让世人见到他的样子,有什么理由不愿意让世人也了解他的思想体系呢?为了使阿曼西奥接受他们的采访邀约,那些主流媒体表现出了足够的诚意。他们准确指出他们拥有的读者数量、观众数量或是列举接受过采访的杰出人物。甚至连声名卓著如《纽约时报》为了使阿曼西奥·奥尔特加接受他们的采访,也给他发送了一份所有接受过《纽约时报》采访的人物名单。对于所有的这些媒体,不管是大媒体还是小媒体,阿曼西奥·奥尔特加的回复一律是"不"。

直到 2003 年 9 月 18 日,采访阿曼西奥才成为现实。这一日,英国《泰晤士报》刊登了阿曼西奥·奥尔特加·高纳首次接受采访的内容。该采访上还印有《泰晤士报》经济版主编佩盛斯·惠特克罗夫特的签名。在该报道中,他们将阿曼西奥称作"颠覆时装界的人"。在采访中阿曼西奥坦言他一直"梦想在穆罕默德·法耶兹名下的哈罗德百货对面开一家店"。他对在当年秋天这个愿望将能实现感到很满意。并且他解释了他为什么会产生这种想法:"当时我还在一家店当售货员,我认为只有有钱人才能衣着光鲜是不公平的。我想要解决类似这种不公平的社会现象。他得意地表示,在他的领导下,Inditex 集团聘请了一支由 22 个来自 The Limited(美国一家超大型服装上市公司)的成员组成的团队,他们负责破译那些美国品牌的神奇配方,但他们最终没能成功。最终,他认为那些品牌之所以那么昂贵是因为它们标签上的价格不单是衣服的价格,还把运输成本也算在内了,这样才能解释为何那些在西班牙商店里的衣服和在美国商店里的衣服售价不同。"

然而，对阿曼西奥的这次采访使得西班牙报业怨声载道。《泰晤士报》报道中刊登的阿曼西奥的照片就是集团年报中经常出现的阿曼西奥的那些照片，于是这些西班牙媒体找阿曼西奥寻求为什么接受《泰晤士报》采访的解释。就这样，两天之后，由于 Inditex 集团的缘故，西班牙报业中的元老级报纸《维戈灯塔报》的股票下跌了约 12.8%，之后该报用一篇标题为《这个采访并不存在》的报道对此次的报业风波进行回应。报道的正文中进一步拓展了该标题："Inditex 集团方面消息称，昨天的那场所谓的采访并不存在，阿曼西奥是绝不会同意进行公开采访的。尽管 Inditex 集团无意追究这件事，但是在《泰晤士报》的报道中某些所谓是 Inditex 集团总裁说的话据说是来自阿曼西奥·奥尔特加的一场私人对话。"

也就是说，他的确参加了采访，但并不是大家想象的那样。《泰晤士报》还正在继续向阿曼西奥发出采访邀约。为了不把主导权让给其他人，该报纸才开始谈论有关阿曼西奥的事。

当《维戈灯塔报》发文质疑佩盛斯·惠特克罗夫特的专业能力时，佩盛斯·惠特克罗夫特本人就在维戈。当时，维戈正在举行世界捕鱼博览会，她的丈夫托尼·索尔特是该国际技术组织的执行董事。Pescanova 的副总裁阿方索·帕兹－安德拉德担任该组织的董事会主席，他是阿曼西奥·奥尔特加的密友。难道还需要更多的证据来证明那次采访其实只是个私人见面吗？

佩盛斯·惠特克罗夫特是这样来解释她是如何成功采访到新闻业最炙手可热的人物的："我在加利西亚有一个很有影响力的朋友，同样也是奥尔特加妻子的朋友。我去参观了 Inditex 集团的工厂，阿曼西奥接待了我们。这场谈话持续了大概15分钟。"在Inditex集团总部参观期间，惠特克罗夫特一直做着笔记，但是在和阿曼西奥谈话过程中却并未拿出小册子进行记录。"我没有请求他的允许，但是他也没有问我是否会公开此次谈话。在英国，当你和一个记者聊天，如果你没反对，就意味着该谈话是可以被公开的。此外，当时Inditex集团公关部的总监迭戈·科帕多也在，他也什么都没说。"

佩盛斯·惠特克罗夫特在这个严守着自己隐私的男人的放松状态下完成了这么一次采访。阿曼西奥当时是信任她的。

当这位《泰晤士报》经济版的女主编吃早饭时看到那篇《维戈灯塔报》发表的半辟谣性质的文章时，她一点儿也不惊讶："我能理解这篇报道，因为他不喜欢出现在报纸上，但是他承认他的确和我聊过。我认为这位奥尔特加先生以后不会愿意再接受任何采访了。"

通过辜负一个人的信任来换取报纸的收益，这样正当吗？《加利西亚之声》的负责人贝伊托·鲁比多·拉蒙德曾多次和阿曼西奥聚会过。如果想发表一篇问答形式的采访，想来他必有足够的素材。为什么他不这么做呢？"每个人都该有自己的底线。我了解阿曼西奥·奥尔特加的为人，他是一个严格遵循自己准则的人，如果我偷偷对他进行采访或是私自刊登和他私人的谈话，我并不会感到开心。这相当于言而无信。"

对于接下来的这个采访他不想多说，因为它压根不存在。这只是用来应对《泰晤士报》所发表的报道的一种计谋而已。通篇都是：那些"阿曼西奥的朋友说过""阿曼西奥曾说过"的话。仿佛这些就成了阿曼西奥本人所说的话。第一个对阿曼西奥·奥尔特加的问

229

答式采访是根据写阿曼西奥的书中的表述和一些零星的想象制作出来的：

- 当您已经拥有足够多的财富时，为什么您还要继续工作呢？
- 显然，几年前，我便可以不用通过工作来使自己的余生衣食无忧了，但是在这座商业繁荣的城市中还有很多事情还没有解决。我继续工作不是为了钱，而是因为我喜欢工作。

- 您曾说过，工作是第一位的，甚至比家庭还要重要。您已经67岁高龄了，在与病魔进行了一场殊死搏斗之后，您认为这值得吗？
- 现在我清楚了解到生命中有很多事情都是比工作来得重要的。
- 是指哪些事呢？
- 每个人的一生中都需要清楚了解自己想要成为怎样的人，也要了解什么是好，什么是坏。

- 对了，最近您看起来精神状态更放松了。有人看见您去骑马了，并允许别人为您和您的女儿拍照……
- 我不知道这项体育运动有何魔力，但是我知道如果我的女儿有比赛，我想要陪伴在她身边。昨天（因为比赛）我很紧张。我很感激那些马，它们使我和我的家人有更多时间可以在一起。

- 说起照片，为什么您长时间以来一直躲避闪光灯呢？为什么您不惜一切代价来避免成为名人呢？

- 因为，就像我一生都在做的事一样，我喜欢追寻平凡的事物。比如，在沙滩散步或是在玛利亚·皮塔的露天阳台上一边看报纸，一边喝咖啡。我知道如果我开始出现在媒体上，如果我开始妥协，那么这些平凡的美好就将离我远去。

- 有人提到过，您不想出现在镜头面前是因为不想受到埃塔组织（西班牙恐怖组织）的威胁。
- 我有保护自己不受埃塔组织威胁的安全系统，但是比起这个，想要保护自己的隐私却困难得多，只有避免成为公众人物才行。

- 贵企业取得的成就连哈佛的精英人士都惊叹不已，成功的关键是什么？
- 业务的理念很重要，尤其是在开始的时候就必须坚持正确的理念，销量上的过失90%都源于橱窗。

- 您的第一次旅行是去巴黎。时隔多年，您的品牌在这个时尚之都落脚，您感觉如何呢？
- 我没有参加巴黎店的开幕仪式。几天之后我去了，店里到处是人，我甚至不想进去。我像个孩子一样哭了起来，然后转身回去了。

- 进军股市是件不错的事，您觉得呢？
- 我不知道该用这么多钱来干什么，只能继续工作。

- 我很好奇，有人说，您很聪明，因为您知道要创建一个团队来为企业出谋划策，也就是说企业的成功并非完全归功于您。
- 钟表需要所有的零件一起运转才能保证它的精准。但是，谁是那个给它上发条的人呢？

- 说得好。最后，您决定将 Inditex 集团的大权交给您的基金会，这表明您不准备让您家族的任何人来继承您的位置吗？
- 这不能说明任何问题。我的女儿玛塔学习企业工商管理。这并不是没有原因的。

- 当被后人提起的时候，您希望他们想起您的哪句格言呢？
- 我总是说"一切皆有可能"。

结　语
谁将成为阿曼西奥的继承人

EPÍLOGO. Y DESPUÉS DE AMANCIO, ¿QUÉ?

如果 Inditex 集团的总裁阿曼西奥·奥尔特加突然去世或是不再担任公司掌权者，他的位置将由谁继承并不存在争议。在一次旨在宣布阿曼西奥·奥尔特加·高纳基金会成立的员工会议中，他曾公开说过：我很爱我的子女，因此我总是满足他们在经济方面的需求。尽管他们能享有那些经济权利，但是我是不会把公司交到他们手中的。这番话使得所有有关 Inditex 集团继承权的谣言都不攻自破。

该解决方案依旧出自何塞·玛丽亚·卡斯蒂利亚之手，他根据实际情况组建了阿曼西奥·奥尔特加·高纳基金会。该基金会同样由阿曼西奥掌权。一开始它并没有拥有 Inditex 集团大部分的股权，现在该基金会掌握了加特勒公司 5% 的股权，其余的股份依旧掌握在阿曼西奥·奥尔特加手中。自 1995 年开始，阿曼西奥的财产便汇集到了这家空壳公司。

在继任问题，或是阿曼西奥·奥尔特加突然离世的问题上，预计阿曼西奥·奥尔特加·高纳基金会会掌握加特勒公司20%的股份，根据加特勒这类公司的特殊制度，该公司绝大多数的投票权将落到阿曼西奥·奥尔特加·高纳基金会手中。因此，虽然阿曼西奥的经济继承权依旧在他的继承人手中，但是Inditex集团将间接由基金会来接管。

该基金会的结构和目标符合社会形式，但是它的真正目的是，在未来面临可能发生的变化的时候提供支持，并且避免可能出现的家族财产继承纠纷影响阿曼西奥商业帝国的延续这类问题。一切尽在阿曼西奥的掌握之中，他出生于巴斯东哥，在吉普斯夸学会了走路，在拉科鲁尼亚梦想登上纺织行业的顶峰。2000年时他已经70岁了，他很清楚在这类的事情（遗产纠纷）上，采取再多的防范措施都不为过。

带着这样的双重目的，2001年7月10日，阿曼西奥·奥尔特加基金会成立了。阿曼西奥将自己的住所安排在该基金会的一处大厦中，这座大楼位于萨邦Inditex集团总部大楼的背阴处。这家基金会的面积大约3万平方米，在2001年的时候需要花费将近20亿比塞塔才能买下来。

这是一家私人机构，根据该基金会的声明，它是非营利性的，旨在推动文化领域、教育领域、调查研究领域及科学领域的一切活动。

虽然该基金会的确和任何与纺织业相关的商业活动都沾不上边，但是这种为保证基金会经济存活的独特金融设计还是使该基金会不可避免地和Inditex集团的业务联系在了一起。Inditex集团的业务几乎囊括了所有领域，创立该基金会是因为它的创始人阿曼西奥的个人提议。用该基金会的总监费利佩·戈麦斯·帕莱特的话来说，阿曼西奥试图用这种方式来"一边致力于人文和慈善事业，一边缓解他对Inditex集团未来的担忧"。该基金会的启动资金为6 000万欧元（100亿比塞塔），这在慈善领域是一笔相当可观的数额。

根据创始人的意愿，该基金会的慈善活动旨在切实解决在公众利益方面出现的具体问题，通过在试行项目中获取的经验及解决方案为建设文明社会而服务。

在他的领导下，该基金会的管理机构从一开始就是由Inditex集团领导团队中最优秀的成员组成的。因此，该基金会的委员由何塞·玛丽亚·卡斯蒂利亚·里奥斯、胡安·曼努埃尔·乌戈伊蒂·洛佩斯·德·奥卡尼亚、卡洛斯·埃斯皮诺萨·德洛斯·蒙特罗斯·贝尔纳多·德·基罗斯及何塞·阿尔诺·丝艾德拉担任。安东尼奥·阿布里尔·阿瓦丁担任秘书。费利佩·戈麦斯·帕莱特担任该基金会的总监。

根据章程，该基金会的运营"在创始人、适用的法律，特别是加利西亚利益基金会规章里的条例的指导下进行"。虽然阿曼西奥·奥尔特加基金会的总部在阿尔泰修，但是它的活动范围并不只是局限在加利西亚自治区，而是遍布西班牙内外。

就像是阿曼西奥开办的其他机构一样，阿曼西奥·奥尔特加基金会提供全面的服务。也就是说，该基金会设计和实施自己的项目。根据具体情况，项目的设计和实施可能由它自己完成，也可能和其他自然人或法人合作完成。因此，它并不是一家融资机构，不管是个人项目还是合作项目，都由自己经手。它是一个为阿曼西奥量身打造的基金会，因此也是一家为Inditex集团量身打造的基金会。

根据官方声明，作为一家服务性的基金会，它的宗旨是为在公众利益上出现的具体问题提供解决方案，因此它的案例成为解决其他类似情况的模板。从该层面来说，该基金会并不是一家专注理论知识和问题研究的机构，它致力于（如基金会章程所指出的那样）借助对问题的精密研究，设计并执行有效的解决方案。

该基金会第一阶段的目标是给予教育行业特殊关注。在教育行业，它选择幼儿教育和初级教育作为重点关注对象，因为毫无疑问，社会的未来取决于在该领域的日常投入。

基金会成立以来，便一直诠释着先进的技术手段是使教与学逐步现代化的方式之一的理念。因此，比起教授具体的课程，该基金会更重视以加利西亚为起点推动教育现代化的进程，因为这是对下一代教育影响最为深远的因素之一。

基金会的总监费利佩·戈麦斯·帕莱特坚信：基金会在第一阶段所获得的经验将会决定它今后的行动领域。第一个项目是基于以下这些前提开展的：

- 通信和信息技术是服务的手段而非目的；
- 借助通信和信息技术，推动教与学的现代化，而不是把它们当作教育中心课程项目中的额外课程；
- 不是创建技术类的教室，而是把技术引入课堂，从而造福社会。

和其他一切带有阿曼西奥的印记和思想理念的事物一样，基金会的活动不久之后就展开了。我们可以这样说：这些活动几乎和基金会的公开介绍一模一样。第一个项目旨在通过教育中心引进的先进技术来推动教与学现代化的进程。

出于创始人的意愿，第一个项目在拉科鲁尼亚省阿尔泰修市的波恩特托斯布罗索斯幼儿教育及初级教育中心实施，这个地方完全是由阿曼西奥指定的，这几乎毫无疑问，如果可以选择，他当然会选择在自己出生地的教育中心。尽管他也表示过，从情感的层面来说，布斯东果和巴洛里亚拉武埃纳对他而言也是具有特殊意义的地方。

布罗索斯幼儿教育及初级教育中心在距阿尔泰修市10千米远处。这里共有3座教学楼，40间教室，分别建于1974年和1993年，这里大约有60名授课教师。

这所学校是公办学校，隶属加利西亚委员会大学教育及管理部。加利西亚委员会大学教育及管理部提供的资料显示：按学生数量进行计算，波恩特托斯布罗索斯幼儿教育及初级教育中心是加利西亚最大的公立幼儿教育及初级教育中心，学生人数近1 000人，并且由于近几年他国务工者子女的加入，学生的数量还在增加。据说，这种多元文化的组合正是阿曼西奥将该学校视为实现基金会目标的理想地点的原因。

和在Inditex集团中一样，该基金会的一切事务都和各界保持着联系，良好的国际关系是它成功的关键因素之一。因此，该中心在初级阶段，便和加利西亚委员会建立了机构关系。波恩特托斯布罗索斯幼儿教育和初级教育中心及阿尔泰修市政府——负责维护加利西亚委员会正常运行——均在加利西亚委员会的管辖下。

阿曼西奥·奥尔特加基金会选择和贝尔特斯曼基金会及恩古特罗基金会来合作完成该项目。贝尔特斯曼基金会是一家德国的私人基金会，在通过引进新的通信和信息手段来促进教育现代化的项目上处于世界领先地位。恩古特罗基金会是互联网教育学论坛的发起者之一。

但是Inditex集团的慈善活动并不只是建立基金会，还有其他形式，它这么做是为了拯救 Inditex 的形象。这种"洗白"行动由 Inditex 集团的负责人进行带头，他们致力于参加各种社会活动，这些社会活动能对该纺织集团生产过程中的有害环节起到一定的"洗白"作用。用何塞·玛丽亚·卡斯蒂利亚的话来说，在"为修正和改善与我们有业务联系的国家的社会环境和工作环境而做出巨大努力"的前提下，我们在秘密进行另一项企业活动，该活动旨在借助非政府组织，达到疏通社会投资途径的目的。它甚至还通过联合国全球契约得到了联合国的支持，当时阿曼西奥·奥尔特加还曾亲自致函时任联合国秘书长科菲·安南请求支持。Inditex 集团成为第一个开展这项活动的西班牙企业。2001 年 11 月，联合国秘书长在迈克尔·多伊尔的陪同下，现身 Inditex 集团参观了那些活动设备，自此 Inditex 集团正式得到了联合国的支持。在这次活动中，Inditex 集团企业社会责任部的总监，哈维尔·切尔克斯警示道："从这一刻开始，为履行 Inditex 集团所定下的原则，那些为 Inditex 集团工作的工厂和车间必须长期服从管理。"

Inditex 集团的社会工作中有一项是与非政府组织进行合作。其中得到 Inditex 集团最多支持的是两个组织：费伊阿莱格利亚国际联合会和古德斯巴基金会。

根据费伊阿莱格利亚联合会的原则宣言，该活动是一项"全面普及教育，推动社会进步的运动"。它的活动"致力于帮助贫困和边缘人群加强个人发展及增加他们的社会参与度"。

该非政府组织"根据人类成长的方式、自我批评的方式及为面对人类需求的挑战而寻求答案的方式来对人们进行划分"。加强"人类对自身的潜力和现状的认知，同时促进人们培养自由、团结的精神，使他们直面对自身发展具有深远意义及决定性意义的事"。

根据费伊阿莱格利亚联合会网站上发布的消息，该组织于1955年在委内瑞拉诞生，旨在集结力量联合为贫困地区提供教育服务。在该组织的创始人——耶稣会士何塞·玛丽亚·贝拉斯——的倡议及其他个人和组织的合作下，最终发起了一项对过去和未来都有着深刻影响的运动。

该运动之后扩展到了厄瓜多尔（1964年）、巴拿马（1965年）、秘鲁（1966年）、玻利维亚（1966年）、萨尔多瓦（1969年）、哥伦比亚（1971年）、尼加拉瓜（1974年）、危地马拉（1976年）、巴西（1980年）、多米尼加（1990年）、巴拉圭（1992年）、阿根廷（1995年）和洪都拉斯（2000年）。1985年，在西班牙建立了帮助和鼓舞弱势群体的平台。

费伊阿莱格利亚联合会"为基督教信仰的不灭而奋战"，承诺"在工农阶层发展的历史进程中建立一个公正、友爱的社会"。根据它的自我评价，该运动追寻的目标如下："促进新时代男性和女性的培养，加强他们对自身潜力及周围环境的认知，引导他们直面对自身发展具有深远意义、变革意义及决定性意义的事；促进新社会的创建，在这个新的社会结构中，那些在爱与正义的作品中提到的关于基督教信仰的承诺将可能得以实现。"它的教育活动带有浓厚的传教性质。

在原则、目标一致的国家、区域及机构内，该组织拥有职能上的自主权，并且"面对目标和计划，它们相互沟通、团结一致。带有基督教性质的运动是这种沟通和团结的体现，就像是在基督教国家中，现场活动非常引人注目，他们与该活动的创始人和推动者——耶稣会共同承担责任并与当地的教堂进行联系"。

在寻找学生和民众迫切需求的道路上，费伊阿莱格利亚联合会发起了各种各样的倡议。除了开办学前教育、基础教育和中等教育，该组织还为促进人类发展的其他形式的活动开辟了空间。比如：广播电台、成人教育项目、职业培训和重返校园、中等和高等职业培训、推动合作社和微型企业的发展项目、健康项目、印第安文化项目、教室培训、教育材料编辑等。

借助那些团体，联合会在所有的这些领域中展开活动，寻找其他的私人及国有组织，完善并支持他们活动。2003年11月，联合会已拥有了2 188个网点、2 826家服务机构在此运行，其中有922家学校、46家广播电台、671家远程教育中心及1 187个另类教育和服务中心。

费伊阿莱格利亚联合会共有33 005名工作人员，其中97.1%是普通信徒，剩下的2.9%是神职人员。这个数据中不包括来自超过15个国家的数以千计的志愿者。2003年10月，英国杂志《经济学人》和史宾沙管理顾问咨询公司授予了卡斯蒂利亚"企业道德标杆"奖，该奖由何塞·玛丽亚·阿斯纳尔代领。Inditex集团和费伊阿莱格利亚联合会的合作十分密切，Inditex集团为该非政府组织捐助了超过12 000欧元的资金。

另一个受到阿曼西奥帝国青睐的是古德斯巴基金会，该基金会长期与发展中国家保持合作。它的名誉主席是阿斯图里亚亲王费利佩·德博尔冯。

根据古德斯巴基金会的章程，它的宗旨是"通过改善发展中国家的个人及集体的生存环境来促进文明社会的建设。发展援助[①]的

[①] 发展援助（Development aid）指以促进发展中国家的发展为目的的国际间实物资源或资金转移。一般是由发达国家提供各种援助资源。——译者注

重点在于'人'这个个体，以及为了全面拓展他们作为人类成长的能力。因为这正是古德斯巴基金会成立的发展核心所在"。

古德斯巴基金会认为："发展不只是基本需求得以满足，而是一个过程，在这个过程中，人不断地成长，同时不断加强自己的能力，并作为人类不断进化。"

古德斯巴基金会创建于1985年，基金会的管理机构由来自西班牙商业领域和文化领域的重要人物组成，它最早是由一群企业家和大学老师发起。面对世间的财产分配不公的问题，他们不想冷眼旁观，他们希望能积极地为那些弱势群体做些什么。自它成立起，在该基金会首任荣誉主席堂·胡安·德·德博尔冯·伊巴滕伯格及他的孙子阿斯图里亚亲王殿下——第二任基金会荣誉主席——的努力下，获得了王室的支持。

2003年11月，Inditex集团获得了古德斯巴基金会授予的"爱心企业奖"。出席领奖仪式的是安东尼奥·阿布里尔·阿瓦丁，而不是何塞·玛丽亚·卡斯蒂利亚·里奥斯。面对当时在座的观众，这位Inditex集团的董事会秘书长指出："任何不勇于承担社会责任的企业是无法在未来继续生存下去的。"

从0到Zara，再到伊斯拉上任

"乔洛"，这个朋友们对阿曼西奥的爱称，亦出现在本书中。作为一个时装集团，Inditex影响着时尚变化的速度。就算和其他企业使用同一块布料，它依旧是这场竞争中的王者。阿曼西奥·奥尔特加就是那个在竞争中永远留下来的人，他决定着什么时候会迎来新的潮流或者什么时候当下流行的潮流会过时。

哈维尔·R.布兰科是《加利西亚日报》的一名记者，他与赫苏斯·萨尔加多合著了本书《ZARA 传》（*Amancio Ortega, de cero a zara*）。2010 年 11 月 11 日，他在《加利西亚日报》的头版上刊登了与阿曼西奥·奥尔特加的对话内容，标题为《我会继续工作到最后一刻》。

时光荏苒，Inditex 集团依旧在飞速发展着，阿曼西奥这个原本不愿公开曝光在公众眼中的人物，开始不再那么执着于守护着自己的隐私。周五下午 4 点到了，在阿尔泰修市拉林的卡萨斯·诺瓦斯马术俱乐部，阿曼西奥弯下腰抱了一下一个小婴儿。然后他和他的朋友们兴致盎然地聊起了天。他的旁边是他的妻子弗洛拉·佩雷斯·马柯黛。卡萨斯·诺瓦斯马术俱乐部被认为是欧洲最好的马术俱乐部，尽管阿曼西奥的挚友——Pescanova 集团的总裁曼努埃尔·费尔南德斯·德索萨·法鲁——并不这么认为，他还想在维戈展览场为"赛马世界杯"进行热身赛呢！这次国际骑马比赛就是在卡萨斯·诺瓦斯马术俱乐部举行的，阿曼西奥夫妇是这次比赛的东道主。而他们的女儿玛塔是这次比赛的女骑手之一。

有很多上流社会的人物来过该俱乐部，例如：雅典娜·奥纳西斯、夏洛特·卡西拉奇、埃伦娜公主、卡耶塔诺·马丁内斯·德·伊卢霍、何塞·波诺……但是也许因为考虑到 Inditex

结　语　谁将成为阿曼西奥的继承人

阿曼西奥的第二任妻子弗洛拉·佩雷斯在卡萨斯·诺瓦斯马术俱乐部，怀抱埃伦娜公主的女儿维多利亚·费德丽卡。（图源：凯撒·基昂/《加利西亚之声》）

集团的成功是源于服装亲民化，阿曼西奥现在同样也向那些喜爱赛马的人敞开俱乐部的大门。这个时间段俱乐部人还不多。阿曼西奥一会儿和一些人交谈着，一会儿又和另一些人交谈着。那位记者走近他们，等待着在他们谈话的间隙，阿曼西奥也能和他聊几句。如果能这样，这将成为他和阿曼西奥的第一次谈话，在谈话中他将亲自向阿曼西奥表示感谢。虽然大家对阿曼西奥的一切都一无所知，但阿曼西奥并未向大家打开帝国的大门，不过至少他允许我们从窗户中"窥探"他，并且允许他的朋友提及他。

- 您知道我是谁吗？
- 不知道。（但是阿曼西奥·奥尔特加已经向他伸出了手，这下全世界都知道他是谁了。）
- 我是为您写作传记的记者之一……

阿曼西奥笑了，开始谈论他对那本传记的想法。

- 那本传记已经出版6年了。
- 当还不了解一个公司的全部资料时，你很难写出一本书。

从他的话可以推断出，至少他并不厌恶这样一部试图了解他的生活及与企业活动相关的作品。

他已经74岁了，但是脸上容光焕发。他的装束一如往常：白衬衫，没系领带。他很和蔼，尽管自1944年他的父亲——一位铁路工人——将家搬至拉科鲁尼亚起，他就一直居住在这里，但他保留着纯正的卡斯蒂利亚口音。他评论说："我不打算参加社会活动，但是这里向所有人开放。"有句名言是这样的：对于记者来说，说话不如沉默，考虑到这一点，以及阿曼西奥在这一年半中不反对我们进入他的生活的态度，我们将这段访谈的时间控制在了合理范围之内。我们希望我们公开这样一小段对话不会对他造成困扰。

- 您是世界上最富有的人之一。为什么您不考虑退休安享晚年呢？
- 我已经74岁了，但是我将继续工作到最后一刻。时装界和店铺设计都使我着迷。

有人坚持认为：一旦阿曼西奥·奥尔特加不在了，那么这个由他一手打造的服装帝国也将消失。但是他完全相信以巴勃罗·伊斯拉为首的Inditex集团年轻领导班子的能力，也很期待女儿玛塔来接手这家跨国企业。奥尔特加擅长发现别人身上的才能，他总能知道谁才是完成某项任务的合适人选。面对这样的评论，阿曼西奥笑了，他评论说："这是集团前进的动力。"他这么说着，仿佛Inditex集团不需要他给"上发条"也能运转一样。他会为一些平凡的小事开心，也会为处理好世界上最大的财富之事而感到惊喜。

- 您还没有讲讲您的故事呢，为什么不在下一部传记中谈谈呢？
- 下一部传记将由历史来书写。

阿曼西奥·奥尔特加哈哈大笑起来，并和记者热情握手道别。然后他继续一边和刚刚还没聊完的朋友们接着聊天，一边等待着他的女儿玛塔上场比赛，看上去似乎内心很平静。

245

当阿曼西奥找到了合适的接班人，尤其是，当他在Inditex集团多年的得力助手何塞·玛丽亚·卡斯蒂利亚愤然出走之后，在面对Inditex集团未来的问题上，这位Inditex集团的最大股东表现出了绝对的平静。2005年，那时卡斯蒂利亚还没离开公司，他与阿曼西奥一起做出决定，认为到了该找接班人的时候了。他们开始为Inditex集团寻找下一位首席执行官。光辉国际猎头公司向阿曼西奥推荐了巴勃罗·伊斯拉（马德里，1964年）。在从西班牙拉科塔利亚公司、路易斯·梅希亚公司、基伊埃集团及西班牙铁路公司的精英人士中进行筛选之后，阿曼西奥和卡斯蒂利亚最终认定这位国家检察官（巴勃罗·伊斯拉）才是执掌该跨国企业的最佳人选，而非阿曼西奥的家族成员。

这项人事更迭原本是平静、循序渐进的，但是同年9月，因为和阿曼西奥的一起冲突，当时已不属于Inditex集团一线管理人员的卡斯蒂利亚最终离开了Inditex集团。此次事件的起因是一项圣·何塞建筑公司老板哈辛托·雷伊所倡导的业务，该业务当时已获得了时任诺瓦储蓄银行主席——胡里奥·费尔南德斯·加约索——的批准。为收购桑坦德银行主席埃米利奥·博坦在佛诺萨集团中持有的股份，使佛诺萨集团重新成为一家加利西亚企业，加利西亚委员会前主席安索·金塔纳在波尔图召开了一次会议。哈辛托·雷伊为感谢阿曼西奥在收购佛诺萨之事上给予的帮助，提议收购成功之后由阿曼西奥成功道路上的战友何塞·玛丽亚·卡斯蒂利亚担任佛诺萨集团的主席。但是阿曼西奥·奥尔特加并没为这个提议而感到欣喜。当这项收购计划进行得差不多的时候，博坦电话联系了弗洛伦蒂诺·佩雷斯①，但是由于天然气公司出价更高一点儿，弗洛伦蒂诺·佩雷斯最终将佛诺萨集团卖给了天然气公司。当时《资本》杂志的记者何塞·路易斯·戈麦斯采访了阿曼西奥的前妻、Inditex集团第二大股东——罗莎莉雅·梅拉，该篇采访名为"如果我们没有离婚，我的人生将和现在有所不同（……）。命运经常将人们放置在不属于自己的地方"，或是"Inditex集团是一家能影响我们这一代人的企业，是一项强大、活力四射的事业，这个项目只有靠源源不断的新人一起努力才能打造成功"。她解释了博坦用佛诺萨收购案捉弄阿曼西奥的原因："博坦对阿曼西奥很不满，因为之前他跑到拉科鲁尼亚拜访阿曼西奥。亲自拜访别人对博坦来说并不是件常有的事，他在拉科鲁尼亚的一家酒店住了一晚，第二天又专程跑到阿尔泰修市去见阿曼西奥，请求他能在收购英国阿比国民银行的案子上施以援手。阿曼西奥听了他的请求，既没说同意，也没说不同意。事实上，当时阿曼西奥是决定不插手这件事的，但是他都没亲自给博坦打电话说清楚，而是将这件事交给卡斯蒂利亚去办。阿曼西奥不仅拒绝参与该英国银行收购案，而且这种拒绝的方式使得这位银行家大为光火，他几乎从未被如此对待过。因此，当一雪前耻的机会第一次出现时，博坦便向阿曼西奥展开了报复。"

这次收购佛诺萨集团计划的失败，不仅对阿曼西奥和博坦之间的关系造成了影响，而且对当时正在默默进行改朝换代的Inditex帝国也造成了影响。当卡斯蒂利亚听说奥尔特加并不赞同哈辛托·雷伊提出的一旦成功收购佛诺萨集团便任命卡斯蒂利亚为主席的提议

---

① 弗洛伦蒂诺·佩雷斯，ACS集团的总裁，当时是佛诺萨集团最大的股东。——译者注

时，他和阿曼西奥之间的关系变得异常紧张。通过《世界报》，卡斯蒂利亚发表了一些使阿曼西奥不悦的爆炸性言论，此次冲突也使这两人分道扬镳。生活的道路总是比预想的更百转千回，2011年他们二人再次相遇。如果想成为由加利西亚储蓄银行和诺瓦储蓄银行合并而成的加利西亚诺瓦储蓄银行主席，卡斯蒂利亚必须获得该银行最大的客户阿曼西奥的同意。如果阿曼西奥不同意，那么卡斯蒂利亚想要成为该银行主席将比原来遇到更多阻碍，但是阿曼西奥身边的人评论说，当有人向阿曼西奥问起这件事时，他表现得很大度。

但是我们可以发现阿曼西奥这么做，其实是为了 Inditex 集团的未来考虑，而非是为了现已合并为加利西亚诺瓦储蓄银行的加利西亚储蓄银行和诺瓦储蓄银行的虚无缥缈的命运考虑。当时巴勃罗·伊斯拉已经在 Inditex 集团工作了好几个月，尽管有他的协助，但是少了卡斯蒂利亚——这根 Inditex 集团曾经的中流砥柱，阿曼西奥·奥尔特加总是觉得什么事都事与愿违。伊斯拉从一开始便研究了阿曼西奥所制定的公司发展路线图，他很快就明白 Inditex 集团今后的航程将由他这个刚到公司的年轻管理者负责完成。阿曼西奥很满意，因为敏锐的直觉告诉他：他已经找到了适合的"顶针"。他看见伊斯拉用他的方式处理着事情，并且满足了作为一个领导者所必备的条件：了解公司。尽管为聘请他花了1 360万欧元，但是他的工作和努力都是无可挑剔的，能在不知不觉中就下达了命令，无论在公司内还是公司外，"谨慎"都是他的代名词之一。

自从巴勃罗·伊斯拉来到 Inditex 集团，该跨国企业的业绩翻了一倍。阿曼西奥和巴勃罗·伊斯拉在卡萨斯·诺瓦斯俱乐部进行了一场交谈之后，他俩更加惺惺相惜。几个月过后，也就是2011年1

月,"乔洛"开始重新筹划 Inditex 帝国的"传位"计划。由于经济危机的影响,市场一直不稳定,当时快 75 岁的阿曼西奥认为是时候进行最后的一击了。

阿曼西奥写信给他的员工和国家证券委员会告知了他想退居幕后,以及让 2005 年加入 Inditex 集团的巴勃罗·伊斯拉担任首席执行官一职的决定。这样一来,他便最终完成了为公司找到接班人的梦想。在这条变革的道路上,何塞·玛丽亚·卡斯蒂利亚和阿曼西奥的侄女婿胡安·卡洛斯·罗德里格斯·塞夫里安离开了公司管理层。在这场冒险的某一时刻极为重要的一点便是:他俩最终离开了公司,但是公司并未为之感到遗憾。

在和写下该书的记者之一的谈话中,阿曼西奥·奥尔特加坦言:在公司由年轻有为的管理团队进行管理的状况下,他的女儿玛塔没必要继任他的位置。同样他也不能保证假如有一天她女儿接管公司,这位女骑手是否会将过多的"冠军马"带到公司。

Inditex 集团每个财政年度的数字显示:在那些商业团体中,巴勃罗·伊斯拉排在阿达迪斯集团或者甚至可能成为西班牙首相的马里亚诺·拉霍伊团队前面。因为 Inditex 集团中流言四起,却得不到澄清,所以巴勃罗·伊斯拉在媒体面前平静地表示他将会终身为这家"世界上最好的企业"效力。到了这个地步,阿曼西奥和巴勃罗已经知道了:Inditex 集团这座处于危机中的小岛的未来已经规划好了。

这位年轻的管理者慎重而又不张扬地接过这家世界排名第一的纺织公司的管理权。Inditex 集团的老板,那个给钟表上发条的人,虽然意识到缺少任何一块布料,都做不成完整的衣服,不能完成它的使命,但是伊斯拉的工作成效无形中说服了他,于是他决定往后退一小步，尽管他仍是引领 Inditex 集团的人。就好像是一件自然而然发生的事一样，阿曼西奥·奥尔特加澄清了那些谣言。他指出：如此大规模的商业帝国终将毁掉孕育它的那代人。由于阿曼西奥和现任妻子弗洛拉·佩雷斯·马柯黛育有一女玛塔，和前妻罗莉娅·梅拉育有一子一女，马克和桑德拉，所以总有些人在自问自答地揣测未来：在阿曼西奥之后，会发生什么呢？可能发生的一件事便是财产继承，而另一件与之大相径庭的事便是 Inditex 集团的管理权的继承。如果阿曼西奥的继承者能有像阿曼西奥那样敏锐的嗅觉，他们就能使公司的缝纫机继续全速转动。这是一个从 0 开始到 Zara，再到伊斯拉的故事。

附 录

ANEXOS

1. Inditex 集团年表

2011年　阿曼西奥·奥尔特加于1月份宣布将在6月份举行的股东大会上推荐巴勃罗·伊斯拉担任集团董事长。

2010年　Inditex集团首次成立Zara网上商店。同年，Zara在叙利亚设立第一批门店。位于帕拉福尔斯（巴塞罗那）的新配送中心正式开始运营，该配送中心离集团距托尔德拉的物流中心很近。

2009年　巴适卡及普安倍尔在中国设立第一批门店。Zara日本门店数量突破五十大关。

2008年　创立舞德格品牌。该品牌的主营业务为时尚配饰及配件，成为集团排名第八的品牌线。同年，Inditex集团第4 000家门店在东京开业。

2007年 集团的市场目标指向中国及俄罗斯。集团分别在中国的北京、澳门、杭州及俄罗斯的新西伯利亚、喀山和罗斯托夫等地开设门店。同年，集团打开了危地马拉、哥伦比亚、克罗地亚和阿曼等国的市场。同时，位于莱昂和梅科（马德里）的两家新物流中心开业。至此，Inditex集团位于西班牙的物流中心已扩展至8家。其他国家的物流中心数目仍然维持不变。

2006年 Inditex集团把塞尔维亚、中国大陆及突尼斯列入已突破市场名录。

2005年 Inditex集团分别在摩纳哥、印度尼西亚、泰国、菲律宾和哥斯达黎加等国家设立第一批门店。

2004年 集团第2000家门店在中国香港开业。截至本年，集团的业务已遍布亚洲、欧洲、美洲及非洲的56个国家和地区。同年，在摩洛哥、爱沙尼亚、拉脱维亚、罗马尼亚、匈牙利、立陶宛和巴拿马等国设立第一批门店。

2003年 第一批Zara居家开业，成为集团排名第八的品牌线。Zara第二家物流中心在萨拉戈萨开业，该物流中心配送范围涵盖全欧，用以缓解阿尔泰修（拉科鲁尼亚）物流中心的运营压力。同年，集团在斯洛文尼亚、斯洛伐克、俄罗斯和马来西亚等国设立第一批门店。

2002年 位于萨拉戈萨的Zara新物流中心开工动土。集团在芬兰、瑞士、萨尔瓦多、多米尼加共和国以及新加坡等国设立第一批门店。

2001年　集团正式推出内衣品牌奥依修。2001年5月23日，Inditex集团股票首次开放交易。同年，集团在爱尔兰、冰岛、意大利、卢森堡、捷克、波多黎各和约旦等国设立第一批门店。

2000年　Inditex集团总部搬到位于阿尔泰修（拉科鲁尼亚）的一座新大楼里。同年，在4个新的国家开设门店，它们分别是安道尔、奥地利、丹麦和卡塔尔。

1999年　Inditex集团收购斯特拉迪瓦里。斯特拉迪瓦里是集团排名第五的品牌线。同年，集团在荷兰、德国、波兰、沙特阿拉伯、巴林、加拿大、巴西、智利和乌拉圭等国设立第一批门店。

1998年　Inditex集团创立巴适卡品牌。该品牌的目标人群定位为年轻女性。同年，集团在土耳其、阿根廷、委内瑞拉、阿拉伯联合酋长国、日本、科威特和黎巴嫩等国设立第一批门店。

1997年　挪威和以色列也被列入Inditex集团的发展版图。

1995年—1996年　Inditex集团全资收购玛西莫·都蒂品牌。同年，在马耳他开设首家门店；次年，在塞浦路斯开设首家门店。

1992年—1994年　Inditex集团继续开拓新的国际市场，它们分别是：墨西哥（1992年）、希腊（1993年）、比利时和瑞典（1994年）。

1991年　Inditex集团创立普安倍尔品牌。同年，收购玛西莫·都蒂集团65%的资产。

1989年—1990年　集团首次进入美国及法国市场，分别开设纽约分店（1989年）及巴黎分店（1990年）。

1988年　Zara首次走出西班牙。1988年12月Zara首家海外门店在波尔图（葡萄牙）开业。

1986年—1987年　集团各个生产部门全力支持Zara生产线，并为应对预期中强劲的增长势头打下了坚实的物流系统基础。

1985年　Inditex集团成立，成为整个集团的母公司。

1976年—1984年　Zara的时尚概念饱受好评，门店遍布西班牙各大城市。

1975年　Zara第一家门店在拉科鲁尼亚中央大街开业。

1963年—1974年　Inditex集团主席及创始人阿曼西奥·奥尔特加·高纳以服装制造商的身份起家。11年里Inditex集团的业务稳步增长，直至拥有了多家生产制造中心，集团生产的货物销往欧洲各国。

2. Inditex集团采访问答

· Inditex集团的总部在哪里？

Inditex集团的服务职能中心（即总部）位于西班牙西北部的拉科鲁尼亚省阿尔泰修市。

· Inditex集团由哪些公司组成？

Inditex集团由8个零售连锁时装品牌（Zara、普安倍尔、玛西莫·都蒂、巴适卡、斯特拉迪瓦里、舞德格、奥依修及Zara居家）、各类纺织公司、采购及织物处理公司、物流公司及建筑公司（负责店面改装、生产）等组成。

·面对那些与时尚无关的产业，Inditex 集团与之有什么交集吗？

Inditex 集团与时尚绝缘产业没有直接交集，但 Inditex 集团的股东有。集团都扑在时尚潮流传递的业务上，但最近几年集团也在考虑开拓其他业务以增强产业的多样化。

·集团目前有多少家门店？

截至 2011 年 1 月，加上 2010 年最后一个季度才上线的网上商店，Inditex 集团在欧洲、美洲和亚洲的 79 个国家和地区共开设了 5 044 家门店。

·其他企业可以从集团手里获得特许经营权吗？

考虑到不同生产线商业层面的复杂多样性，Inditex 集团只有在某些国家具备必要条件或特殊情况下，才会与当地企业合作，发放特许经营权。我们选择的企业都是享誉全国的企业，它们在纺织领域都占有一席之地，不仅拥有丰富的成功经验，并且拥有强大的人力及财力资源，能够灵活适应集团不同概念在本国的迅速发展。

·Inditex 集团每年销售多少件服装？

集团的 9 条品牌线每年售出的服装总量超过 9 000 万件。

·店铺销售的所有服装都是 Inditex 集团设计并生产的吗？

店铺售卖的服装均由 Inditex 集团设计。其中 50% 左右由 Inditex 集团的工厂直接生产。

·Inditex 集团所售服装的原产地在哪里？

从地理位置上看，80% 左右的已售服装均产自欧洲。

·Inditex 集团会针对不同的市场提供不同的报价吗？

全球所有店铺都是统一零售价。南半球与北半球的订单的差价只是因为季节相反而已。

·Inditex 集团的货物是不是都是从拉科鲁尼亚的阿尔泰修发往全球各地？

阿尔泰修物流中心负责 Zara 和普安倍尔这两个品牌的全球供应。2001 年，普安倍尔在拉科鲁尼亚省的纳龙建立了自己的物流中心。玛西莫·都蒂、巴适卡及斯特拉迪瓦里这三个品牌的产品则从加泰罗尼亚物流中心发出。自从萨拉戈萨物流中心开业后，欧洲市场的产品分销就主要由它负责。

·你们的广告策略是什么？

Inditex 集团主要依靠门店形象吸引客户，而这些门店往往都坐落于城市主要商业中心。我们常规的广告手段是公布新店开业、活动季及促销季开始的通知信息。

·你们的企业认同卡有什么特性？

企业认同卡只能在西班牙使用，由外部银行（即西班牙对外银行）托管。

我们提供了以下几种选择：

- 立即付款
- 免息一个月
- 免息三个月
- 免息六个月
- 分期付款

·支持目录购物或者网购吗？

可以。Zara 和 Zara 居家均支持网购，在相应网站上均可找到产品目录。

·如何应聘 Inditex 集团职位？

集团每条产品线的网站上都有简历邮寄地址，www.inditex.com 上也有。简历信息会被直接传送到各个品牌线或集团相关人事部门。

·Inditex 集团何时在股市进行股票交易？

2001 年 5 月 23 日，Inditex 集团股票在马德里、巴塞罗那、巴伦西亚和毕尔巴鄂等四家西班牙证券交易所，以及西班牙证券交易所互联系统（连续市场）进行交易。同年，Inditex 集团的股票被列入 IBEX 35、Eurostoxx 600 和 MSCI 指数推荐范畴。

·可以从国外购买 Inditex 集团的股票吗？

Inditex 集团的股票可以通过现有的买入卖出机构进行购买，如银行和证券公司等。具体的股票信息是：

公司：Inditex 股份公司

证券交易所：马德里连续市场

识别码（ISIN）：ES0148396015

其他代码：彭博社 ITX SM，路透社 ITX.MC

• Inditex 集团的资产状况如何？

截至 2011 年 1 月 1 日，Inditex 集团资产为 93 499 560.00 欧元，总计 623 330 400 股，折合每股 0.15 欧元。

• Inditex 集团 2010 年净收入是多少？

17.41 亿欧元。

• Inditex 集团近些年的股息发放情况如何？

Inditex 集团董事会通常会拿出集团 20% 左右的利润作为股息支付给股东。

• 股息支付的时间及频率一般如何？

一旦股东大会通过本年度利润分成，Inditex 集团会初步预测年度应支付股息。

• Inditex 集团的发展战略是什么？

Inditex 集团之所以能维持现有的发展速度完全得益于门店数量及现有门店销售额的不断增加。集团目前的发展计划是扩大现有的欧洲市场的门店数量，同时开发以欧洲市场为主的新兴市场。

·集团的审计师来自哪里？

集团审计师来自毕马威会计师事务所。最近3年的审计报告表明公司并未出现任何数据异常。

·从哪里可以拿到集团的年度报告？

可以在www.inditex.es（年度报告链接）查看最近几年的年度报告。

·Inditex 股份公司的财政年度指的是什么？

Inditex 集团的财政年度为每年2月1日至次年的1月31日。

3. 主要人物介绍

3.1 奥尔特加－高纳家族简析

海梅·奎斯塔·丽都。阿曼西奥的二姐皮拉尔·奥尔特加·高纳的丈夫。

约瑟法·高纳。奥尔特加·高纳兄弟的母亲。家庭主妇。2001年1月，约瑟法·高纳于拉科鲁尼亚逝世，享年94岁。

巴勃罗·戈麦斯。阿曼西奥的女儿桑德拉·奥尔特加·梅拉的丈夫。巴勃罗·戈麦斯在Inditex集团销售部工作。

米格尔·霍韦·冈萨雷斯。他是奥尔特加·高纳王朝的第三个孩子——约瑟法·奥尔特加·高纳——的丈夫。米格尔·霍韦·冈萨雷斯目前是人力资源方面的专家，目前就职于 Inditex 集团的人事部门。

何塞·玛丽亚·霍韦·奥尔特加。她出生于拉科鲁尼亚，是霍韦·奥尔特加夫妇的长女。何塞·玛丽亚·霍韦·奥尔特加与 Inditex 集团并无任何雇佣关系，她在穆加尔多斯（拉科鲁尼亚）的教育机构担任教师一职。她的丈夫是何塞·曼努埃尔·罗迈·德·拉科利纳，后者是人民党前任部长何塞·曼努埃尔·罗迈·贝卡利亚的长子。何塞·玛丽亚·霍韦·奥尔特加育有两子。

米格尔·霍韦·奥尔特加。米格尔及约瑟法的儿子。出生于拉科鲁尼亚。他在 Inditex 集团主要负责成衣部门及外套部门的业务。

罗莎莉雅·梅拉·戈叶娜切娅。1944 年出生于拉科鲁尼亚。与阿曼西奥相识于拉马哈高级成衣店，两人于拉科鲁尼亚完婚。阿曼西奥夫妻俩，加上阿曼西奥的哥哥姐姐，一起在拉科鲁尼亚合开了一家内衣制造铺。因为罗莎莉雅·梅拉·戈叶娜切娅的第二个孩子一出生便患有残疾，于是（为了照顾孩子）她退出 Inditex 集团的管理层。

1986 年与阿曼西奥离婚后，她全身心投入派地亚基金会。派地亚基金会是一项私人项目，由她直接掌控，旨在帮助残疾人士重返社会。她的儿子患有脑瘫，这种不幸遭遇让她深受触动，因此她将自己的精力投入到该项目中去，为残疾人士提供各种各样的便利及个人培训。比如安特尔计划（残疾人培训及就业计划）、德罗阿计划（扶持欠发达地区、援助乡村妇女计划）、埃沃计划（残疾人心理护理及职业辅导计划），这些项目在社会经济领域与特雷博雷集团进行合作（该集团在园林绿化公司、设计公司及餐饮公司均有涉足）。

但罗莎莉雅·梅拉·戈叶娜切娅的动产及不动产并非由她牢牢掌控，而是受金融和房地产市场最严格的法律管辖。她把自己手里的资产及证券巧妙地分配到几家不同公司。她与女儿桑德拉·奥尔特加·梅拉共同管理 Rosp Corunna 股份公司，并通过该公司管理手中还剩的 Inditex 集团 6.99% 的股份。此外，她还是以下几家公司的独立董事：

- 布雷西欧投资股份公司（可变资本投资公司）。公司资产为 180 091 262.00 欧元。
- 瑟安德雷斯资产股份公司（可变资本投资公司）。公司资产为 185 985 012.00 欧元。

这两家公司负责管理罗莎莉雅·梅拉的证券资产。两家公司不仅办公地点均在马德里市何塞·奥尔特加·加塞特街区第 29 号，就连董事会秘书也为同一人——出身于加利西亚储蓄银行学院的何塞·弗朗西斯·莱特·沃德侯，他是证券行业里经验丰富的佼佼者。

- 费拉多不动产公司。该公司负责管理罗莎莉雅·梅拉的不动产，截至 2003 年 9 月，公司资产达到 7 600 万欧元。

除了上述纯商业的投资，罗莎莉雅·梅拉还参与了其他一些与社会公益有关的投资活动。比如说，她手里持有 Zeltia 生物制药公司 5% 的股份；同时持有新生儿监理及护理中心（ICN）20% 的股份。新生儿监理及护理中心开发了一个婴儿识别系统。该系统依靠新生儿指纹进行识别，识别结果万无一失。她的投资计划也渗透到加利西亚的音像领域。她通过大洲制片厂 17% 的资产掌握了米卢电影公司。罗莎莉雅·梅拉最新一项投资是关于拉科鲁尼亚的创业中心的。该项目正在进行中，旨在支持新技术领域的创业计划，预计投资资产达到 600 万欧元。

总而言之，截至 2003 年 9 月，罗莎莉雅·梅拉的资产累计已达到 17 亿欧元。这让她一跃成为西班牙女性富豪榜的第一名。2003年，当她在马德里接受加利西亚记者俱乐部颁发"加利西亚年度人物"奖时，她说："对于已经 59 岁的我来说，这些已经不能给我的生命带来多大的影响了。我想说的是，现在最重要的是我突然觉得自己有点无所适从。"她还补充说道："如果一个人有很多钱，那么他在其他方面肯定会有所缺失。我认为金钱上的充裕会削弱人的思考能力，会让人和人之间的关系变得紧张，就连个人的潜力也无法发挥出来。"

罗莎莉雅·梅拉的个人投资组合如下。

阿曼西奥·奥尔特加·高纳。1936 年出生于莱昂区布斯东果·德·阿巴斯。阿曼西奥·奥尔特加·高纳是 Inditex 集团主席，罗莎莉雅·梅拉·戈叶娜切娅是其第一任妻子，两人共育有一女一子，分别是桑德拉和马克。成婚 25 年后，他爱上了 Zara 店铺的一位名叫弗洛拉·佩雷斯·马柯黛的女员工，与她结婚并生下女儿玛塔。

安东尼奥·奥尔特加·高纳。奥尔特加-高纳家族的长子。生于巴洛里亚（巴拉多利德），1987 年逝世于拉科鲁尼亚。安东尼奥·奥尔特加·高纳去世时不足 60 岁，还没来得及细细品味 Inditex

附录表-1

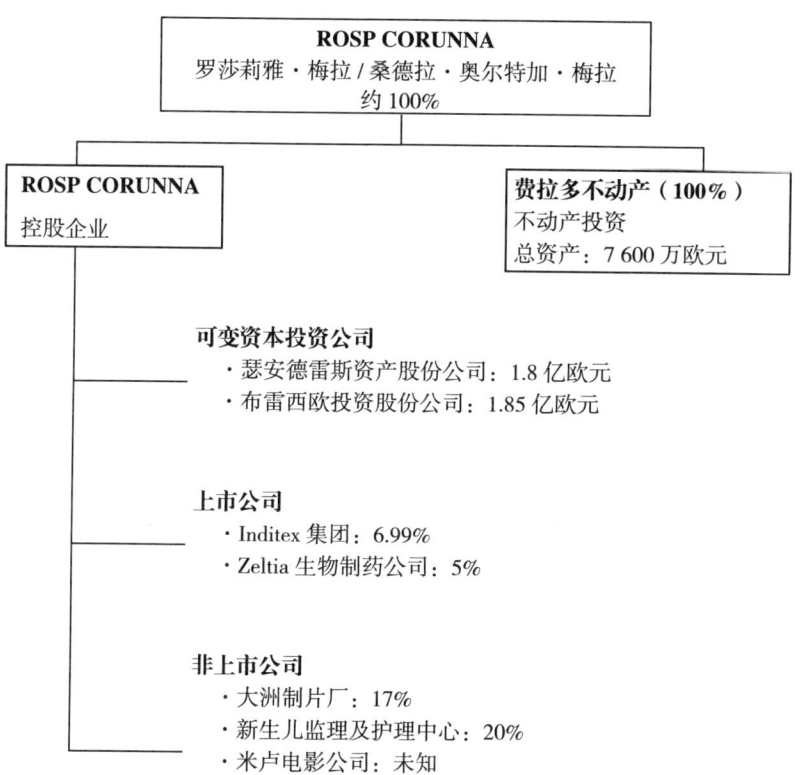

```
                    ROSP CORUNNA
           罗莎莉雅·梅拉/桑德拉·奥尔特加·梅拉
                       约 100%
         ┌───────────────────────┴──────────────────┐
  ROSP CORUNNA                              费拉多不动产（100%）
    控股企业                                   不动产投资
                                             总资产：7 600 万欧元
    │
    ├── 可变资本投资公司
    │     ·瑟安德雷斯资产股份公司：1.8 亿欧元
    │     ·布雷西欧投资股份公司：1.85 亿欧元
    │
    ├── 上市公司
    │     ·Inditex 集团：6.99%
    │     ·Zeltia 生物制药公司：5%
    │
    └── 非上市公司
          ·大洲制片厂：17%
          ·新生儿监理及护理中心：20%
          ·米卢电影公司：未知
```

集团所获得的巨大成功，毕竟为了这个企业他倾注了一生的心血。与家族其他成员一样，他的第一份工作也是从拉马哈高级成衣店开始，当时他还不满 19 岁。在 Inditex 集团，他是友善及人性化的化身。他不仅负责部门内部的公共关系处理，而且为了获得金融方面的支持，还与商界及银行界保持着良好的联系。他与普利米蒂瓦·雷内多·奥利韦罗斯结婚，两人仅育有一女，即玛丽亚·多洛雷斯。玛丽亚·多洛雷斯的丈夫是阿曼西奥的左膀右臂——胡安·卡洛斯·罗德里格斯·塞夫里安。

约瑟法·奥尔特加·高纳。奥尔特加-高纳家族的第三个孩子。生于巴洛里亚（巴拉多利德）。根据亲疏关系的不同，人们对她的称呼也由比较生疏的约瑟法向稍显亲密的佩帕，甚至是更为亲密的佩皮塔逐渐变化。她总是家庭的最高权威者，在 Inditex 集团发展的过程中起到了关键性作用。是她帮助年仅 14 岁的阿曼西奥找到了第一份工作，把他送到卡拉服装店上班。她与阿曼西奥一样情绪多变。

据说，在弗洛拉·佩雷斯·马柯黛怀了阿曼西奥的孩子的时候，约瑟法·奥尔特加·高纳一手策划，想要把马柯黛"驱逐"到维戈。但也是她，在弟弟阿曼西奥与罗莎莉雅结束婚姻后，不仅把离婚对 Inditex 集团带来的影响消弭殆尽，同时也维系了阿曼西奥与罗莎莉雅双方的友好关系。据她的人物传记记载，她在拉科鲁尼亚商学院念过书。与家族几乎所有的成员一样，在 2003 年以前，她也在 Inditex 集团总部工作，负责管理集团的旅游部。与哥哥、弟弟及弟媳罗莎莉雅一样，她也曾在拉马哈高级成衣店库房部工作。她被赠予的股份位列股份数量排行榜的第五名。

根据西班牙的 Olivencia 准则，集团董事会成员及执行委员会成员的年龄上限为 68 周岁（该条规则对她的弟弟阿曼西奥并不适用）。因此 2002 年 9 月 20 日，她从上述两个岗位卸任。当时，她手持集团 0.56% 的股份。同时，她和何塞·玛丽亚·卡斯蒂利亚共享 Artinver 公司 50% 的股份，由此实际掌控了加利西亚不动产公司 Fadesa 5% 的股权。此外，她还经营两家可变资本投资公司，分别是何卡密投资公司及阿尔苏阿投资公司。到 2002 年年底，两家公司分别有 1 699 万及 1 134 万欧元的资产。

皮拉尔·奥尔特加·高纳。出生于巴洛里亚（巴拉多利德），1991年逝世于拉科鲁尼亚。她对 Inditex 集团颇有贡献，廉价出售瑕疵款"晨衣计划"的提出者正是她。她育有一女，定居于拉科鲁尼亚，也在当地成婚。她女儿的婚礼是当时为数不多的在安瑟斯豪华酒店举行的社会事件之一（该酒店也是阿曼西奥·奥尔特加名下的资产）。

马克·奥尔特加·梅拉。奥尔特加·梅拉夫妇的第二个孩子，他身患残疾，因此并不参与任何集团内部事务。

桑德拉·奥尔特加·梅拉。阿曼西奥·奥尔特加的长女。集团首次公开招股时，她是集团的第四大股东。她与巴勃罗·戈麦斯成婚，并育有一子。这个孩子也是阿曼西奥的第一个孙辈。桑德拉·奥尔特加·梅拉并不在 Inditex 集团内部工作。

玛塔·奥尔特加·佩雷斯。她是阿曼西奥与弗洛拉·佩雷斯（阿曼西奥的第二任妻子）的孩子，1983年于拉科鲁尼亚出生。她与她的母亲长相极为相似。玛塔·奥尔特加·佩雷斯对赛马有着极大的热忱，正在不断钻研马术并享受其带来的乐趣。父亲阿曼西奥对此十分支持，不仅毫不犹豫地替她请了一位英国籍赛马女教师，甚至还为她在拉科鲁尼亚建造了一家卡萨斯·诺瓦斯马术中心。该马术中心占地面积为 71 000 平方米，建筑面积为 12 000 平方米。2003年，玛塔·奥尔特加·佩雷斯被评为全国百优赛马选手。她继承的财产高达 100 多亿比塞塔。与其他适婚女性一样，她的爱慕者无处不在。她的第一任绯闻男友是何塞·博诺，两人都对赛马热忱满满；后来她又与帕斯托银行主席的儿子交往，两人财富实力相当。

玛丽亚·多洛雷斯·奥尔特加·雷内多。出生于拉科鲁尼亚。她的丈夫是胡安·卡洛斯·罗德里格斯·塞夫里安，两人育有两子。她在 Inditex 集团总部工作。集团首次公开招股时，她是集团的第三大股东。她没有头衔，既不是董事会成员，也不是执行委员会成员。因为其父遗留的财产属于联合财产，因此按照联合财产制度，她可以通过 Reordo 有限责任公司对他父亲在 Inditex 集团的股份进行管理。在 Reorodo 公司中她持有 55% 的股份，剩下的股份归在她母亲名下。Reordo 有限责任公司的商业注册登记表上写着，该公司坐落于拉科鲁尼亚毕卡维亚大街 5 号。该公司主要的投资对象之一是宜贝苏伊萨斯投资股份公司，持该公司约 10% 的股份。

阿曼西奥·奥尔特加·罗德里格斯。奥尔特加·高纳兄弟的父亲。他总是围绕着西班牙国家铁路公司兜兜转转，最后以联锁分队队长的身份光荣退休。因为工作，他搬过好几次家，从巴利亚多利德搬到布斯东果（莱昂），再到托洛萨（吉普斯夸），最后定居在拉科鲁尼亚。

弗洛拉·佩雷斯·马柯黛。首先，她是 Inditex 集团的员工；其次，她也是阿曼西奥·奥尔特加的第二任妻子。她主要负责巴适卡品牌线的运营。作为集团的宠儿，巴适卡试图冲击 Zara 的"一姐"地位。弗洛拉·佩雷斯·马柯黛曾在 Zara 的拉科鲁尼亚托雷罗分店工作过，20世纪80年代初期，她与阿曼西奥建立了深厚的情谊。之后，亲戚们口中的弗洛里（弗洛拉的昵称）怀孕了。1983年，玛塔出生了。当时，Zara唯一的一家门店位于维戈的罗达街区，于是弗洛拉·佩雷斯·马柯黛被调到那儿，成为Zara罗达街分店经理。1986年，阿曼西奥和罗莎莉雅·梅拉正式离婚，弗洛拉·佩雷斯·马柯黛的"流放历程"（据说是由阿曼西奥的长姐约瑟法亲手设计）就此结束。从此以后，阿曼西奥竭尽所能地扮演好玛塔爸爸这个角色。2002年，阿曼西奥与弗洛拉正式完婚。在之前的时间里，弗洛拉一边十分尽责地扮演着单身母亲的角色，一边在巴适卡设计部工作，与阿曼西奥共享Inditex集团。作为对其牺牲的嘉奖，阿曼西奥从自己手里拿出Inditex集团1.98%的股份馈赠给妻子弗洛拉。

普利米蒂瓦·雷内多·奥利韦罗斯。出生于巴洛里亚拉武埃纳（巴拉多利德），她有自己的小车间，很早就进入了纺织业工作。她的丈夫是安东尼奥·奥尔特加，两人育有一女，即玛丽亚·多洛雷斯。如今主要管理Reordo有限责任公司的事务。Reordo有限责任公司是安东尼奥·奥尔特加的遗产，她握着其中45%的资产，其余资产归属于其女玛丽亚·多洛雷斯。Reordo有限责任公司的商业注册登记表上写明，该公司坐落于拉科鲁尼亚毕卡维亚大街5号。该公司主要的投资对象之一是宜贝苏伊萨斯投资股份公司，持该公司约10%的股份。

胡安·卡洛斯·罗德里格斯·塞夫里安。1953年出生于奥伦塞。他的妻子是安东尼奥·奥尔特加·高纳唯一的女儿——玛丽亚·多洛雷斯。安东尼奥·奥尔特加·高纳是阿曼西奥的大哥，现已过世。胡安·卡洛斯·罗德里格斯·塞夫里安于20世纪70年代中期加入Inditex集团，他接触过集团所有的重要部门（贸易部门、生产部门、物流部门、业务多元化部门及贸易扩展部门）。对阿曼西奥来说，他不仅仅是侄女婿，更像是自己的一个孩子。阿曼西奥很喜欢他，对他推心置腹。他在Inditex集团的职位是总务处总经理，同时他也是Inditex集团的董事会及执行委员会的成员（其妻及岳母均不是上述部门的成员）。他是个天生的企业家，认识他的人都这么形容他：心肠冷酷，精于算计。他主要的休闲活动就是和一生挚友同船游览，和阿曼西奥的风格有点儿类似。他不久前在萨克森游艇的停泊点附近，买了一栋别墅。巧合的是，这个别墅就在阿曼西奥的别墅旁边。他有两个孩子。股票分配时，"老板"阿曼西奥给了他0.56%的股份作为回报。他主要通过可变资本投资公司西雷一诺投资公司进行资产管理，2002年，该公司资产为1.061亿欧元。

何塞·曼努埃尔·罗迈·德·拉科利纳。他的妻子是约瑟法·奥尔特加·高纳的长女何塞·玛丽亚·霍韦·奥尔特加。何塞·曼努埃尔·罗迈·德·拉科利纳本人是人民党前任部长何塞·曼努埃尔·罗迈·贝卡利亚的长子。他出生于1960年8月20日，拥有经济学学位。在Inditex集团总部工作。

3.2 Inditex集团人员简析

安东尼奥·阿布里尔·阿瓦丁。1993年1月起，他担任Inditex集团董事会秘书长。Inditex集团执行委员会于1997年2月成立。成立之初,他就被任命为执行委员会秘书长。2002年12月他成为集团董事。安东尼奥·阿布里尔·阿瓦丁毕业于奥维耶多大学法律专业,曾担任国家律师联合会成员,1989年加盟Inditex集团,担任Inditex集团法务部总监,在此之前还分别担任过卢戈税务局、卢戈司法局、加利西亚(拉科鲁尼亚)政府办事处的检察官。除此之外,他还兼任Inditex集团审计监控委员会和提名薪酬委员会秘书,以及Inditex集团秘书长。同时,他也是加利西亚银行的董事会成员。

2010年7月,安东尼奥·阿布里尔·阿瓦丁遵从《公司治理条例》的建议,先后辞去Inditex集团董事会成员及执行委员会等职务,全心全意履行秘书长及理事会秘书的相关职能。

费尔南多·阿吉尔亚·马拉戈托。Inditex集团系统管理部总监。他的主要职责是制定及实施所有的行政和会计流程。费尔南多·阿吉尔亚·马拉戈托的职能范围覆盖了集团的财务部门、品牌线管理部门、分公司及工厂部门、出纳及支付部门等。他也是Inditex集团的指导委员会的一员。

洛雷娜·奥尔芭。Inditex集团物流部总监。无论是Inditex集团内部车间生产的服装,还是外包车间生产的服装,均由物流部负责接收、储存、配送至门店等全套流程。Inditex集团的物流团队采用目前最先进的科技系统来精简配送流程、优化可用资源,是Inditex集团的重要部门之一。

何塞·阿尔诺·丝艾德拉。他与Inditex集团并无直接雇佣关系，但由于他是阿曼西奥·奥尔特加基金会的一员，理应把他算作 Inditex 集团的一分子。何塞·阿尔诺·丝艾德拉是加利西亚银行的董事，同时也管理着好几家阿曼西奥·奥尔特加控股的公司。

保罗·德·巴多·里瓦斯。普安倍尔品牌线的店铺总监。

伊万·巴贝拉。Inditex 集团美洲、亚洲及中东地区国际部总监。他与阿方索·巴斯克斯同为上述三个地区市场开发及拓展部门的总负责人。

路易斯·布兰克。Inditex 集团欧洲国际部总监。他与路易斯·拉腊一起，共同负责集团的欧洲事务。在 Inditex 集团任职 8 年后，2003 年 12 月，路易斯·布兰克正式离职，并与嘉华国际（前身为美洲基洛）签约，出任嘉华国际总裁一职。他在嘉华国际的工作目标是 5 年内让新开店铺数达到 600 家，并使集团销量翻倍。这对 Inditex 集团来说无异于当头棒喝。

塞尔吉奥·布赫尔。他来自女性秘密公司（凯特菲尔集团旗下品牌）。1999 年，塞尔吉奥开始接管奥依修品牌线的业务。2002 年，因为未能完成奥依修的发展及销售目标，塞尔吉奥从 Inditex 集团辞职。

伊娃·卡德纳斯。Zara 居家的总监。她是 Inditex 集团第二个身居高位的女性总监。Zara 居家是 Inditex 集团推出的单独一条产品线，主营居家饰品。她的主要挑战是激活 Zara 居家品牌线，不断开拓集团业务范围。

何塞·玛丽亚·卡斯蒂利亚·里奥斯。1947年于拉科鲁尼亚出生,已婚,育有两子。自1985年以来,他就担任集团董事一职。1997年,他被任命为董事会及执行委员会副主席兼集团首席执行官。在加入Inditex集团之前,他曾在1968年—1974年担任西班牙阿艾共信息股份公司总监一职;1974年—1984年担任西班牙康尼格拉股份公司的首席执行官兼首席财务官。他不仅拥有经济学和商学双博士学位,还是拉科鲁尼亚工商管理学院金融学及会计学教授。此外,他也是Fadesa股份公司的董事会成员。他同时还在拉科鲁尼亚大学担任财会分析学教授,目前仍坚持授课。

何塞·玛丽亚·卡斯蒂利亚·里奥斯是Inditex集团金融系统的设计者。如果没有卡斯蒂利亚,Inditex集团的财务情况根本不会像今天这样漂亮。他是金融界的一头鲨鱼,是行业内的魔法师。如果哪天阿曼西奥想要退休了,那么他和胡安·卡洛斯·罗德里格斯·塞夫里安两人就会为他保驾护航,确保集团能够平稳过渡。

除了Inditex集团的1 373 863股股份,他和约瑟法·奥尔特加·高纳(阿曼西奥的姐姐)共享Artinver公司50%的股份,实际掌控了加利西亚不动产公司Fadesa 5%的股权。2003年10月,英国《经济学人》杂志及史宾沙管理顾问咨询公司联合授予他"商界道德模范奖"。当谈论到退休问题的时候,他说:"只要没有接班人,我这边就没办法主动退休。只要接班人选定了,那么管理者的责任我就会转交出去。"他并没指明该接班人指的是自己的接班人,抑或是"老板"阿曼西奥的接班人。到了2005年,事实证明,尽管他已正式提交了辞呈,但是他才是那个被替代的人。

阿马多尔·德·卡斯特罗。何塞·玛丽亚·卡斯蒂利亚上任前，由他担任 Inditex 集团首席执行官。阿马多尔·德·卡斯特罗与安东尼奥·奥尔特加在集团发展初期发挥了至关重要的作用。

哈维尔·切尔科莱斯·布拉斯克斯。Inditex 集团企业责任部总监。他的主要职责是界定 Inditex 集团内外疆域。

博尔哈·德·谢尔瓦·阿尔瓦雷斯·德·索托马约尔。Inditex 集团财务部和管理控制部总监。主要负责企业财务管理。他的基础工作主要是处理公司与银行之间的关系、谈判金融债务及司库归属问题、管理汇率和利率风险、协调各业务部门及公司整体的资本结构等。他还负责领导管理控制部，规划及追踪各业务部门及公司整体运营。同时，博尔哈·德·谢尔瓦需要收集、分析管理信息，并把它们提交给相关部门。此外，他总监制作商业计划及分析各投资项目的经济可行性等业务。

胡安·科维安。Inditex 集团网络部总监。网络部与物流部一样，也是维持 Inditex 集团业务运转的重要部门。他主要负责开发、维护、更新 Inditex 集团的企业网站。此外，他还负责 Inditex 集团电子 APP 的开发和管理。这些电子 APP 具有巨大潜力，对 Inditex 集团的业务发展大有裨益。Inditex 集团的信息部也在他的管理范围之内，该部门负责提供各种技术解决方案及相关服务，支持公司各个业务领域的发展。网络部的业务范围囊括了集团的方方面面。

迭戈·科帕多。Inditex 集团公关部总监。Inditex 集团及其下属企业的公关和品牌形象负责人。迭戈·科帕多主要负责集团新闻稿件的发布及集团各类出版刊物的指导工作。此外，他还要负责 Inditex 集团为数不多的广告和品牌形象的设计开发工作。巴勃罗·伊斯拉加入集团后，任命赫苏斯·艾奇瓦利亚为公关部总监。不久之后，迭戈·科帕多离开了 Inditex 集团，加入到英格列斯百货商店。

卡洛斯·克雷斯波·冈萨雷斯。Inditex 集团内审部总监。内审部是 Inditex 集团最敏感的部门之一。前任总监调岗后，总监一职一直空缺，后由卡洛斯·克雷斯波·冈萨雷斯接任。

卡洛斯·德克塞乌斯。巴塞罗那大学法学兼经济学学士。他是摩根大通集团向 Inditex 集团举荐的人才中的代表性人物。他起初担任集团董事总经理一职，之后设计并主导了 Inditex 集团的上市计划。德克塞乌斯之前主要从事银行业务，在摩根大通马德里、纽约、布鲁塞尔和伦敦的办公室均有一席之地。1989 年，他加入瑞士银行。1995 年，他成为巴克莱银行（英国巴克莱集团的下属企业）西班牙分行的副主席。他在巴克莱银行西班牙分行工作期间，曾指导过好几只新股的入市计划。

让所有人大跌眼镜的是，1998 年 9 月，他上任未满半年便从 Inditex 集团离职。没有人出面解释他为何会如此突然提交辞呈，但是卡斯蒂利亚坚定不移地认为："无论多么强有力的外援，只要放到 Inditex 集团，都会水土不服，所以我们宁愿把公司的未来赌到内部提拔的员工身上。"

何塞·玛丽亚·德鲁埃特·安普埃罗。Inditex 集团人力资源部总监。何塞·玛丽亚·德鲁埃特·安普埃罗在巴勃罗·伊斯拉任职期间加入 Inditex 集团，并且取代了赫苏斯·维加，成为集团人力资源部的新总监。之前他在汉诺威国际集团工作。1987 年，何塞·玛丽亚·德鲁埃特·安普埃罗从天主教工商管理学院毕业，获得工商管理硕士学位。他分别担任过威利斯公司（1998 年—2003 年）、Publieespaña 公司（1992 年—1998 年）、南美集团（1990 年—1992 年）、汉诺威国际集团（1990 年—1992 年）的人力资源总监。他是西班牙律师协会会员。

赫苏斯·艾奇瓦利亚·埃尔南德斯。Inditex 集团公关部及组织关系部总监。他与巴勃罗·伊斯拉同一时期加入 Inditex 集团。他也来自阿达迪斯集团，曾担任阿达迪斯集团西班牙地区公关部及组织关系部总监。他被认为是集团副主席最信任的人。

卡洛斯·埃斯皮诺萨·德·洛斯·蒙特罗斯·贝尔纳多·德·基罗斯。Inditex 集团第二副主席。1997 年 5 月，成为 Inditex 集团的独立董事。2005 年 9 月，他被任命为集团第二副主席。卡洛斯·埃斯皮诺萨毕业于天主教工商管理学院，获得法学及商学学位。他是西北大学工商管理硕士，兼任国家商务技术员，是一名经济学家。他曾是工业研究所的副所长、伊比利亚航空公司及艾威艾科航空公司主席、国际航空运输协会执行委员会成员、企业家联盟主席、西班牙汽车和卡车制造商协会会长及世界汽车工业国际协会会长。他目前担任戴姆勒－克莱斯勒西班牙控股公司、梅赛德斯－奔驰西班牙大区、冈萨雷－比亚斯集团，以及亚克西奥纳咨询公司的董事会主席等。

伊格纳西奥·费尔南德斯·费尔南德斯。Inditex集团财务总监。他需要严格监督集团在各个国家的纳税情况，同时还要努力与各国税务局维持良好的关系，获取相关税务信息。除了集团董事会成员这个身份，伊格纳西奥·费尔南德斯还是加特勒公司的总监。加特勒公司存在的主要目的就是存放阿曼西奥手里的Inditex集团股份。

奥古斯丁·加西亚·波韦达。出生于拉科鲁尼亚，现任Inditex集团副总经理，直接对董事总经理负责。他曾担任家乐福集团卖场部的首席执行官。在Inditex集团里，他算得上是为数不多的尚未被"集团土著管理层"质疑的、具有实力的外援之一。

加特勒责任有限公司。Inditex集团董事。弗洛拉·佩雷斯·马柯黛，阿曼西奥的现任妻子，作为加特勒责任有限公司的代表在Inditex集团董事会上占有一席之地。

巴勃罗·戈麦斯。目前在Inditex集团商务部工作。他的妻子是阿曼西奥·奥尔特加的长女桑德拉·奥尔特加·梅拉。

费利佩·戈麦斯·帕莱特。虽然他并不是Inditex集团员工，但作为阿曼西奥·奥尔特加基金会的首席执行官，费利佩·戈麦斯必然与Inditex集团有着千丝万缕的关系。

巴勃罗·伊斯拉·阿尔瓦雷斯·德·特赫拉。2005年6月，担任

Inditex 集团常务董事，2011 年 6 月，升任 Inditex 集团主席。毕业于马德里康普顿斯大学法学专业，曾担任过政府检察官一职。此外，2000 年 7 月，阿达迪斯集团任命他为董事会主席及集团联席总裁。在此之前，他曾是人民银行法律事务部部长（1992 年—1996 年）及经济财政部国有资产委员会总干事（1996 年—1998 年）。1998 年，他再次加入人民银行，出任秘书长一职，直到 2000 年加入阿达迪斯集团。

米格尔·霍韦·冈萨雷斯。目前在 Inditex 集团人事部工作。他的妻子是阿曼西奥的姐姐约瑟法·奥尔特加·高纳。

米格尔·霍韦·奥尔特加。他在 Inditex 集团成衣部及外套部工作。约瑟法·奥尔特加·高纳的小儿子。

霍斯特·连翰墨。自 2001 年以来，Inditex 集团董事会发言人就一直由他担任。他的职业生涯起步于一家名叫伊顿百货的加拿大连锁百货公司，之后被任命为多德韦尔进口公司（英国英之杰集团旗下的一家日本子公司）常务董事。1975 年，他加入雅诗兰黛集团，任雅诗兰黛日本区总裁。1982 年，他被任命为雅诗兰黛集团德国分公司的首席执行官。1985 年，霍斯特·连翰墨被调往纽约，升任雅诗兰黛集团总裁兼首席运营官。1999 年，他再获提拔，升任雅诗兰黛集团总裁兼常务董事，并且目前依然在该集团担任上述职务。

路易斯·拉腊。Inditex 集团欧洲国际部总监。他与路易斯·布兰克共同负责集团的欧洲事务。

马克·洛佩兹。资本市场部总监。Inditex 集团在国际化进程中，面对不同国家的外汇及汇率变动需要时刻掌握主动权。马克·洛佩兹的主要职责就是修正并利用汇率变动的影响结果，保证 Inditex 集团账户的资金安全。

豪尔赫·洛佩斯·耐伊拉。他并不是 Inditex 集团中的一员，但是 Inditex 集团创造的奇迹里也有他的一份功劳。在那些为 Inditex 集团服务的合作制企业里，豪尔赫·洛佩斯有个十分响亮的绰号——"豪尔赫神父"。他是御受难会的神父，曾在罗马的比约十二世社会研究院学习如何从商，到了纳瓦拉，他从商的兴趣越发浓烈。20 世纪 80 年代中期，他铺开了一张巨网，成为半地下纺织合作制企业的倡导者。这种不签劳动合同的合作模式如今已经被洗白，他主要为阿曼西奥·奥尔特加的商业帝国带来源源不断的劳动力。Inditex 集团上市之前，豪尔赫神父曾想要加入 Inditex 集团，成为其中的一员，但是阿曼西奥并没有同意他的请求，甚至除了阿曼西奥，没有人知道其拒绝的理由是什么。有人猜测是因为豪尔赫神父的合作制企业可能会拖累 Inditex 集团的形象。

弗朗西斯科·吕宋·洛佩斯。自 1997 年 2 月起，担任 Inditex 集团独立董事一职。他毕业于毕尔巴鄂大学工商管理专业，曾任毕尔巴鄂德乌斯托大学教授。1972 年，他加入比斯开银行，在不同部门、不同岗位上均有一番磨砺，总结出了丰富的工作经验。1986 年，弗朗西斯科·吕宋被提拔为比斯开银行董事总经理。1988 年，比斯开银行与毕尔巴鄂银行合并，他也顺理成章地成为毕尔巴鄂比斯开银行董事会的一员。1988年年底，他被任命为毕尔巴鄂比斯开银行（西班牙对外银行）主席，任期至1996年。1991年，在他的推动下，新西班牙对外银行正式成立。他不仅是新西班牙对外银行的创始人，同时还是该银行的首任总裁。1996年，弗朗西斯科·吕宋卸任。同年，他加入桑坦德中部美洲银行，担任董事总经理一职，兼任副主席及战略部、公关部和组织关系部总监。目前，他主要负责桑坦德中部美洲银行拉美区的相关事务。

爱德华多·马丁。Zara西班牙区的首席执行官。尽管他由胡安·卡洛斯·罗德里格斯·塞夫里安直属领导，但在工作方面，他主要为何塞·托莱多（Zara全球市场总监）打下手。按照卡斯蒂利亚的行事风格，Inditex集团的外援数量越少越好，因此爱德华多·马丁自然也是Inditex集团的"内部提拔人员"。

费尔南多·马丁内斯。Inditex集团不动产部总监。不动产部主要负责寻找并确定开设门店的最佳地理位置及相关的谈判工作。该部门的员工需要不断前往Inditex集团已经开设门店或者将要开设门店的商业区，从那里找出无论是在地理位置，还是建筑品质，抑或是商业前景方面都十全十美的地段。

罗莎莉雅·梅拉·戈叶娜切娅。她是Inditex集团董事会成员，也是继阿曼西奥之后，Inditex集团的第二大私人股东。罗莎莉雅·梅拉是阿曼西奥·奥尔特加的第一任妻子。虽然她目前并不在Inditex集团任职，但是她领导的派地亚基金会与Inditex集团仍然保持着密切的经济联系。

艾琳·R. 米勒。她自2001年4月起，担任Inditex集团独立董事一职。多伦多大学理学学士、康奈尔大学化学硕士。她的职业生涯起步于通用食品公司，之后加入过罗斯柴尔德投资银行及摩根士丹利公司。

1991年，她加入巴诺书店（美国最大的零售连锁书店），担任企业融资部副总裁。1993年，巴诺书店上市之前，艾琳·R. 米勒被任命为该公司的首席财务官。1995年，她成为巴诺书店董事会一员，同时兼任董事会副主席一职。1997年，她被任命为阿基姆公司（美国投资咨询公司）首席执行官。此外，她还是Coach（蔻驰）公司、奥克利公司及美体小铺国际公司的董事会成员。

加布里埃尔·莫内奥·玛丽娜。Inditex集团系统管理部总监。他之前在人民银行信息技术部工作，与巴勃罗·伊斯拉同期加入Inditex集团。

哈维尔·蒙特奥利瓦·迪亚斯。Inditex集团法律咨询部总监。他主要侧重于法律咨询方面的事务。此外，一般由他出面代表集团与政府、法官及法院打交道。此外，他还管理着公司各个管理机构的秘书处。秘书处比较擅长处理的有民事及商业合同、国际业务合作合同、不动产及工业产权合同。法律咨询部的直接负责对象为Inditex集团的秘书长。

阿曼西奥·奥尔特加·高纳。Inditex 集团主席。Inditex 集团联合创始人。1985 年，Inditex 集团董事会及执行委员会成立，阿曼西奥·奥尔特加担任这两个机构的董事会及执行委员会主席。1963 年，他开始从事纺织品制造行业。1972 年，他创办了果阿成衣（Confecciones GOA）股份公司，这也是 Inditex 集团旗下的第一家服装加工厂。3 年后，Zara 在西班牙横空出世，成为集团旗下第一家分销、零售企业。

约瑟法·奥尔特加·高纳。作为阿曼西奥·奥尔特加的二姐，她曾在 Inditex 集团旅游部工作。在 2002 年以前，约瑟法·奥尔特加曾是 Inditex 集团董事会的一员。她与何塞·玛丽亚·卡斯蒂利亚均持有 Artinver 公司的部分股份。

弗洛拉·佩雷斯·马柯黛。阿曼西奥·奥尔特加的第二任妻子。曾在巴适卡品牌线工作。如今是 Inditex 集团董事会成员。

豪尔赫·佩雷斯·马柯黛。玛西莫·都蒂品牌线总监。他是弗洛拉·佩雷斯·马柯黛（阿曼西奥·奥尔特加的第二任妻子）的哥哥。

拉蒙·雷里奥·图涅斯。Inditex 集团国际拓展部总监兼指导委员会成员。

胡安·卡洛斯·罗德里格斯·塞夫里安。Inditex 集团上一任总经理。自 1997 年起，他就担任集团执行董事一职。2000 年后，他被任命为集团的总经理。1978 年，胡安·卡洛斯·罗德里格斯加入

Inditex 集团。自此之后，他的整个职业生涯都与 Inditex 集团密不可分。从那时候起，他就在贸易部、生产部、物流部、总务部及国际业务发展与管理部等多个不同岗位大放异彩。2003 年，他的工作重心向总务部倾斜，负责维护设备、采购及发放物资、提供维持集团运营的相关支持性服务等。他的妻子是玛丽亚·多洛雷斯（安东尼奥·奥尔特加·高纳的女儿）。如果要为阿曼西奥·奥尔特加票选出一位继承者，所有人都会毫不犹豫地给胡安·卡洛斯·罗德里格斯投上一票。股票分配时，"老板"阿曼西奥给了他 0.56% 的股份作为回报。2005 年 2 月，胡安·卡洛斯·罗德里格斯离开 Inditex 集团。

何塞·曼努埃尔·罗迈·德·拉科利纳。他在 Inditex 集团总部工作。他的妻子是何塞·玛丽亚·霍韦·奥尔特加（约瑟法·奥尔特加·高纳的长女）。同时，他本人也是人民党卫生部前任部长何塞·曼努埃尔·罗迈·贝卡利亚的长子。

安东尼奥·鲁比奥·梅里诺。Inditex 集团财务部总监。曾获得工商管理、地理和历史学学位。经过 Inditex 集团的内部提拔，他从管理部总监一跃升为财务部总监。2003 年，安东尼奥·鲁比奥·梅里诺加入 Inditex 集团，此前他曾担任阿文戈亚集团整合及审计部总监一职。

埃米利奥·萨拉乔·罗德里格斯·德·多雷斯。埃米利奥·萨拉乔在马德里康普斯顿大学获得经济学学士学位；1980 年，于加利福尼亚大学洛杉矶分校获得工商管理硕士学位。同时，他还是富布赖特奖学金获得者。

1980年，埃米利奥·萨拉乔加入大通曼哈顿银行，并由此开启了自己的职业生涯。他在大通曼哈顿银行身兼数职，不仅要负责石油和天然气的业务，还要负责电信通信及资本货物相关的业务。

1985年，埃米利奥·萨拉乔分管桑坦德商业银行投行部业务，为桑坦德商业银行的成立及发展贡献了自己的一份力量。1989年，他被任命为桑坦德集团大型企业部负责人兼集团副总。同时他还是FISEAT、桑坦德养老及租赁公司的董事。

1990年，埃米利奥·萨拉乔加入高盛集团伦敦分公司，协助开展西班牙和葡萄牙市场的业务。1995年，他重回桑坦德投资银行，成为该行投行部的总监，该投行部当时已在全球范围内占有一席之地。1996年—1998年，桑坦德银行在亚洲的业务运营也列入了他的职责范围。

1998年，埃米利奥·萨拉乔加入摩根大通集团，成为西班牙及葡萄牙分公司主席，负责集团在伊比利亚半岛的商业运作。此外，他还是欧洲管理委员会的一员。

从2006年年初到2008年1月1日，埃米利奥·萨拉乔除了担任摩根大通西班牙及葡萄牙分公司主席一职，还兼任摩根大通私人银行欧洲、中东及非洲部（总部设在伦敦）的首席执行官。此外，他还是运营委员会及欧洲管理委员会成员。目前，他主要负责摩根大通投资银行在欧洲、中东和非洲市场的业务。同时，他在摩根大通投资银行及摩根大通集团的执行委员会上均占有一席之地。2010年7月，他成为Inditex集团董事。

卡门·塞维利亚诺·查韦斯。奥依修总监。她是Inditex集团第一位身居高位的女性员工。

尼尔斯·斯迈德卡德·安德森。他在丹麦奥胡斯大学获得商业和经济学学士学位。尼尔斯·斯迈德卡德·安德森于1983年加入嘉士伯集团,并于1988年成为集团副主席。1990年—1997年,他一直驻外工作,先后担任嘉士伯西班牙区及嘉士伯德国啤酒公司的首席执行官。

1997年,尼尔斯·安德森从嘉士伯集团辞职,成为英雄集团饮料公司(总部设在瑞士)的首席执行官。他在英雄集团饮料公司待了两年,之后(1999年)重新回到嘉士伯集团,担任执行委员会的成员,负责运营欧洲市场的饮料业务。2001年,他被任命为嘉士伯集团的首席执行官。他带领集团一路披荆斩棘,完成嘉士伯并购及国际化扩张的一系列进程。2007年,他再次离开嘉士伯集团并加入A.P.穆勒-马士基集团,成为后者的合伙人及首席执行官。

自2001年以来,尼尔斯·安德森一直是欧洲工业企业家圆桌会议的一员。2007年,他成为欧俄工业企业家圆桌会议成员。他不仅负责执掌A.P.穆勒-马士基集团执行委员会,而且还担任马士基石油天然气公司及丹麦超市公司的主席。2010年,他获得了丹麦"丹尼布洛骑士"荣誉奖。2010年7月,他被任命为Inditex集团的独立董事。

何塞·托莱多·德·拉卡耶。Zara品牌的前任总监。曾是Inditex集团的指导委员会的成员。2010年,卡洛斯·马托·洛佩斯取代何塞·托莱多·德·拉卡耶,成为Zara品牌的新总监。

霍尔迪·特里克尔·巴利斯。斯特拉迪瓦里品牌总监。

胡安·曼努埃尔·乌戈伊蒂·洛佩斯·奥卡尼亚。自1993年1月起,成为Inditex集团的独立董事。获得康普顿斯大学法律学位。

1962年，他进入比斯开银行，由此开启了自己的职业生涯。在担任过一系列部门经理之后，他于1978年被任命为银行总监，1984年成为银行董事，1986年升任为银行首席执行官。1988年，比斯开银行与毕尔巴鄂银行合并为西班牙对外银行，胡安·曼努埃尔为该行首席执行官。他曾担任 Ahorrobank 银行、卡纳里奥信贷银行、西方银行、生物学及血清疗法研究所、德拉格朗热实验室主席及抗生素公司的董事。目前，他是加利西亚银行主席、亚克西奥纳咨询公司副主席、内斯克公司董事、花旗集团全球市场欧洲咨询委员会的成员。此外，他还是索菲娅王后国家艺术中心博物馆、普拉多博物馆和国家图书馆皇家委员会主席。除了是何塞·安东尼奥·德·卡斯特罗私人基金会的一把手，胡安·曼努埃尔还是其他基金会及相关机构的一员。他曾荣获大十字勋章及大英帝国勋章。

何塞·玛丽亚·班德略斯·阿吉洛。Inditex 集团原料部总监兼指导委员会成员。原材料上的突破是 Inditex 集团所获得的众多成就之一。Inditex 集团的理念是以合适的价格找到合适的原材料，满足集团的利润需求。

阿方索·巴斯克斯。Inditex 集团美洲、亚洲及中东地区国际部总监。他与伊万·巴贝拉同为上述三个地区市场开发及扩张部门的总负责人。

何塞·路易斯·巴斯克斯·马里诺。2005年3月，成为 Inditex 集团独立董事。他毕业于经贸专业并已通过特许会计师考试，是一位商学教授。他曾是安达信财务部、全球人力资源部总监兼拉丁美洲市场总监合伙人。目前，何塞·路易斯为帕斯托银行及《加利西亚之声》的董事会成员。2010年7月，他不再担任Inditex集团独立董事。

赫苏斯·维加·德·拉法亚。Inditex集团人力资源部总监。他获得法学、计算机工程学及工商管理博士学位。他曾分别就职于惠普及桑坦德银行。2000年，赫苏斯·维加加入Inditex集团。人力资源部人才济济，负责人员招聘、录用、培训、劳动关系处理、薪酬政策指导、业务方向引导、专业发展、安全和风险防范等相关业务。此外，赫苏斯·维加还是Inditex集团指导委员会的成员。

4. 相关公司名录

4.1 Inditex集团名下公司 *

截至2003年12月31日，根据各自活动职能的不同，Inditex集团旗下的西班牙及跨国企业分类如下：

商业：**

附录表-2

企业名称	国家及地区
西班牙巴适卡（Bershka）股份公司	西班牙
葡萄牙巴适卡（Bershka）有限责任公司	葡萄牙
墨西哥巴适卡（Bershka）可变动资本额公司	墨西哥
土耳其巴适卡（Bershka）服装有限责任公司	土耳其
希腊巴适卡（Bershka）股份公司	希腊

续表

企业名称	国家及地区
委内瑞拉巴适卡（Bershka）股份公司	委内瑞拉
西班牙布雷特斯（Brettos）股份公司	西班牙
玛西莫·都蒂（Massimo Dutti）集团股份公司	西班牙
西班牙孩童乐园（Kiddy's Class）股份公司	西班牙
葡萄牙孩童乐园（Kiddy's Class）有限责任公司	葡萄牙
希腊玛西莫·都蒂（Massimo Dutti）股份公司	希腊
西班牙奥依修（Oysho）股份公司	西班牙
墨西哥奥依修（Oysho）可变动资本额公司	墨西哥
希腊奥依修（Oysho）股份公司	希腊
委内瑞拉奥依修（Oysho）股份公司	委内瑞拉
葡萄牙奥依修（Oysho）有限责任公司	葡萄牙
西班牙普安倍尔（Pull & Bear）股份公司	西班牙
希腊普安倍尔（Pull & Bear）股份公司	希腊
葡萄牙普安倍尔（Pull & Bear）有限责任公司	葡萄牙
委内瑞拉普安倍尔（Pull & Bear）股份公司	委内瑞拉
墨西哥普安倍尔（Pull & Bear）可变动资本额公司	墨西哥
土耳其普安倍尔（Pull & Bear）服装有限责任公司	土耳其
西班牙斯特拉迪瓦里（Stradivarius）股份公司	西班牙
希腊斯特拉迪瓦里（Stradivarius）股份公司	希腊
葡萄牙斯特拉迪瓦里（Stradivarius）有限责任公司	葡萄牙
土耳其斯特拉迪瓦里（Stradivarius）服装有限责任公司	土耳其
VAJO 有限责任公司	比利时
丹麦 Zara 股份公司	丹麦
土耳其 Zara 服装有限公司	土耳其
阿根廷 Zara 股份公司	阿根廷
比利时 Zara 股份公司	比利时
巴西 Zara 有限责任公司	巴西
加拿大 Zara 有限责任公司	加拿大
奥地利 Zara 服装有限责任公司	奥地利
智利 Zara 股份公司	智利
德国 Zara 有限责任公司	德国

续表

企业名称	国家及地区
西班牙 Zara 股份公司	西班牙
法国 Zara 有限责任公司	法国
希腊 Zara 股份公司	希腊
意大利 Zara 有限责任公司	意大利
日本 Zara 有限责任公司	日本
卢森堡 Zara 股份公司	卢森堡
墨西哥 Zara 可变动资本额公司	墨西哥
荷兰 Zara 有限责任公司	荷兰
挪威 Zara 股份公司	挪威
葡萄牙 Zara 制造有限责任公司	葡萄牙
瑞士 Zara 有限责任公司	瑞士
瑞典 Zara 有限责任公司	瑞典
英国 Zara 有限责任公司	英国
乌拉圭 Zara 有限责任公司	乌拉圭
美国 Zara 有限责任公司	美国
委内瑞拉 Zara 有限责任公司	委内瑞拉
波多黎各 Zara 有限责任公司	波多黎各
爱尔兰 Zara 服装有限责任公司	爱尔兰

* 来源：www.inditex.es

** 仍保留公司初始名称，因为它们是 Inditex 集团上市后出现的公司

制造业：

附录表 -3

企业名称	国家及地区
绸雷特（Choolet）股份公司	西班牙
科姆迪特（Comditel）股份公司	西班牙
费奥斯成衣（Confecciones Fíos）股份公司	西班牙
果阿成衣（Confecciones GOA）股份公司	西班牙

续表

企业名称	国家及地区
诺伊德（Noite）股份公司	西班牙
登侑（Denllo）股份公司	西班牙
多彩纤维（Fibracolor）印染股份公司	西班牙
嘉能可（Glencare）股份公司	西班牙
汉普顿（Hampton）股份公司	西班牙
因迪普特（Indipunt）股份公司	西班牙
珢乐（Kenner）股份公司	西班牙
凯特琳（Kettering）股份公司	西班牙
杰马（Jema）创意童装有限责任公司	西班牙
尼科尔（Nikole）股份公司	西班牙
诺索彭多（Nosopunto）有限责任公司	西班牙
萨姆络（Samlor）股份公司	西班牙
西尔维奥（Sircio）股份公司	西班牙
斯蒂尔（Stear）股份公司	西班牙
天普（Tempe）股份公司	西班牙
瑞斯纺织（Textil Rase）股份公司	西班牙
多铎庭德（Todotinte）股份公司	西班牙
迪斯可（Trisko）股份公司	西班牙
渡亨特（Tugend）股份公司	西班牙
耶罗莉（Yeroli）股份公司	西班牙
辛杜拉（Zintura）股份公司	西班牙

服务业：

附录表 -4

企业名称	国家及地区
巴适卡（Bershka）物流股份公司	西班牙
多彩纤维（Fibracolor）装饰股份公司	西班牙

续表

企业名称	国家及地区
伏铭革（Fruminga）有限责任公司	荷兰
果阿投资（GOA-Invest）股份公司	西班牙
亚洲 Inditex 股份公司	中国香港
Inditex 热电联产公司	西班牙
Inditex 股份公司	西班牙
英沃卡布勒（Invercarpro）股份公司	西班牙
荷兰玛西莫·都蒂（Massimo Dutti）股份公司	荷兰
玛西莫·都蒂（Massimo Dutti）物流股份公司	西班牙
奥依修（Oysho）物流股份公司	西班牙
普安倍尔（Pull & Bear）物流股份公司	西班牙
罗布斯塔（Robustae）控股公司	葡萄牙
亚洲地产有限责任公司	中国香港
飒拉帕（Zalapa）有限责任公司	荷兰
亚洲 Zara 有限责任公司	中国香港
Zara 财务有限责任公司	荷兰
Zara 有限责任公司	荷兰
意大利 Zara 有限责任公司	荷兰
Zara 物流股份公司	西班牙
Zara 品牌有限责任公司	荷兰
墨西哥 Zara 有限责任公司	荷兰
Zara 地产有限责任公司	荷兰
希腊 Zara 地产股份公司	希腊

4.2 Inditex 集团直接或间接参股产业 *

原材料供应及制造公司：

附录表 -5

入股企业	办公地址	主营业务	合并方法	参股占比（%）直接参股	参股占比（%）间接参股	间接参股企业
绸雷特（Choolet）股份公司	拉科鲁尼亚阿尔泰修议会大街 Inditex 集团大厦	制作服装及配饰	整体合并	100	—	—
科姆迪特（Comditel）股份公司	拉科鲁尼亚阿尔泰修议会大街 Inditex 集团大厦	原料采购中心	整体合并	100	—	—
费奥斯成衣（Confecciones Fios）股份公司	拉科鲁尼亚阿尔泰修议会大街 Inditex 集团大厦	制作服装及配饰	整体合并	100	—	—
果阿成衣（Confecciones GOA）股份公司	拉科鲁尼亚阿尔泰修议会大街 Inditex 集团大厦	制作服装及配饰	整体合并	100	—	—
登侑（Denllo）股份公司	拉科鲁尼亚阿尔泰修议会大街 Inditex 集团大厦	制作服装及配饰	整体合并	100	—	—
嘉能可（Glencare）股份公司	拉科鲁尼亚阿尔泰修议会大街 Inditex 集团大厦	纺织原料、服装及配件的制造、零售、批发	整体合并	100	—	—

续表

入股企业	办公地址	主营业务	合并方法	参股占比（%）直接参股	参股占比（%）间接参股	间接参股企业
汉普顿（Hampton）股份公司	拉科鲁尼亚阿尔泰修议会大街Inditex集团大厦	制作服装及配饰	整体合并	100	—	—
琅乐（Kenner）股份公司	拉科鲁尼亚费罗尔圣佩德罗路	制作服装及配饰	整体合并	100	—	—
凯特琳（Kettering）股份公司	拉科鲁尼亚阿尔泰修议会大街Inditex集团大厦	制作服装及配饰加工厂	整体合并	100	—	—
尼科尔（Nikole）股份公司	拉科鲁尼亚阿尔泰修议会大街Inditex集团大厦	制作服装及配饰	整体合并	100	—	—
诺索彭多（Nosopunto）有限责任公司	拉科鲁尼亚阿尔泰修议会大街Inditex集团大厦	制作服装及配饰	整体合并	51	—	—
萨姆络（Samlor）股份公司	拉科鲁尼亚阿尔泰修议会大街Inditex集团大厦	加工厂	整体合并	100	—	—
西尔维奥（Sircio）股份公司	拉科鲁尼亚阿尔泰修议会大街Inditex集团大厦	制作服装及配饰	整体合并	100	—	—

续表

入股企业	办公地址	主营业务	合并方法	参股占比（%）直接参股	参股占比（%）间接参股	间接参股企业
斯蒂尔（Stear）股份公司	拉科鲁尼亚阿尔泰修议会大街Inditex集团大厦	制作服装及配饰	整体合并	100	—	—
瑞斯纺织（Textil Rase）股份公司	拉科鲁尼亚阿尔泰修议会大街Inditex集团大厦	制作服装及配饰	整体合并	100	—	—
缇丝柯（Tisko）股份公司	拉科鲁尼亚阿尔泰修议会大街Inditex集团大厦	制作服装及配饰	整体合并	100	—	—
渡亨特（Tugend）股份公司	拉科鲁尼亚阿尔泰修议会大街Inditex集团大厦	纺织品制造	整体合并	100	—	—
耶罗莉（Yeroli）股份公司	拉科鲁尼亚阿尔泰修议会大街Inditex集团大厦	原料采购中心	整体合并	51	—	—
辛杜拉（Zintura）股份公司	拉科鲁尼亚阿尔泰修议会大街Inditex集团大厦	纺织品制造	整体合并	100	—	—

＊来源：西班牙证券市场委员会（CNMV）公告

物流产业：

附录表-6

入股企业	办公地址	主营业务	合并方法	直接参股	间接参股	间接参股企业
Zara物流股份公司	拉科鲁尼亚阿尔泰修议会大街Inditex集团大厦	物流	整体合并	100	—	—

Zara参股的零售产业：

附录表-7

入股企业	办公地址	主营业务	合并方法	直接参股	间接参股	间接参股企业
西班牙Zara股份公司	拉科鲁尼亚阿尔泰修议会大街Inditex集团大厦	服装、鞋类及配件零售	整体合并	100	—	—
法国Zara有限责任公司	法国巴黎法国土地大道80号	服装、鞋类及配件零售	整体合并	0.01	99.99	Zara有限责任公司
希腊Zara股份公司	希腊奥莫尼亚阿特纳斯59号体育场	服装、鞋类及配件零售	整体合并	1	99	Zara有限责任公司
比利时Zara股份公司	比利时布鲁塞尔路易斯大道2号	服装、鞋类及配件零售	整体合并	0.01	99.99	Zara有限责任公司

续表

入股企业	办公地址	主营业务	合并方法	参股占比（%）直接参股	参股占比（%）间接参股	间接参股企业
英国 Zara 有限责任公司	英国伦敦摄政街 120 号	服装、鞋类及配件零售	整体合并	100	—	—
德国 Zara 有限责任公司	德国蒙克贝格街 10 号	服装、鞋类及配件零售	部分合并	50	—	—
美国 Zara 有限责任公司	美国纽约麦迪逊大街 645 号	服装、鞋类及配件零售	整体合并	100	—	—
加拿大 Zara 有限责任公司	加拿大麦吉尔大学大道 1550 号	服装、鞋类及配件零售	整体合并	95	—	—
阿根廷 Zara 股份公司	阿根廷拉瓦列 1290 号	服装、鞋类及配件零售	整体合并	100	—	—
委内瑞拉 Zara 有限责任公司	委内瑞拉加拉加斯兰达查考大道与解放者大道交界处	服装、鞋类及配件零售	整体合并	1	100	—
智利 Zara 股份公司	智利塞罗科罗拉多 50-30 路	服装、鞋类及配件零售	整体合并	95.85	4.15	—
乌拉圭 Zara 有限责任公司	乌拉圭蒙得维的亚洪卡尔 1327 号 2201 公寓	服装、鞋类及配件零售	整体合并	97.67	2.33	Zara 有限责任公司
巴西 Zara 有限责任公司	巴西圣保罗博阿维斯塔街 254 号	服装、鞋类及配件零售	整体合并	100	—	—
挪威 Zara 股份公司	挪威奥斯陆布格汉森拉斯穆森街区 0250 号	服装、鞋类及配件零售	整体合并	100	—	—

续表

入股企业	办公地址	主营业务	合并方法	参股占比（%）直接参股	参股占比（%）间接参股	间接参股企业
丹麦Zara股份公司	丹麦哥本哈根罗尼-伦德格伦街区12100号	服装、鞋类及配件零售	整体合并	100	—	—
瑞典Zara有限责任公司	瑞典马尔默曼斯律师事务所20314号	服装、鞋类及配件零售	整体合并	100	—	—
奥地利Zara服装有限责任公司	奥地利维也纳克恩滕71010号	服装、鞋类及配件零售	整体合并	100	—	—
卢森堡Zara股份公司	卢森堡海涅街L-1720 6号	服装、鞋类及配件零售	整体合并	99.99	0.01	Zara有限责任公司
荷兰Zara有限责任公司	荷兰布雷达西利格单6号	服装、鞋类及配件零售	整体合并	92.74	7.26	Zara有限责任公司
瑞士Zara有限责任公司	瑞士弗里堡车站大道4号	服装、鞋类及配件零售	整体合并	99.95	0.05	Zara有限责任公司
土耳其Zara服装有限公司	土耳其伊斯坦布尔Talatpasa街110号	服装、鞋类及配件零售	整体合并	100	—	—
西班牙奥依修（Oysho）股份公司	拉科鲁尼亚阿尔泰修议会大街Inditex集团大厦	服装、鞋类及配件零售	整体合并	100	—	—

295

续表

入股企业	办公地址	主营业务	合并方法	参股占比（%）直接参股	参股占比（%）间接参股	间接参股企业
西班牙孩童乐园（Kiddy's Class）股份公司	拉科鲁尼亚阿尔泰修议会大街 Inditex 集团大厦	服装、鞋类及配件零售	整体合并	100	—	—
西班牙布雷特斯（Brettos）股份公司	拉科鲁尼亚阿尔泰修议会大街 Inditex 集团大厦	服装、鞋类及配件零售	整体合并	100	—	—
西班牙乐福泰斯（Lefties）股份公司	拉科鲁尼亚阿尔泰修议会大街 Inditex 集团大厦	服装、鞋类及配件零售	整体合并	100	—	—
VAJO 有限责任公司	比利时布鲁塞尔路易斯大道 2 号	服装、鞋类及配件零售	整体合并	99.95	0.05	Zara 有限责任公司

玛西莫·都蒂参股的零售产业：

附录表 -8

入股企业	办公地址	主营业务	合并方法	参股占比（%）直接参股	参股占比（%）间接参股	间接参股企业
玛西莫·都蒂（Massimo Dutti）集团股份公司	拉科鲁尼亚阿尔泰修议会大街 Inditex 集团大厦	服装、鞋类及配件零售	整体合并	100	—	—

普安倍尔参股的零售产业：

附录表-9

入股企业	办公地址	主营业务	合并方法	参股占比（%）		间接参股企业
				直接参股	间接参股	
西班牙普安倍尔（Pull & Bear）股份公司	拉科鲁尼亚阿尔泰修议会大街Inditex集团大厦	服装、鞋类及配件零售	整体合并	100	—	—

巴适卡参股的零售产业：

附录表-10

入股企业	办公地址	主营业务	合并方法	参股占比（%）		间接参股企业
				直接参股	间接参股	
西班牙巴适卡（Bershka）股份公司	拉科鲁尼亚阿尔泰修议会大街Inditex集团大厦	服装、鞋类及配件零售	整体合并	100	—	—

斯特拉迪瓦里参股的零售产业：

附录表-11

入股企业	办公地址	主营业务	合并方法	参股占比（%）		间接参股企业
				直接参股	间接参股	
西班牙斯特拉迪瓦里（Stradivarius）股份公司	拉科鲁尼亚阿尔泰修议会大街Inditex集团大厦	服装、鞋类及配件零售	整体合并	90.05	—	—

续表

入股企业	办公地址	主营业务	合并方法	参股占比（%）直接参股	参股占比（%）间接参股	间接参股企业
希腊斯特拉迪瓦里（Stradivarius）股份公司	希腊奥莫尼亚阿特纳斯59号体育场	服装、鞋类及配件零售	整体合并	0.05	91	西班牙斯特拉迪瓦里股份公司

西班牙业务辅助型企业：

附录表-12

入股企业	办公地址	主营业务	合并方法	参股占比（%）直接参股	参股占比（%）间接参股	间接参股企业
果阿投资（GOA-Invest）股份公司	拉科鲁尼亚阿尔泰修议会大街Inditex集团大厦	负责西班牙及国外市场门店建造工作	整体合并	100	—	—
Inditex股份公司	拉科鲁尼亚阿尔泰修议会大街Inditex集团大厦	各类纺织产品的制造、进出口、销售及批发零售业务	整体合并	—	—	—
西班牙Zara股份公司	拉科鲁尼亚阿尔泰修议会大街Inditex集团大厦	服装、鞋类及配件零售	整体合并	—	—	—
何塞·玛丽亚·阿罗霍·阿尔德贡德（Jose María Arrojo Aldegunde）股份公司	拉科鲁尼亚奥莱罗斯佩里洛N-VI路	汽车经销	无合并	—	—	—

续表

入股企业	办公地址	主营业务	合并方法	参股占比（%）直接参股	参股占比（%）间接参股	间接参股企业
莫拓卡（MOTORGAL）股份公司	拉科鲁尼亚阿尔泰修萨邦工业区79B	汽车经销	无合并	—	—	—
Inditex热电联产公司	拉科鲁尼亚阿尔泰修议会大街Inditex集团大厦	组建用于生产电能和热能的热电联产设施		—	—	—

业务辅助型企业（外资企业）：

附录表-13

入股企业	办公地址	主营业务	合并方法	参股占比（%）直接参股	参股占比（%）间接参股	间接参股企业
Zara有限责任公司	荷兰布雷达西利格单6号	控股公司	整体合并	100	—	—
意大利Zara有限责任公司	意大利米兰曼佐尼大道41号	服装、鞋类及配件零售	整体合并	100	—	—
天普（Tempe）股份公司	拉科鲁尼亚阿尔泰修议会大街Inditex集团大厦	设计、采购中心，鞋类分销中心	部分合并	50	—	—

299

Inditex 集团参股的其他产业：

附录表-14

入股企业	办公地址	主营业务	合并方法	参股占比（%）直接参股	参股占比（%）间接参股	间接参股企业
多彩纤维（Fibracolor）印染股份公司*	巴塞罗那托尔德拉巴亚玛利亚街	原材料、布料、服装的洗涤、染色、熨烫	均分	39.97	—	—

*该企业不属于 Inditex 集团旗下产业。在多彩纤维（Fibracolor）印染股份公司的股东中，最值得一提的是加泰罗尼亚工业振兴发展股份公司（Eplicsa），它是加泰罗尼亚政府直属企业，目前持有多彩纤维（Fibracolor）印染股份公司 25.174% 的股份。Eplicsa 主要经营风险投资和私募股权投资业务。多彩纤维（Fibracolor）印染股份公司的其他股东是与 Inditex 集团无关的第三方企业/个人。

Zara 有限责任公司的参股产业：

附录表-15

入股企业	办公地址	主营业务	合并方法	参股占比（%）直接参股	参股占比（%）间接参股	间接参股企业
亚洲 Inditex 股份公司	中国香港湾仔卢押道 18 号海德中心 5 单元	服装原材料供给	整体合并	1	—	—

续表

入股企业	办公地址	主营业务	合并方法	参股占比（%）直接参股	参股占比（%）间接参股	间接参股企业
法国Zara有限责任公司	法国巴黎法国土地大道80号	服装、鞋类及配件零售	整体合并	99.99	—	—
葡萄牙Zara制造有限责任公司	葡萄牙丰特斯·佩雷拉·德·梅洛大道49号	服装、鞋类及配件零售	整体合并	100	—	—
希腊Zara股份公司	希腊奥莫尼亚阿特纳斯59号体育场	服装、鞋类及配件零售	整体合并	99	—	—
比利时Zara股份公司	比利时布鲁塞尔路易斯大道2号	服装、鞋类及配件零售	整体合并	99.99	—	—
墨西哥Zara可变动资本额公司	墨西哥墨西哥城史前文化大道131号	服装、鞋类及配件零售	整体合并	95	—	—
智利Zara股份公司	智利塞罗科罗拉多50-30路	服装、鞋类及配件零售	整体合并	4.15	—	—
乌拉圭Zara有限责任公司	乌拉圭蒙得维的亚洪卡尔1327号2201公寓	服装、鞋类及配件零售	整体合并	2.33	—	—

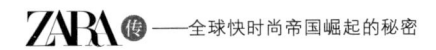

续表

入股企业	办公地址	主营业务	合并方法	参股占比（%）直接参股	参股占比（%）间接参股	间接参股企业
卢森堡Zara股份公司	卢森堡海涅街L-1720 6号	服装、鞋类及配件零售	整体合并	0.01	—	—
瑞士Zara有限责任公司	瑞士弗里堡车站大道4号	服装、鞋类及配件零售	整体合并	7.26	—	—
亚洲Zara有限责任公司	中国香港湾仔卢押道18号海德中心5单元	服装、鞋类及配件零售	整体合并	0.05	—	—
葡萄牙孩童乐园（Kiddy's Class）有限责任公司	葡萄牙丰特斯·佩雷拉·德·梅洛大道49号	服装、鞋类及配件零售	整体合并	99.99	1	—
葡萄牙普安倍尔（Pull & Bear）有限责任公司	葡萄牙丰特斯·佩雷拉·德·梅洛大道49号	服装、鞋类及配件零售	整体合并	99	1	—
普安倍尔（Pull & Bear）股份公司	希腊奥莫尼亚阿特纳斯59号体育场	服装、鞋类及配件零售	整体合并	1	99	飒拉帕（Zalapa）有限责任公司（99%）
葡萄牙巴适卡（Bershka）有限责任公司	葡萄牙丰特斯·佩雷拉·德·梅洛大道49号	服装、鞋类及配件零售	整体合并	100	—	—

续表

入股企业	办公地址	主营业务	合并方法	参股占比（%）直接参股	参股占比（%）间接参股	间接参股企业
希腊巴适卡（Bershka）股份公司	希腊奥莫尼亚阿特纳斯59号体育场	服装、鞋类及配件零售	整体合并	99	—	—
Zara财务有限责任公司	荷兰布雷达西利格单6号	服装、鞋类及配件零售	整体合并	100	—	—
Zara品牌有限责任公司	荷兰布雷达西利格单6号	服装、鞋类及配件零售	整体合并	100	—	—
墨西哥Zara可变动资本额公司	荷兰布雷达西利格单6号	国际融资	整体合并	100	—	—
意大利Zara有限责任公司	荷兰布雷达西利格单6号	管理Zara集团外国子公司及第三方公司	整体合并	100	—	—
日本Zara有限责任公司	荷兰布雷达西利格单6号	不动产购置管理及对外融资	整体合并	100	—	—
阿根廷Zara股份公司	阿根廷拉瓦列1290号	不动产购置管理及对外融资	整体合并	100	—	—
飒拉帕（Zalapa）有限责任公司	荷兰布雷达西利格单6号	不动产购置管理及对外融资	整体合并	100	—	—
Zara地产有限责任公司	荷兰布雷达西利格单6号	不动产购置管理及对外融资	整体合并	100	—	—

续表

入股企业	办公地址	主营业务	合并方法	参股占比（%）直接参股	参股占比（%）间接参股	间接参股企业
荷兰 Zara 地产有限责任公司	荷兰布雷达西利格单 6 号	不动产购置管理及对外融资	整体合并	1	99	Zara 地产有限责任公司（99%）
法国 ZaraPO3301 地产民事公司	法国巴黎法国土地大道 80 号	不动产购置管理及对外融资	整体合并	1	99	Zara 地产有限责任公司（99%）
法国 Zara 地产共同名义公司	法国巴黎法国土地大道 80 号	不动产购置管理及对外融资	整体合并	1	99	Zara 地产有限责任公司（99%）
费雷奥尔（Ferreol）地产 PO3302 民事公司	法国巴黎法国土地大道 80 号	不动产购置管理及对外融资	整体合并	1	99	Zara 地产有限责任公司（99%）
勒克莱尔（Leclerc）地产 PO3303 民事公司	法国巴黎法国土地大道 80 号	不动产购置管理及对外融资	整体合并	1	99	Zara 地产有限责任公司（99%）
南希（Nancy）地产 PO3304 民事公司	法国巴黎法国土地大道 80 号	服装、鞋类及配件零售	整体合并	1	99	Zara 地产有限责任公司（99%）
亚洲地产有限责任公司	中国香港湾仔卢押道 18 号海德中心 5 单元	服装、鞋类及配件零售	整体合并	1	99	Zara 地产有限责任公司（99%）
日本 Zara 株式会社	日本东京 Bigi 大厦 1 楼 1-4-10	服装、鞋类及配件零售	部分合并	49	—	Zara 有限责任公司

5. 图解 Inditex 集团

5.1 2009 年—2010 年度盈利 *

附录表 -16

百万欧元	2010	2009	% 10/09
净销售额	12 527	11 084	11.3%
毛利润 毛利率	7 422 59.3%	6 328 57.1%	11.7%
税息折旧及摊销前利润 EBITDA 利润率	2 966 23.7%	2 374 21.44%	12.5%
净盈利 净利率	1 741 13.9%	1 322 11.9%	23.0%

* 来源：www.cnmv.es/Inditex

店铺分布

附录表 -17

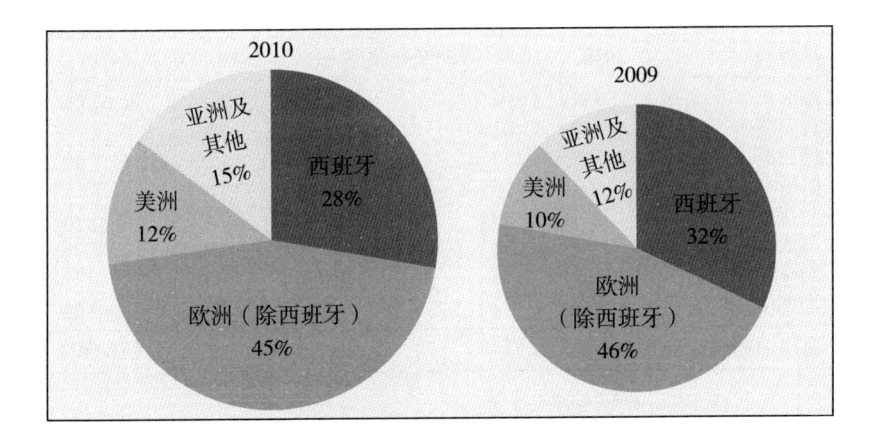

2010
- 西班牙 28%
- 欧洲（除西班牙）45%
- 美洲 12%
- 亚洲及其他 15%

2009
- 西班牙 32%
- 欧洲（除西班牙）46%
- 美洲 10%
- 亚洲及其他 12%

西班牙及全球销量

附录表-18

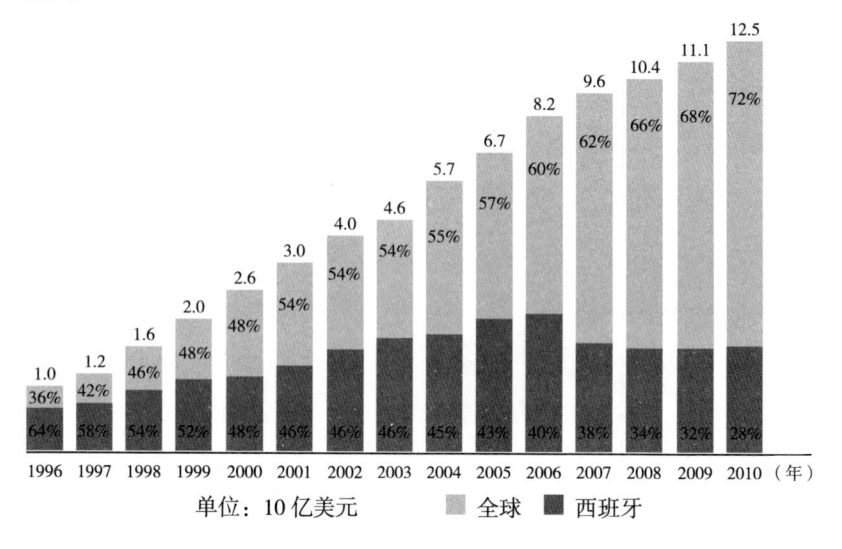

年份	总额(10亿美元)	西班牙	全球
1996	1.0	64%	36%
1997	1.2	58%	42%
1998	1.6	54%	46%
1999	2.0	52%	48%
2000	2.6	48%	48%
2001	3.0	46%	54%
2002	4.0	46%	54%
2003	4.6	45%	55%
2004	5.7	43%	54%
2005	6.7	40%	57%
2006	8.2	38%	60%
2007	9.6	34%	62%
2008	10.4	32%	66%
2009	11.1	28%	68%
2010	12.5		72%

单位：10亿美元

各品牌线息税前利润（EBIT）

各品牌线营业利润细分如下：

附录表-19

各品牌线息税前利润（百万欧元）				销量（%）	总量（%）
品牌线	2010	2009	10/09 变化率 %	2010	2010
Zara	1 534	1 104	39%	19.0%	67.0%
普安倍尔	139	101	37%	16.2%	6.1%
玛西莫·都蒂	172	117	47%	19.2%	7.5%
巴适卡	197	196	0.5%	15.8%	8.6%
斯特拉迪瓦里	176	149	18%	22.5%	7.7%
奥依修	45	38	19%	14.9%	2.0%
Zara 居家	39	25	56%	13.3%	1.7%
舞德格 *	-12	-2	—	—	-0.6%
息税前利润总量	2 290	1 728	33%	18.3%	100.0%

* 包括1200万加速折旧资产

5.2 截至2011年1月Inditex集团全球各地产业分布

附录表-20

国家及地区（全球5 044家店铺）	Zara/孩童乐园	普安贝尔	玛西莫·都蒂	巴适卡	斯特拉迪瓦里	奥依修	Zara居家	舞德格
欧洲（4 004）	**1 245**	**559**	**429**	**581**	**512**	**369**	**244**	**65**
德国（73）	65	—	8	—	—	—	—	—
安道尔（8）	1	1	1	1	1	1	1	1
奥地利（15）	12	—	—	3	—	—	—	—
保加利亚（22）	4	4	3	4	4	3	—	—
比利时（74）	27	4	22	9	—	—	6	6
塞浦路斯（32）	5	5	3	6	6	3	2	2
克罗地亚（18）	5	3	2	4	3	—	1	—
丹麦（2）	2	—	—	—	—	—	—	—
斯洛伐克（6）	2	1	—	1	2	—	—	—
斯洛文尼亚（16）	5	2	1	4	4	—	—	—
西班牙（1 925）	494	288	245	263	278	186	131	40
爱沙尼亚（5）	2	1	—	1	1	—	—	—
芬兰（4）	4	—	—	—	—	—	—	—
法国（241）	117	18	17	42	20	11	16	—
希腊（160）	52	22	13	26	16	18	9	4
荷兰（27）	18	—	1	7	—	—	1	—
匈牙利（20）	6	4	—	5	4	1	—	—
爱尔兰（22）	9	5	1	5	2	—	—	—
冰岛（2）	2	—	—	—	—	—	—	—
意大利（287）	96	33	7	45	28	54	24	—
拉脱维亚（11）	4	3	—	3	1	—	—	—
立陶宛（16）	4	4	—	4	4	—	—	—
卢森堡（3）	2	—	1	—	—	—	—	—
马耳他（12）	1	4	1	2	2	1	1	—
黑山（5）	1	1	—	1	1	1	—	—
摩纳哥（1）	1	—	—	—	—	—	—	—
挪威（5）	3	—	2	—	—	—	—	—

续表

国家及地区（全球5 044家店铺）	Zara/孩童乐园	普安贝尔	玛西莫·都蒂	巴适卡	斯特拉迪瓦里	奥依修	Zara居家	舞德格
波兰（117）	32	18	8	20	29	9	1	—
葡萄牙（332）	83	63	43	45	39	32	21	6
英国（90）	64	4	11	4	—	—	7	—
捷克（16）	6	4	1	4	1	—	—	—
罗马尼亚（51）	13	10	2	10	9	4	3	—
俄罗斯（207）	47	34	13	35	35	29	10	4
塞尔维亚（14）	4	2	2	2	2	2	—	—
瑞典（11）	8	—	3	—	—	—	—	—
瑞士（16）	10	—	5	1	—	—	—	—
土耳其（114）	27	16	12	17	16	14	10	2
乌克兰（24）	7	5	1	7	4	—	—	—
美洲（395）	199	41	34	63	7	31	16	4
阿根廷（9）	9	—	—	—	—	—	—	—
巴西（30）	30	—	—	—	—	—	—	—
加拿大（19）	19	—	—	—	—	—	—	—
智利（7）	7	—	—	—	—	—	—	—
哥伦比亚（22）	9	—	3	5	5	—	—	—
哥斯达黎加（3）	2	—	1	—	—	—	—	—
萨尔瓦多（4）	2	1	—	1	—	—	—	—
美国（49）	49	—	—	—	—	—	—	—
危地马拉（8）	2	2	1	2	1	—	—	—
洪都拉斯（2）	2	—	—	—	—	—	—	—
墨西哥（208）	50	35	29	43	—	31	16	4
巴拿马（2）	2	—	—	—	—	—	—	—
波多黎各（1）	1	—	—	—	—	—	—	—
多米尼加共和国（4）	2	—	—	1	1	—	—	—
乌拉圭（2）	2	—	—	—	—	—	—	—
委内瑞拉（25）	11	3	—	11	—	—	—	—

续表

国家及地区 （全球5 044家店铺）	Zara/孩童乐园	普安贝尔	玛西莫·都蒂	巴适卡	斯特拉迪瓦里	奥依修	Zara居家	舞德格
亚洲及其他大洲（645）	279	82	67	76	74	32	24	11
沙特阿拉伯（109）	23	9	11	21	26	13	4	2
巴林（10）	2	2	2	1	1	1	1	—
中国大陆（119）	61	16	5	22	15	—	—	—
韩国（29）	27	—	2	—	—	—	—	—
埃及（14）	3	3	2	3	1	—	1	1
阿联酋（53）	9	6	9	6	8	6	6	3
菲律宾（8）	6	—	2	—	—	—	—	—
中国香港（19）	9	2	3	4	1	—	—	—
印度（4）	4	—	—	—	—	—	—	—
印度尼西亚（16）	10	3	3	—	—	—	—	—
以色列（41）	19	20	1	1	—	—	—	—
日本（63）	63	—	—	—	—	—	—	—
约旦（13）	2	2	2	1	3	1	1	1
哈萨克斯坦（7）	2	1	1	2	—	—	—	—
科威特（22）	5	4	2	2	3	3	2	1
黎巴嫩（35）	5	5	5	5	4	5	4	2
中国澳门（5）	1	1	1	1	1	—	—	—
马来西亚（13）	6	2	5	—	—	—	—	—
摩洛哥（11）	4	—	1	—	4	—	2	—
阿曼（4）	1	—	—	—	1	1	1	—
卡塔尔（14）	2	2	2	2	1	2	2	1
新加坡（18）	7	3	4	2	2	—	—	—
叙利亚（7）	1	1	2	2	1	—	—	—
泰国（9）	5	—	2	1	1	—	—	—
突尼斯（2）	2	—	—	—	—	—	—	—
全球总数（5 044）	1 723	682	530	720	593	432	284	80

来源：Inditex

致　谢

A MANCIO ORTEGA: DE CERO A ZARA

感谢所有为这部作品提供帮助,并贡献回忆的人。

感谢所有拥有阿曼西奥·奥尔特加授权许可却仍然保持沉默的人。沉默也是一种诉说。

感谢所有敢于撰写 Inditex 集团故事的人。

感谢 Inditex 集团公关部带领我们参观帝国之心。

感谢《加利西亚之声》报社为我们进入其期刊阅览室大开方便之门。

感谢鲁本·本图雷拉。

感谢位于圣地亚哥-德孔波斯特拉的维拉斯餐厅。

感谢埃琳娜·帕尔多。

感谢《盖姆》杂志社。

感谢《第二十条》。

感谢拉科鲁尼亚大学。

也要感谢阿曼西奥·奥尔特加,没有他传奇的事业及人生轨迹就不会有今天这部作品。